한 권으로 읽는 그리스 고전

지은이_ 샬롯 히긴즈 Charlotte Higgins
1972년 영국에서 태어났다. 옥스퍼드 대학교 베일리올 칼리지에서 고전학을 전공했다. 패션잡지 『보그』를 거쳐 1997년 유명 일간지 『가디언』에 입사해 문화 · 예술 담당 선임 기자로 일하고 있다. 로마 시인 오비디우스를 다룬 『라틴어로 배우는 사랑의 기술(Latin Love Lessons)』(2007)을 냈고, 지금은 로마 점령기 영국에 관한 책을 쓰고 있다. 2010년 영국 고전학협회 공로상을 수상했고, 로마협회 회원, 옥스퍼드 대학교 코퍼스 크리스티 칼리지 고대 그리스 · 로마 연구 센터 특별회원이다. 고전어 보급 운동 아이리스 프로젝트를 후원하고 있으며, 바이올린 연주에도 조예가 있다.

옮긴이_ 이광일
1962년 서울에서 태어났다. 번역가이며, 한국일보 논설위원, 연세대학교 독문과 강사로 일했다. 번역한 책으로는 『수잔 바우어의 중세 이야기』 1, 2, 『모든 정부는 거짓말을 한다: 20세기 진보 언론의 영웅 이지 스톤 평전』, 『생각의 역사 II: 20세기 지성사』 등이 있다.

한 권으로 읽는 그리스 고전
지은이 샬롯 히긴즈 | **옮긴이** 이광일 | **처음 펴낸날** 2012년 9월 12일 | **2쇄 펴낸날** 2016년 3월 16일 | **펴낸곳** 이론과실천 | **펴낸이** 최금옥 | **등록** 제10-1291호 | **주소** 121-822 서울시 마포구 포은로8길 32 (망원동, 국일빌딩) 201호 | **전화** 02-714-9800 | **팩시밀리** 02-702-6655

ISBN 978-89-313-6046-2 03920

• 값 16,000원
• 잘못된 책은 바꾸어 드립니다.

한 권으로 읽는

그리스 고전

샬롯 히긴즈 지음 | **이광일** 옮김

이론과실천

차 례

◎ **일러두기 :** 자주 인용되는 호메로스의 『일리아드』와 『오디세이』, 헤로도토스의 『역사』, 투키디데스의 『펠로폰네소스 전쟁사』는 천병희 교수의 그리스어 번역본을 따르되 본서의 인용 맥락에 따라 극히 일부 수정했다. 천 교수님의 노고에 깊이 감사드린다.

/ 책을 시작하며 /

옛날에 제우스 신이 세상 끝에서 독수리 두 마리를 날려 보냈다. 한 마리는 동쪽 끝에서, 또 한 마리는 서쪽 끝에서. 두 독수리는 하늘 높이 날아올라 바다를 지나고 산을 건너고 숲과 들판을 넘어 마침내 지구의 중심에서 만났다. 그곳이 바로 옴팔로스**omphalos**다. 그리스어로 '배꼽'이라는 말이다. 옴팔로스를 중심으로 그 일대에 아폴론 신을 모시는 신전이 세워졌고, 거기서 신탁(神託)이 이루어졌다. 과거와 현재, 그리고 미래의 운명을 알고자 하는 사람들은 델포이에 있는 그 신탁소로 가서 신께 자문을 구했다. 질문자는 적절한 비용과 제물을 바치고 나면 아폴론 신전 한가운데로 인도된다. 방문객은 그 어둠 속에서 무녀 피티아**Pythia**를 직접 볼 수는 없지만 그 존재를 감지할 수 있다. 피티아는 월계관을 쓴 여자 무당으로 신의 말씀을 인간에게 전해주는 신성한 매개자 역할을 했다. 월계수 잎과 보리 타는 향연이 자욱한 가운데 접신 상태가 된 피티아는 신으로부터 받은 말을 중얼거린다. 신의 영감을 받아 쏟아져 나오는 단편적인 언급들은 대기하고 있던 사제들이 받아서 정리하고 해석한다. 그런데 신탁을 구하는 사람들은 줄지어 늘어선 기둥들 사이를 지나다가 신전 가장 깊숙한 곳에 있는 성소(신탁소)에 발을 들여놓기 직전, 입구 기둥에 적힌 문구를 보게 된다. "그노티 세아우톤**gnothi** seauton." "너 자신을 알라"는 말이다.

무지를 깨닫고 있는 그대로의 나의 모습을 보라는 이 도발적인 명령은 지금도 죽비 소리처럼 쟁쟁하다. 이 격언에는 고대 그리스의 가장 흥미로운 면모가 담겨 있다. 즉 고대 그리스의 위대한 사상가와 작가들이 남긴 저술에서 가장 눈에 띄는 지점은 묻고, 탐구하고, 논쟁하고, 당연시되는 기성관념을 뒤집어보라는 요구다. 탐구의 주제는 인간 본성일 수도 있고 정의의 본질일 수도 있다.

고대 그리스인들의 지적 성취는 그야말로 대단한 것이었다. 그들은 여러 학문 분야와 예술 장르의 기초를 확립했고, 우리는 아직도 그 토대 위에서 사유를 전개한다. 시 문학에서 드라마까지, 철학에서 역사학, 자연과학, 의학, 민족지(民族誌)를 거쳐 정치학까지 거의 모든 분야가 고대 그리스에서 시작됐다. 우리의 현재는 고대 그리스에 의해 형성됐고, 고대 그리스와 우리는 지금도 떼려야 뗄 수 없는 관계다. 우리가 선과 악을 생각하는 방식이 그렇고, 진선미의 본질을 보는 입장이 그렇고, 무한한 우주 속에서 죽을 수밖에 없는 유한한 존재인 우리는 누구인가에 관한 인식이 그렇다. 우리가 과거에 관해 말하는 방식도 그렇고, 전쟁을 보는 우리의 모호한 시각이 또한 그렇다. 정치와 시민의 역할을 논하는 방식도 마찬가지다. 우리를 저 먼 그리스인들의 세계로 인도하는 길은 좁고 구불구불하며, 자취가 지워졌거나 아예 보이지 않는 경우도 있다. 그러나 그 길은 분명히 존재한다. 그리스인들이 행하고 말한 것들은 지금도 우리가 말하고 행하는 것을 이해하는 데 요긴한 길잡이 등불 역할을 한다. 그리스인들을 들여다봄으로써 우리는 우리 자신을 더 잘 이해할 수 있다. 간단히 말하면, 그리스인들은 "너 자신을 알라"는 명령과 요구에 대한 우리의 답을 쓰는 데 도움이 된다.

이 책은 시간을 한참 거슬러 올라가 고대 그리스를 들여다보려는 시도다. 그런 작업을 통해 우리는 우리 자신의 세계와 우리 자신의 감정과 신념들을 더 잘 파악할 수 있다. 하지만 이 책은 고대 그리스를 예찬하는 연애편지는 아니다. 고대 그리스는 현대의 기준을 적용할 경우 많은 측면에서 끔찍한 모습을 드러낸다. 인권이라고 하는 것은 결여됐고, 경제는 수많은 노예들의 노동에 의존했으며, 노예는 저급한 생명체로 치부됐다. 극히 일부 예외를 제외하면 여성은 완전히 무시됐다. 19세기 영국 시인 셸리의 "우리는 모두 그리스인이다**We are all Greeks**"라는 유명한 말이 있지만, 진짜 그렇다면 정말 곤란하다.

사실 이 책은 고대 그리스에 대한 탐구와 성찰에 바치는 연애편지다. 어떤 의미에서는 그리스의 민주정치나 페르시아 전쟁, 파르테논 신전 같은 것들을 둘러볼 때 살며시 붙잡고 이끌어주는 손 같은 안내서다. 그러나 엄청난 열정과 재미를 불러일으키는 책이기도 하다. 플라톤, 헤로도토스, 아이스킬로스, 소포클레스 등등 고산준령 같은 그리스 작가들의 명단을 보면 경이롭기도 하고 범접할 수 없는 듯한 느낌도 든다. 그러나 필자는 독자들이 그 풍요로운 세계에 좀 더 가까이 다가가 그들이 그토록 재미나고 감동적이며 우습고 충격적으로 다가오는 이유를 새롭게 발견할 수 있도록 도와드리고 싶다. 그리스인들의 얘기와 작품을 읽는 것은 큰 즐거움이다. 그런데 고전이 교육과정에서 하나둘씩 떨어져나가고 주류 문화에서 밀려나면서 알지 못하는 사이에 고대 그리스인들은 우리에게서 멀어지고 있다.

그 한 가지 예(가장 중요한 예다)가 호메로스('호머'는 영어식 발음이다—

옮긴이)다. 죽을 수밖에 없는 인간의 숙명과 전쟁, 인간의 희로애락을 『일리아드Iliad』보다 더 박진감 넘치게 감동적으로 묘사한 작품은 없다. 흥미로운 이야기를 『오디세이Odyssey』만큼 실타래 풀듯 멋지게 풀어나간 서사문학도 없다. 가히 소설의 효시라 할 만하다. 호메로스를 읽으면서 느끼게 되는 많은 경이로움 가운데 하나는 골동품 화병에 영원히 움직이지 않는 형상으로 갇혀버린 양식화된 인물들을 보는 것과는 다르다는 점이다. 전혀 그렇지 않다. 호메로스는 살아 숨 쉬는 캐릭터들로 가득하다. 그 강렬하고 생생한 인물들의 딜레마와 슬픔과 환희와 상실은 우리를 사로잡는다. 우리는 그런 생동하는 인물들과 하나 됨을 체험한다. 어쩌면 그런 캐릭터들이 만들어진 시점으로부터 3,000년 가까운 세월의 장벽이 가로놓여 있기 때문에 오히려 21세기의 우리들은 그들의 개인주의적이고 경쟁적인 정신을 공유할 수 있는 것인지 모르겠다. 호메로스는 이 책의 알파요 오메가(처음과 끝—옮긴이)다. 우리는 호메로스에서 시작해서 호메로스로 끝나게 될 것이다. 왜냐하면 호메로스를 읽는다는 것은 더할 나위 없이 경이롭고 풍요로운 세계로 들어가는 것이기 때문이다. 호메로스는 그리스의 사상과 저술 전체를 이해하는 출발점이기도 하다.

여기서 잠시 숨을 가다듬고 '고대 그리스ancient Greece'가 과연 무엇인지 생각해보자. 나는 지금까지 별 생각 없이 고대 그리스라는 표현을 써왔다. 사실 너무 개략적이고 부정확한 개념이다. '고대 그리스' 세계는 지리적으로 현재의 그리스 본토에만 국한된 개념이 아니다. 단일한 정치체(국가)를 일컫는 말도 아니다. 그리스인 정착촌은 서쪽으로는 오늘날의 프랑스 마르세유에서부터 동쪽으로는 소아시아 해안 지역에 이르기까지 지중해 연안 일대에 널리 퍼져 있었다. 실제로 매력적인 고대 그리스 지식인들 가운데 현재의 터키 서부 연안 지역 출신이 많다. '그리스'(그리스어로는 '헬라스Hellas')라는 말은 이 책에 등장하는 고대 그리스인들은 거의 들어보지 못했을 단어다〔영어 Greece는 로마인들이 그리스를 지칭할 때 쓴 라틴어 그라이키아Graecia('그리스인들의 땅')에서 유래했다—옮긴이〕. 호메로스의 서사시(확실치는 않지만 줄곧 구전돼 오다가 BC 8세기쯤에 문자로 정착됐을 것으로 추정된다)에 나오는 '헬레네스Hellenes'는 그리스 동부 테살리아 지방의 특정 지역 출신들을 지칭하는 말이었다. 그런데 BC 5세기가 되면 '헬라스'는 대략 지금의 그리스 일대를 뜻하는 말로 자리를 잡는다. '헬레네스'(그리스어로 '그리스인'이라는 뜻이다—옮긴이)도 시칠리아 섬에서 흑해 연안에 이르기까지 거주 장소에 관계없이 스스로를 그리스 민족이라고 생각하는 사람들이 자신들을 일컫는 표현이 됐다. 그러나 어떤 경우든 그리스 세계는 정치적으로 독립되고 다투기도 하는 수백 개의 도시국가들로 이루어져 있었다. 도시국가 하나하나는 별도의 통치 체제를 가지고 있고, 지역별로 종교 의식이 달랐으며, 심지어 역법(달력)과 1~12월을 가리키는 명칭도 달랐다. 역사가 헤로도토스가 글을 쓸 무렵(BC 5세기의 삼사분기쯤으로 추정된다)이 되면, 그는 헬레네스를 동일한 관습과 종교, 언어로 통합된 하나의 종족으로 규정한다. 이런 식의 '그리스적 특성'이라는 관념은 새로운 것이었다. 이런 공통의 정체성 관념은 외세인 페르시아와의 전쟁 직후 생겨나서 영토 확장의 야심을 불태우던 아테네인들에 의해 강화됐다. '그리스인은 하나'(아테네적 색채가 강한 단일성이다)라고 강조하는 것이 아테네인들의 이익에 부합했기 때문이다. 그러나 헤로도토스가 저술 활동을 할 시점에도 헬레네스 사이에 관습, 종교, 언어 면에서 편차가 컸다(그리스어 주요 방언만 3가지였고, 각 방언도 지역별로 차이가 많이 났다).

우리가 '고대 그리스'라고 할 때, 위에서 말한 수백 개의 도시국가 가운데 하나만을, 그것도 특정 시기의 한 도시국가만을 생각하는 경향이 있다는 사실에 주의해야 한다. 고대 그리스라고 할 때 'BC 5세기의 아테네'를 떠올리는 것은 충분히 이해가 가는 일이다. 그리스 연합군을 주도해 페르시아를 완파하는 BC 479년부터 펠로폰네소스 전쟁에서 스파르타에 패하는 BC 404년까지 아테네는 전성기였다. 이 시기의 아테네는 그리스 세계 곳곳에서 활동하는 작가, 예술가, 사상가들의 마음의 고향이었고, 세계가 지금까지 목격한 것 가운데 가장 흥미진진한 지적 혁명이 일어난 현장이었다. 아테네인들은 늘 시끌벅적했고, 그런 만큼 우리에게 수많은 걸작을 남겨주었다. 특히 3월 말에서 4월 초까지 아테네에서 열리는 디오니소스 축제**City Dionysia** 때 상연할 목적으로 쓴 아이스킬로스, 소포클레스, 에우리피데스의 위대한 희곡들은 최고의 명작이다. 그러나 아테네인들이 유일한 그리스인은 아니었으며, 그리스인을 '대표'한 것도 아니라는 사실을 잊지 말아야 한다. 또 하나, 이 책이 다루는 시기적 범위는 가장 이르게는 호메로스와 헤시오도스의 작품이 나온 때(BC 8세기)부터 가장 늦게는 아리스토텔레스(BC 4세기)까지로 국한했다는 점을 밝혀둔다. 물론 BC 4세기 말 마케도니아 왕 필리포스와 그 아들 알렉산더 대왕이 그리스 전체와 당시 그들이 알고 있던 세계를 하나의 제국으로 통일한 이후에도 중요한 문헌들이 계속 나오고 위대한 과학적 발견이 많이 이루어졌다.

다시 본론으로 돌아가자. 고대 그리스에 대한 탐구와 성찰이 중요한 이유는 정치에서부터 역사관에 이르기까지 지금 우리가 살아가는 방식을 이해하는 데 필요한 중요한 통찰을 제공해주기 때문이다. 또 그리스인들의 작품을 읽음으로써 정신을 살찌우고 무한한 기쁨을 얻을 수도 있다. 그러나 이런 것들보다 더 중요한 이유는 '고대 그리스'라고 하는 관념은 단순히 어떤 특정 장소나 시기가 아니라 상상력과 감성과 지성이 자유로이 노닐 수 있는 세계이기 때문이다. 고대 그리스인들에 관한 사유는 늘 제약이 따르는 만큼 얼마든지 달라질 수 있다. 어마어마한 양의 문학, 미술, 건축, 기타 유물들이 전해져오고 있지만 살아남은 그만큼 수많은 손실이 있었다. 우리가 지금 확보하고 있는 에우리피데스의 희곡은 20편이지만 우리가 아는 것만 해도 그의 전작은 90편이었다. 아이스킬로스도 전하는 희곡은 90편이지만 지금 온전히 남아 있는 것은 7편밖에 없다. 소포클레스도 무려 123편을 썼다고 전하지만 남아 있는 것은 7편밖에 없다. 고대 당시에 이미 걸작이라는 평가를 받았던 작품들은 지금은 먼지로, 재로 사라져 버렸거나 다른 텍스트에 일부 인용문만 전할 뿐이다. 예를 들어 키메의 에포로스Ephorus of Cyme가 BC 11세기부터 BC 340년까지 알려진 세계의 역사를 30권으로 정리한 대작은 고대에는 유명했으나 지금은 전하지 않는다. 건조한 이집트 사막에서 잘 보존된 파피루스가 많이 발굴됐는데 그런 기적이 다시 한 번 일어나지 않는 한 에포로스의 역사서는 영원히 복원 불가능할 것이다.

20세기 전반에 활동한 영국 여성 작가 버지니아 울프는 「그리스어를 모른다는 것에 관하여On Not Knowing Greek」라는 에세이에서 우리와 그리스인들 사이에 존재하는 거리를 멋지게 표현했다. 울프는 우리와 그들을 갈라놓는 "틈새는 유럽인들이 아무리 떠들어봐야 도저히 건널 수 없는 심연과 같다"고 했다. 14세기 영국의 초서 같은 친숙한 시인을 접할 때 느끼는 감정과는 전혀 다르다는 얘기다. "선조들의 삶이라고 하는 물결을 따라 둥둥 떠 올라가다 보면 어느덧 우리는 초서에 이르게 된다." 그러나 고대 그리스인들에게서 느끼는 그런 거리감 덕분에 오히려 후대인들은 각자 나름의 고대 그리스상(像)을 만들어낼 수 있었다. 우리는 이런 부분적이고 파편적인 고대 그리스상에 우리 자신의 욕망과 선입견을 투사하고, 그 위에서 우리의 지성은 자유롭게 뛰논다. 울프는 "그때마다 다시금 우리는 알 수 없는 힘에 끌려 몰입하게 된다. 그것은 실체의 이미지일 뿐 실체 자체는 아니다. 북유럽의 겨울 한복판에서 상상해보는 뜨거운 여름날처럼……"이라고 썼다.

나에게 플라톤의 저작은 우리와 고대 그리스의 관계를 설명해주는 놀라운 비유로 다가온다. 플라톤은 논문 형식으로 글을 쓰지 않았다. 이론을 상세히 풀어나가지도 않았고, 주의주장을 하나씩 해명하는 방식을 취하지도 않았다. 플라톤의 철학은 거의가 둘 또는 그 이상의 화자들 간에 이루어지는 대화로 쓰였다. 이런 형식 자체가 이견과 논쟁, 확고부동한 도그마보다는 잠정적인 답변의 주고받음 같은 요소들을 농축하고 있다. 사실 그 중심에는 일종의 불완전성 같은 게 있다. 마찬가지로 고대 그리스의 지식이라는 것도 잡았다고 생각한 순간 훌쩍 사라지거나 부서지고 마는 물건처럼 정확히 이해하기가 어렵다. 우리의 정신이 고대 그리스를 여행한다는 것은 탐구를 시작한다는 것과 같다. 이런 발상을 현대 그리스의 위대한 시인 C. P. 카바피(1863~1933)는 「이타카 Ithaca」라는 시에서 아름답게 표현했다. 오디세우스가 트로이 전쟁을 승리로 이끈 뒤 고향 이타카로 돌아가는 순간을 소재로 한 작품이다.

그대가 저 먼 이타카를 향해 길을 나설 때
기원하라, 그 길이 오랜 여정이 되기를
그리하여 모험과 배움으로 충만하기를.

영역(英譯): J. C. 카바피(C. P. 카바피의 동생이다—옮긴이)

우리도 고대 그리스를 향해 가는 오랜 여정에서 많은 것을 배우고 즐거움을 만끽할 것이다. 그리하여 "너 자신을 알라"는 격언의 진정한 의미를 좀 더 분명히 깨닫게 될 것이다.

1장 알파와 오메가

호메로스를 읽지 않고는 인간과 세계를 논하지 말라

「채프먼의 호메로스를 처음 읽고**On First Looking Into Chapman's Homer**」

난 황금의 세계를 두루 여행했고
훌륭한 나라와 왕국도 많이 보았다네.
서쪽의 여러 섬나라에도 가보았지
아폴론 신에게 충성하는 시인들이 사는 섬나라.
넓디넓은 땅 얘기도 종종 들었다네
훤한 이마의 호메로스가 다스리는 그 땅.
하지만 그 순수한 대기는 한 번도 호흡해본 적이 없었다네.
그러다 채프먼이 우렁차고 대담하게 말하는 걸 들었지
그 순간 나는 천체 관측자가 된 느낌이었네
무한한 천체에서 새로운 행성을 문득 찾아낸 관측자…….

아니, 독수리눈의 담대한 코르테스(16세기에 아스테카 왕국을 정복한 스페인의 정복자—옮긴이)가 된 기분이랄까.

그가 태평양을 응시할 때, 부하들은 모두
왜 저래, 왜 저래 하며 서로 쑤군거렸지만
다리엔의 봉우리에서
말없이 바다를 바라보던 그 코르테스…….

존 키츠(1795~1821. 영국의 시인)

1816년 10월의 어느 날 밤, 찰스 클라크는 옛 학교 친구 존 키츠에게 조지 채프먼이 번역한 『일리아드』와 『오디세이』를 보여주었다. 1611년과 1615년에 각각 출간된 최초의 호메로스 영역본이었다. 키츠는 그리스어 실력이 신통치 않아서 호메로스를 존 드라이든과 알렉산더 포프의 번역본으로 알고 있었다. 그러나 채프먼의 질박하고 격정적이며 속도감 있는 운문은 말끔하게 정제되고, 거드름 피우는 듯한 대구(對句) 스타일의 포프 번역본과는 완전히 다른 세계였다. 클라크와 키츠는 채프먼의 호메로스에 푹 빠져 날이 밝을 때까지 책에서 눈을 떼지 못했다. 그야말로 "충격과 환희에 넘치는" 경험이었다고 클라크는 회고했다. 그날 아침 10시, 두어 시간 눈을 붙이고 난 클라크가 아래층에 내려왔을 때 식탁에는 봉투 하나가 놓여 있었다. 거기에는 편지 한 장이 들어 있었는데 키츠가 「채프먼의 호메로스를 처음 읽고」라는 자신의 유명한 소네트를 휘갈겨 쓴 것이었다.

『일리아드』와 『오디세이』가 나온 이후 근 3,000년 동안 수많은 독자들이 키츠와 똑같은 반응을 보여왔다. "무한한 천체에서 새로운 행성을 문득 찾아낸 관측자"가 느낄 법한 바로 그 흥분과 외경심과 깨달음의 순간을 체험한 것이다.

호메로스의 작품을 아직 읽어보지 못했다면 당신은 삶을 고양시키고 풍부하게 하는 놀라운 경험을 아직 못해본 것이다. 믿기지 않을 만큼 놀라운 스토리텔링과 심오하고 아름다운 시 문학의 세계를 아직 열지 않은 것이다. 오늘날의 위대한 작가들도 여전히 호메로스로부터 많은 것을 배우고 있다. 판타지 소설 『황금 나침반HIs Dark Materials』 3부작으로 유명한 교사 출신 영국 소설가 필립 풀먼(1946~)은 이렇게 말한다.

"내가 교사 시절 학생들에게 『일리아드』와 『오디세이』를 읽어준 것은 그저 아이들한테 좋겠다고 생각했기 때문이다. 두 서사시를 매년 세 학급에 읽어줬다. 12년을 그렇게 했다. 그 과정에서 나는 스토리텔링에 대해 많이 배웠다. 다른 어떤 것도 그런 배움을 주지는 못했다. 손에 땀을 쥐게 하는 대목을 어느 시점에 배치할 것인가, 이야기의 완급 조절은 어떻게 할 것인가, 독자들이 묘사하는 현장을 생생하게 머릿속에 그려볼 수 있게 하려면 얼마나 자세히 묘사할 것인가 등등. 그리고 남의 번역본을 그대로 읽어주기보다는 학생들에게 내 말로 이야기하는 것이 중요했다."

나아가서 호메로스의 세계는 큰 질문이 탐색되는 세계이기도 하다. 그 과정에서 그야말로 인간적인 것과 열정을 공감할 수 있다. 죽어가는 젊은이의 끔찍한 비극을 실감하고, 전쟁이 망가뜨린 세상을 목도하고, 적이지만 훌륭한 인물들에 대해 연민과 공감을 느낄 수도 있다. 영웅적 행위란 무엇인지, 인간으로서 성장한다는 것은 어떤 의미인지, 진정한 사랑과 결혼의 본질은 무엇이며 가정이란 무엇인지 등등을 새삼 되돌아볼 수 있다. 호메로스는 흥미진진한 읽을거리다. 그는 우리를 웃게 만들고, 어린아이처럼 울게 만들기도 한다. 호메로스의 시는 유럽 문학에서 지금까지 전해져온 가장 이른 시기의 작품(일 것)이다. 그리고 많은 사람들의 마음속에 지금도 여전히 최고의 걸작으로 남아 있다. 호메로스를 빼고는 얘기가 안 된다.

호메로스의 시 문학은 그리스인들에게 다가가는 출발점이기도 하다. 그리스인들 자신이 『일리아드』와 『오디세이』에 심취했기 때문이다(충분히 이해가 간다). 다음은 AD 1세기에 활동한 문법학자이자 작가 헤라클레이토스가 당시 호메로스가 어느 정도 위치를 차지하고 있었는지를 묘사한 글이다.

> 아이들은 아주 어려서부터 호메로스를 가지고 배운다. 그리하여 그의 시에 흠뻑 빠져서 영혼에 그 세례를 받는다. 마치 어머니 젖을 먹는 것과 같다. 호메로스는 우리가 차츰 어른이 되어갈 때에도 우리 옆에 서 있다. 그는 우리가 죽을 때 오히려 그 찬란한 모습을 드러낸다. 그리고 늙어죽을 때까지 우리는 절대 그에게 물리지 않는다. 그를 제쳐놓는 순간, 다시금 우리는 그에 대한 갈증에 시달린다. 호메로스는 인생을 아는 만큼 보인다, 이렇게 말할 수 있겠다.
>
> 영역: 리처드 헌터

호메로스가 그리스인의 삶에서 어떤 위치를 차지하고 있었는지를 멋들어지게 표현한 글이다. "어머니 젖"과 같은 존재였다는 얘기다. 위의 글은 호메로스가 얼마나 풍부한지를 증언하는 것이기도 하다. 그 중언은 지금도 여전히 유효하다. 우리는 호메로스를 거듭 읽으면서 그때마다 새로운 어떤 것을 발견할 수 있기 때문이다.

그리고 사람들이 호메로스를 유럽 사상의 원천이라고 말하는 것도 사실 과장이 아니다. 호메로스 이후 그리스에서 나온 각종 문헌을 보면 놀라울 정도로 호메로스를 발전적으로 계승했음을 알 수 있다. 이렇게 해서—우리 현대 문화의 상당 부분이 그리스 사상에서 연원했다는 점을 고려하면—그는 우리가 지금 세상을 바라보고 대하는 방식에 지울 수 없는 흔적을 남긴 것이다.

예를 들어 서구 세계의 관점에서 말하자면 그리스인들은 드라마를 발명했다(그리스인들이 없었다면 연극이나 영화 같은 장르는 존재하지 않았다는 얘기다). 그리고 위대한 그리스 비극 작가들—아이스킬로스, 소포클레스, 에우리피데스 등등—은 호메로스에서 소재를 많이 빌려왔다. 아이스킬로스의 위대한 비극 3부작 『오레스테이아Oresteia』만 해도 호메로스에 나오는 사건들의 후일담을 극화한 것이다. 즉 『일리아드』에서 그리스 연합군 총사령관으로 나온 아가멤논이 '나중에 겪은 일들'을 다뤘다. 에우리피데스의 『트로이의 여인들Trojan Women』도 우리가 『일리아드』에서 이미 만나봤던 트로이 왕실 여성들이 나중에 겪게 되는 운명을 그린 것이다. 그들은 노예로 잡혀가 굴욕적인 운명을 맞게 된다. 또 다른 예는 역사라고 하는 개념을 창안한 헤로도토스다. 헤로도토스는 진짜 전쟁에서 벌어진 사건들과 전쟁 발발 원인—페르시아 전쟁이 주제다—을 글로 정리하면서 자신의 작업을 『일리아드』와 비교하며 옹호한다. 심지어 그는 페르시아 전쟁의 원인이 아시아와 유럽 사이에 보복전 하듯이 벌어진 일련의 여자 납치 사건에 원인이 있다는 이론도 소개한다. 물론 트로이의 헬레네 납치 같은 사건들은 반쯤은 신화적인 것이어서 역사적 사실로 인정할 수는 없다고 본다.

고대 그리스인에게 칭찬을 하고자 할 때 최고의 찬사는 호메로스에 비유하는 것이었다. 예컨대 헤로도토스는 '산문의 호메로스'로, 유명한 여성 시인 사포는 '여자 호메로스'로 일컬어졌다. 위대한 극작가 소포클레스를 찬미하는 유명한 한 문구는 "호메로스는 '서사시적 소포클레스'요, 소포클레스는 '비극적 호메로스'다"라고 돼 있다. (호메로스 서사시의 절반 분량은 직접 상대방에게 말하듯이 하는 문체였기 때문에 호메로스는 이미 드라마에 반쯤 다가간 작가라고 할 수 있다.) 현상에 도전하고 호메로스를 무너뜨리고자 한 혁명적인 사상가들도 일단 호메로스를 넘어서지 않으면 안 되었다. 플라톤도 그를 무시할 수 없었다. 최소한 시인을 자신이 말한 『국가Republic』에서 추방하기 위해서라도 호메로스와 씨름해야 했다.

도대체 서사시가 무엇이 문제였을까? 『일리아드』와 『오디세이』는 둘 다 트로이 전쟁을 소재로 하고 있다. 그리스 연합군과 지금의 지중해 쪽 터키 연안 도시 트로이 주민들 간에 벌어진 신화적인 전쟁이다. (신화적인 전쟁이라고 한 이유는 두 서사시가 아주 오래 전에 터키 연안을 공격한 그리스인들의 기억에 근거한 것일 가능성이 높기 때문이다. 그리스와 트로이의 전쟁은 실제일 수도 있다.) 두 서사시는 신과 인간이 자유롭게 오가던 저 먼 흐릿한 과거를 배경으로 한다. 당시에는 인간이 오늘날보다 훨씬 강하고 훌륭했다.

트로이 전쟁은 트로이의 왕자 파리스가 제우스로부터 미녀 선발 대회의 심판을 맡아달라는 요청을 받으면서부터 시작된다. 헤라, 아테나,

아프로디테 세 여신 가운데 가장 아름다운 여신을 뽑는 경연이었다. 세 여신은 각자 파리스에게 뇌물을 주었다. 최종 승자가 되는 아프로디테가 준 뇌물은 세상에서 가장 아름다운 여인과 결혼하게 해주겠다는 것이었다. 그러나 불행하게도 그 여인(헬레네)은 이미 결혼한 유부녀로 남편은 스파르타의 왕 메넬라오스였다. 파리스와 헬레네가 작당을 해서 트로이로 도망치자 메넬라오스와 그 형 아가멤논(미케네의 왕으로 그리스 전체의 막강한 실력자다)은 그리스 본토와 지중해의 여러 섬에서 연합군을 조직했다. 프티아의 아킬레우스가 이끄는 뮈르미돈족(族)에서부터 필로스의 왕 네스토르 부대, 이타카의 왕 오디세우스가 지휘하는 군대 등이 참여했다.

그리스인들(호메로스 서사시에서는 지역에 따라 아카이아인, 다나오스인, 아르고스인으로 지칭된다. 여기서는 복잡함을 피하기 위해 그리스인이라는 용어로 통일했다)은 얼마 후 트로이를 포위했다. 전쟁은 10년 동안 지루하게 계속됐다. 교착상태가 깨진 것은 노련한 전략가인 오디세우스가 목마(木馬) 아이디어를 내면서였다. 그리스 원정군은 짐을 꾸려서 배를 타고 돌아가는 척하는 속임수를 썼다. 그러고는 거대한 목마만을 트로이에 남겨놓았다. 트로이인들은 불운한 트로이의 공주 카산드라(정확한 예언을 하지만 아무도 믿지 않는 저주를 받았다)의 거듭된 경고에도 불구하고 목마를 포세이돈 신에게 바치는 제물이라고 생각했다. 하지만 목마 안은 비어 있었고, 거기에는 그리스 최정예 전사들이 숨어 있었다. 이들은 트로이인들이 권커니 잣거니 하며 승전 파티에 취해 있는 동안 살며시 빠져나와 곳곳에 불을 지르고 약탈하고 살육한다.

배경 설명은 이쯤 하기로 하자. 호메로스의 작품에 묘사된 사건은 10

년에 걸쳐 일어난 일들이다. 하지만 실제 사건이 벌어지는 기간은 전쟁 발발 10년째가 되는 해의 약 40일 동안, 목마 아이디어가 나오기 직전까지다. 작품의 주제는 도입부 첫 대목부터 바로 선언된다.

> 노래하소서, 여신이여! 펠레우스의 아들 아킬레우스의 분노를.
> 죽음과 재앙을 가져올 그 분노를…….*

여기서 말하는 분노는 트로이인에 대한 그리스인의 분노가 아니라 그리스인의 그리스인에 대한 분노다. 『일리아드』의 핵심에 가로놓인 갈등은 미케네의 왕이자 그리스 연합군 총사령관인 아가멤논과 그리스군 최고의 전사인 아킬레우스 사이의 다툼이다. 아가멤논은 총사령관이기는 하지만 연합군 최고의 전사인 명민하고 성질 불같은 아킬레우스의 상대는 되지 못한다. 이후 벌어지는 사건은 다음과 같다. 작품 초입에 그리스인들은 전염병에 시달리고, 연합군의 상당수가 희생된다. 그리스인들은 전염병을 멈추려면 아가멤논이 포로로 잡아온 여자들 가운데 하나를 그녀의 아버지인 트로이의 아폴론 신전 담당 사제에게 돌려주어야 한다는 것을 알게 된다. 체면을 유지하기 위해 아가멤논은 그렇게 하는 대신 아킬레우스에게 그의 여자 포로 가운데 한 명을 자신한

---

* 『일리아드』와 『오디세이』의 권별 줄거리 요약은 pp. 41~49을 보라. 여기서 사용한 번역본은 조지 채프먼 본—멋진 첫 구절은 "아킬레우스의 치명적인 분노를, 큰 소리로 들려주소서, 여신이시여"로 시작된다—이 아니라 로버트 페이글스(Robert Fagles)의 펭귄 클래식(Penguin Classics) 판이다. 지금 구할 수 있는 영역본은 많지만 내 취향에는 페이글스 본이 딱이다. 생동감 넘치고 적당히 투박한 것이 강점이다. 큰 소리로 낭독하기에도 좋다. 따라서 앞으로는 이 판본을 인용하기로 한다. 행수(行數)도 페이글스 본을 따른다.

테 넘기라고 요구한다. 이런 모욕적인 요구에 아킬레우스는 분노한다. 하지만 어쩔 수 없이 아가멤논의 요구에 따른 뒤 처절한 복수를 꿈꾼다.

아킬레우스는 여느 사람과는 달랐다. 어머니가 테티스 여신이었다. 따라서 그는 신적인 권능에 다가갈 수 있었다. 테티스는 신들의 왕인 제우스를 설득해 아킬레우스의 소원을 들어주게 한다. 그리하여 전쟁의 흐름은 극적으로 그리스군에게 불리한 쪽으로 반전된다(물론 최종적으로는 그리스군이 승리할 것으로 암암리에 예고돼 있다). 아킬레우스는 전투에서 빠져서 텐트에서 울분의 나날을 보낸다. 작품의 상당 부분에서 그리스군이 점차 코너에 몰리는 상황이 묘사된다.

그러나 양쪽의 전투만 평면적으로 묘사하는 것은 아니다. 트로이인들에게 전쟁은 하늘에 있는 신들 간의 다툼의 반영이기도 하다. 신들은 각기 편을 들었다. 아테나, 헤라, 포세이돈은 그리스군을 성원했고, 아폴론, 아프로디테, 아레스는 트로이군 편에 섰다. 계략에 능하고 머리가 잘 돌아가는 아테나와 헤라는 제우스의 명령을 무력화시키기 위해 최선을 다하고, 자신들이 좋아하는 그리스 영웅들에게 힘을 실어주려고 애쓴다. 특히 아르고스의 왕 디오메데스는 두 신의 도움을 받아(『일리아드』 5권) 다른 신들에게 도전하고 아프로디테는 물론 전쟁의 신인 아레스에게까지 부상을 입힌다. 그러나 9권에 가면 그리스군은 점차 절망적인 상황에 몰린다. 트로이의 영웅 헥토르(프리아모스 왕의 장남이다)가 그리스군을 도륙함으로써 그리스 병사들은 공포에 휩싸인다. 그리스군 지도부는 아킬레우스의 텐트로 사절을 보내 그의 화를 달래보지만 아무 소용 없다.

하지만 결국은 아킬레우스도 누그러져 절친한 친구 파트로클로스를 전투에 내보낸다. 파트로클로스는 아킬레우스의 갑옷을 입고(16권) 싸우러 나간다. 그러나 헥토르의 칼에 숨이 끊어지고 만다.

이 날벼락 같은 소식을 들은 아킬레우스는(18권) 극도의 분노에 휩싸인다.

> 슬픔의 먹구름이 아킬레우스를 덮어버렸다.
> 그는 두 손으로 검은 먼지를 움켜쥐더니
> 머리에 뿌려 고운 얼굴을 더럽혔고
> 그의 향기로운 옷에도 검은 재가 떨어졌다.
> 그리고 그 자신은 먼지 속에 큰 대 자로 드러누워
> 제 손으로 머리를 쥐어뜯었다.

『일리아드』 18권 24-29행

비통에 잠긴 아킬레우스는 마침내 전쟁터로 나가고, 이어 초자연적인 사건이 벌어진다. 그는 광란으로 치닫고 누구도 말릴 수 없는 상황이 됐다. 『일리아드』 21권은 완전히 피바다다. 아킬레우스는 스카만드로스 강을 트로이 병사들의 시체로 메웠다. 그러자 숨이 막힌 스카만드로스 강은 화가 난 나머지 인간의 모습으로 변신해 아킬레우스와 싸웠다. 하지만 강도 아킬레우스의 상대가 되지는 못했다. 그러다가 결국 아킬레우스는 평원을 가로질러 트로이 성문 앞에 도달하는데 거기에는 헥토르가 나와 기다리고 있었다.

충격적인 것은 헥토르가 아킬레우스가 달려오는 것을 보고 달아나 버린다는 것이다. 아킬레우스는 무자비하게 헥토르를 뒤쫓아 성을 몇

바퀴 돈다. 그러다가 네 번째 돌았을 때 마침내 둘은 맞붙었고, 헥토르는 죽는다. 그래도 아킬레우스의 분노는 가시지 않는다. 그는 헥토르의 시신을 들어다가 전차 뒤쪽에 밧줄로 묶는다. 트로이의 영웅의 머리가 흙먼지 속에 끌려간다. 파트로클로스의 죽음에 대해 이처럼 혹독한 복수를 하고도 아킬레우스는 잠을 이루지 못한다. 그는 바닷가를 홀로 오락가락하면서 가끔씩 전차를 끌어내 헥토르의 시신을 매단 채 파트로클로스의 무덤 주변을 돈다. 호메로스의 영웅들(감정적으로 통제가 잘 안 된다)의 기준으로 보더라도 아킬레우스는 너무 심한 느낌이다. 어느 날 밤 제우스는 트로이의 늙은 왕 프리아모스(헥토르의 아버지)가 야음을 틈타 그리스군 진영으로 몰래 숨어들어 아들의 시신을 몸값을 치르고 데려올 수 있게 해준다. 문학사상 가장 감동적인 장면 가운데 하나가 바로 프리아모스가 아킬레우스의 발아래 무릎을 꿇고 그의 손에 입을 맞추는 장면이다. 아들을 죽인 바로 그 손에 입을 맞추면서 프리아모스는 한참 어린 아킬레우스에게 "멀리 고향에서 아들이 돌아올 날만을 기다리는 늙고 힘 빠진 그대의 아버지가 아들이 죽었다는 얘기를 들으면 어떨지 생각해보라" 고 설득한다.

> 이런 말이 아킬레우스의 가슴속에 아버지를 위해 통곡하고픈 욕망을 불러일으켰다. 그래서 그는 노인의 손을 잡고 살며시 한쪽으로 밀어냈다. 그리고 두 사람 모두 생각에 잠겨 프리아모스는 아킬레우스의 발 앞에 쓰러져 남자를 죽이는 헥토르를 위해 꺼이꺼이 울었고, 아킬레우스는 자신의 아버지를 위해, 때로는 파트로클로스를 위해 울었다. 그리하여 그들의 울음소리가 온 집 안에 가득 찼다.

『일리아드』 24권 592–599행

『일리아드』는 이런 식으로 대단히 다채롭다. 그렇기 때문에 호메로스는 이 책 전편을 관통하는 핵심 요소가 될 것이다. 여기서 정말 인상적인 놀라운 면 한두 가지를 말해두고자 한다. 첫째, 호메로스의 서사시를 읽는 순간 눈에 확 들어오는 것은 대상들을 어느 한 편에 치우치지 않고 지극히 공정하게 서술하는 자세다. 트로이인들은 '나쁜 나라'로 설정이 돼 있기는 하지만 극악무도하거나 특별히 그리스인들에 비해 열등한 존재로 묘사하지 않는다. 헥토르는 살과 피를 갖춘 캐릭터로서 완벽하게 형상화돼 있다. 그의 기쁨과 슬픔을 우리는 내 기쁨과 슬픔인 양 공감할 수 있다. 그래서 그의 죽음은 충격적이고도 끔찍한 사건이다. 이는 호메로스가 헥토르의 삶을 전쟁터에 국한시키지 않고 그 너머의 모습까지 세심하게 묘사하기 때문이기도 하다. 우리는 가장으로서, 아내와 아이를 사랑하는 남편으로서 놀라울 정도로 감동적인 헥토르의 모습을 접하게 된다. 다른 말로 하면 우리는 헥토르가 무엇을 위해 싸우는지, 정확히 무엇을 잃게 될지 아는 것이다.

또 하나 중요한 측면은 호메로스의 작품에는 수많은 전투 장면이 나오지만 그런 싸움과 유혈극은 인간의 갈등과 드라마와 딜레마를 도드라지게 하는 배경으로 작용한다는 것이다. 그렇게 해서 우리는 젊은 주인공들이 죽음이라는 운명을 맞을 때 가슴이 찢어지는 연민을 느끼고, 위대하면서도 감성이 풍부하고, 그로테스크할 정도로 무자비한 아킬레우스 같은 인물들에게 어쩔 수 없이 매료된다. 호메로스는 또 전체적인 분위기를 갑자기 확 바꾸기도 하고 서술자의 관점을 넓히기도 한다. 그 과정에서 아름다운 시적 이미지를 강조하거나(이 문제는 5장에서 더 논하기로 한다), 신들을 개입시키기도 한다. 신들의 행동을 유발하는 동기도 인간이 펼치는 드라마와 짝을 이룬다고 할 정도로 흥미진진하면서도 때로 웃음을 선사한다(이에 대해서는 다음 장에서 자세히 살펴보기로 하자).

지금으로서는 『일리아드』의 탁월함에 대해 딱 두 가지만 말해두고자 한다. 첫째는 작품의 구성이다. 이야기 구조는 아주 단순하다. 처음부터 시작해서 이런저런 우여곡절을 거쳐 종점을 향해 나아가는 방식이다. 가끔 "한편……" 하는 식으로 잠시 궤도를 벗어나는 경우를 제외하면 '선형(線形) 서사구조linear narrative'다. 하지만 호메로스의 천재적인 면모는 주인공인 아킬레우스를 2권부터 16권까지 등장시키지 않는다는 것에서 드러난다(9권에서 아가멤논이 보낸 사절들을 만날 때 예외적으로 잠깐 등장한다). 이 때문에 아킬레우스가 전면에 등장하는 장면(친구 파트로클로스가 죽었다는 소식을 듣고 전투에 뛰어들어 헥토르를 죽일 때까지)이 발휘하는 효과는 가히 충격적이다. 여러 권에 걸쳐 각종 전투와 안타까운 죽음, 전사들의 위대한 공훈에 관한 얘기가 나왔지만 아킬레우스가 등장하면서부터 그때까지 들었던 얘기는 서론에 불과했다는 느낌이 든다. 긴박감 넘치는 장면들이지만 흑백 화면 같았던 것이 갑자기 컬러로 바뀐 기분이다. 그것도 놀라운 특수효과까지 동원한 컬러영화……. 모든 것이 앞서 나왔던 내용의 압축판이 된다. 유혈이 더더욱 낭자해지고 감정은 격해지며 고뇌는 강렬해진다. 마지막 장면에서 이루어지는 프리아모스 왕과 아킬레우스의 만남(화해와는 거리가 멀다. 자칫하면 한 순간에 탁 깨져버릴 것 같은 불안하고 긴장된 만남이다)은 그래서 더 감동적이다. 『일리아드』 24권의 이 장면에서 울지 않을 자신이 있는 사람이 과연 얼마나 될까.

끝으로 사소한 점 하나를 지적해두고자 한다. 『일리아드』가 독자들에게 즐거움을 주는 또 다른 이유는 피와 살을 가진 인물들의 구체성 내지는 물질성이 살아 꿈틀거리기 때문이다. 즉 인물들의 땀과 청동, 가죽, 모래, 피의 냄새를 생생하게 느낄 수 있다는 것이다. 『일리아드』를 읽다 보면 정말 영화 같다는 느낌을 지울 수 없다. 어떤 장면에서는 카메라가 클로즈업으로 가까이 들어가다가 다시 뒤로 빠져서 파노라마처럼 돌아간다. 두 가지만 예를 들어보자. 하나는 4권에서 메넬라오스가 부상을 당하는 장면이다. 호메로스는 메넬라오스가 화살에 맞아 넓적다리에서 피를 쏟는 것이 흡사 마이오니아나 카리아의 여인이 말의 볼장식을 만들 때 쓰는 상아에 자줏빛 염료가 물든 것 같다고 묘사한다. 상아처럼 하얀 메넬라오스의 넓적다리에서 붉은 피가 쏟아지는 장면은 그 이상 생생할 수가 없다. 둘째로 8권에서 호메로스의 눈은 밤의 장막이 내린 뒤의 트로이군 진영을 두루 굽어본다. 곳곳에서 타오르는 화톳불이 밤하늘의 별들 같다고 호메로스는 말한다.

> 마치 맑은 대기 중에 바람이 잘 때 밝은 달을 둘러싸고
> 뭇 별들이 하늘에 뚜렷이 나타나듯이,
> 주위의 모든 망대들과 산등성이와 우거진 골짜기들이
> 드러나고 하늘이 열리며 대기가 무한히 쏟아져 내려오고
> 별들이 모두 보이니 목자(牧者)도 마음이 흐뭇하다.
> 꼭 그처럼 많은 트로이인들의 화톳불이 일리오스의 앞쪽
> 함선들과 크산토스 강 급류 사이에서 타오르는 것이 보였다.

『일리아드』 8권 640-649행

『오디세이』는 『일리아드』와는 전혀 다른 스타일의 서사시다. 『일리아드』는 지리적으로 범위가 제한돼 있다. 잠시 신들의 거처인 천상의 올림포스 산으로 가는 경우를 제외하고는 사건은 대개 해변에 정박한 그리스군 함대와 트로이 시(市) 사이에서 벌어진다. 이와는 대조적으로 『오디세이』의 주인공은 오만 곳을 누빈다. 스토리는 오디세우스를 중심으로 전개된다. 그는 트로이 전쟁이 끝난 뒤 그토록 그리던 고향 이타카 섬으로 돌아가려고 하지만 끝없이 좌절당한다(바다의 신 포세이돈을 화나게 했기 때문이다). 트로이에서 전쟁으로 10년을 보낸 뒤 집으로 돌아가기까지 또 10년이 걸린다. 그동안 오디세우스는 외눈박이 거인 키클롭스, 바다의 괴물 스킬라와 카리브디스의 마수에서 간신히 벗어나고 교활한 여자들을 따돌린다. 〔님프(요정) 칼립소는 결혼을 요구하며 오디세우스를 오귀기아 섬에 7년 동안 붙잡아놓는다. 또 한 여자는 마녀 키르케로 나중에는 좋은 인물임이 드러나지만 처음에는 오디세우스의 부하 선원들을 돼지로 둔갑시킨다.〕

『일리아드』와 마찬가지로 『오디세이』의 주제는 첫머리에 나오는 인간이라는 말로 요약된다. 한 인간의 이야기인 것이다. 로버트 페이글스의 영역문은 이렇다. "트로이의 신성한 도시를 파괴한 뒤 / 많이도 떠돌아다녔던 임기응변에 능한 그 사람…… / 수많은 사람들의 도시들을 그는 보았고, 그들의 마음을 알았으며 / 바다에서는 자신의 목숨을 구하고 전우들을 귀향시키려다 / 마음속으로 많은 고통을 당했습니다." 이처럼 『오디세이』의 색조는 지리적 범위만큼이나 다채롭다. 『일리아드』

에서 왕이자 전사, 전략가로 활약한 오디세우스는 『오디세이』에서는 위엄 있는 손님, 실오라기 하나 걸치지 않고 해변에 떠밀려온 난파선의 선원, 거지 등등으로 온갖 종류의 삶을 산다. 그가 거지로 변신하고 고향에 나타난 것은 사람들이 알아보게 되면 말썽이 생길 것을 우려했기 때문이다. 『일리아드』의 주인공들이 칼로써 살아가는 존재라면 『오디세이』의 주인공은 임기응변으로 살아가는 인물이다. 인물들의 종류도 『일리아드』보다 훨씬 다양하다. 두 가지 예외가 있지만 『일리아드』의 등장인물은 왕과 신들이고, 잠시 이상한 귀족 여성이 끼어드는 정도다. 반면에 『오디세이』에서는 하녀들과 소치기, 돼지치기, 님프, 신들, 괴물들, 여왕, 음유시인, 수줍은 처녀 공주 등등을 만나게 된다.

우리는 『오디세이』를 키클롭스 같은 괴물들이 나와서 우당탕하는 모험담 정도로 여기는 경향이 있다. 아닌 게 아니라 주인공은 지중해 일대를 누비면서 온갖 기괴한 모험을 한다. 하지만 잘 들여다보면 『오디세이』에는 두 가지 스토리라인이 전개된다. 하나는 주인공의 여정이고, 또 하나는 저 먼 고향 이타카에서 벌어지는 사건들이다. 특히 오디세우스의 아들 텔레마코스가 겪는 일들이 중요하다. (스토리는 『일리아드』와 달리 '곧장 앞으로 나아가는' 식이 아니라 복잡한 과거 회상 장면과 같은 시기 다른 지역에서 벌어지는 사건들이 삽입된다. '임기응변'의 인간인 주인공 스타일에 딱 맞는 내러티브 기법이다.) 두 스토리라인은 작품 후반부, 그러니까 13권에서 오디세우스가 이타카에 도착하면서 하나로 합쳐진다. 이후의 이야기는 주인공이 정당한 이타카의 왕으로서 자리를 되찾는 과정에 관한 것이다. 여기에는 불충했던 자들에 대한 기괴하고도 끔찍한 복수를 계획하는 과정도 포함된다. 특히 오디세우스의 아내 페넬로페에게 자기들 중에서 새 남편을 선택하라고 끈질기게 괴롭혔던 구혼자들에 대한 복수가 초점이다. 오디세우스는 궁정 연회장을 피바다로 만든다. 끝에 가면 구혼자들의 시체가 해변에 던져진 생선더미처럼 쌓인다.

『오디세이』는 포세이돈이 잠시 자리를 비운 틈을 타 아테나 여신이 오디세우스의 귀향을 도와주기로 하는 장면에서 시작된다. 여신의 계획은 두 갈래로 진행된다. 우선 오디세우스를 칼립소가 장악하고 있는 오귀기아 섬에서 빼내고, 어린 아들 텔레마코스를 그리스 본토로 보내 아버지 소식을 알아보게 하는 것이다. 1권부터 4권까지는 오디세우스는 거의 등장하지 않고 텔레마코스와 이타카를 중심으로 사건이 전개된다.

『오디세이』 초반부에는 아가멤논이 아르고스로 돌아오는 얘기가 갑자기 튀어나온다. 고향을 떠나 10년 동안 트로이에 가 있던 아가멤논이 전쟁에서 승리하고 돌아오지만 결국 아내의 정부(情夫)인 아이기스토스에게 졸지에 죽임을 당한다. 아이기스토스는 다시 아가멤논의 아들 오레스테스에게 살해된다. 이것은 일종의 비유적 스토리라인이다. 아내 페넬로페가 정절을 지키지 않았다면, 오디세우스가 허름한 모습으로 정체를 감추지 않고 바보 같이 위풍당당하게 자기 왕국에 들어섰다면 바로 아가멤논 꼴이 났을 수 있다. 그리고 그런 상황은 텔레마코스에게도 하나의 도전이다. 오레스테스는 아버지의 복수를 할 만한 배짱이 있었다. 어린애 같은 텔레마코스가 과연 그런 용기를 발휘할 수 있을까?

『오디세이』에서 또 하나 중요한 부분은 텔레마코스가 어른으로 성장하면서 진정한 오디세우스의 아들임을 인정받는 과정이다. 그는 아버지 오디세우스를 본 기억이 없다. 작품 도입부에서 아테나 여신이 변신한 모습으로 텔레마코스에게 나타나자 텔레마코스는 아테나에게 자신은 오디세우스의 아들이라고 생각한다고 말한다. 하지만 사실은 그렇게 확신하지 못하고 있다. 작품 말미에 가서야 텔레마코스는 진정으로 그 아버지의 아들이 된다. 당당한 성인으로 성장한 것이다. 아테나 여신이 그를 바다 건너 그리스 본토로 보내 옛 전우들에게 아버지 소식을 묻게 한 것은 물론 오디세우스에 관한 희소식을 들어 오도록 한 것이다. 그러나 그것은 오디세우스를 제대로 아는 사람들을 통해 자기 아버지가 어떤 인간인지, 그리고 그런 아버지의 아들이 되려면 어떠해야 하는지를 찾아내게 하려는 의도였다. 어떤 면에서는 마지막 24권에서 오디세우스가 늙은 아버지 라에르테스에게 모습을 드러냄으로써 하나의 원(圓)이 완결된다. 바로 그 순간 본의 아니게 일그러졌던 한 가정의 평화와 조화가 완전히 제자리를 찾은 것이다.

내가 볼 때 『오디세이』에는 일종의 사필귀정 같은 것이 있다. 거의 동화에 나오는 해피엔딩 수준이다. 세상이 정상적인 질서에서 어긋나 있다가 다시 제대로 된 원래 상태로 돌아가는 것이다(다소 그로테스크한 보복행위가 없지 않지만……). 사람들은 결국 자신이 누구이고, 가족이 누구이며, 우주 속에서 자신들이 있어야 할 원래 위치가 어디인지를 인식하게 된다. "남에게 대접 받고 싶은 만큼 남을 대하라"는 격언이 떠오르는 요소도 있다. 오디세우스는 계속해서 낯선 존재들에게 내던져지고, 낯선 존재들의 도덕적 진가는 새로 온 자, 즉 '손님'을 어떻게 대하는가에 따라 판단된다. 손님을 맞는 주인이 에우마이오스처럼 정중하고 친절하고 너그러운가? 아니면 키클롭스의 우두머리인 폴리페모스처럼 야만적인가? 이타카의 늙은 돼지치기 에우마이오스는 보잘것없는 늙은 거지가 원래는 자기가 모시던 왕이라는 사실을 모르면서도 극진하게 대접한다. 하지만 폴리페모스는 오디세우스를 희롱하며 "손님에게 주는 선물로" 맨 마지막에 잡아먹는 자비를 베풀겠다고 한다(이에 대해서는 6장에서 자세히 살펴보자).

『오디세이』는 모험 이야기들 중에서도 압권이다. 이야기로서는 끝내준다. 토머스 로렌스(1888~1935. 영국의 군인, 고고학자. '아라비아의 로렌스' 라는 별명으로 유명하다—옮긴이)의 『오디세이』 번역은 형편없지만 『오디세이』가 "유럽 세계 최초의 소설"이라고 한 그의 지적은 옳다. 소금기에 전 늙은 선원들에게 『오디세이』는 시름을 덜어주는 재미난 이야기였다. 『오디세이』에서는 진짜 바다 냄새가 난다.

끝으로 『오디세이』와 『일리아드』의 가장 놀라운 면모 가운데 하나를 짚어보고자 한다. 그것은 놀라운 시적 이미지들이다. 다양한 비유는 두 작품에서 자주 쓰이는 기법이다. 신들의 세계와 같은 또 다른 세상도 그런 이미지들로 아름답게 묘사된다. 군대는 회오리바람 내지는 들불과 같고, 영웅들은 먹잇감을 노리는 사자나 매와 같다. 죽어가는 젊은 전사들은 잘려나간 강변의 어린 나무와 같다. (이에 대해서는 5장에서 상세히 논하기로 한다.) 한 가지 예를 보자. 아킬레우스가 강에서 트로이 평원을 가로질러 트로이 성문을 향해 달려든다. 헥토르를 잡기 위해서다. 이때 아킬레우스의 갑옷 가슴받이는 시리우스, 즉 천랑성(天狼星)처럼 반짝인다. 천랑성이 늦여름에 떠오르면 죽음과 질병이 창궐한다는 속설이 있다.

> 그를 맨 먼저 두 눈으로 본 것은 프리아모스 노인이었으니
> 그는 마치 늦여름에 떠올라 밤의 어둠 속에서

뭇 별들 사이에서도 가장 찬란한 광채를 발하는
별처럼 빛나며 들판 위를 질주하고 있었다.
이 별을 사람들은 '오리온의 개'(천랑성)라는 이름으로 부른다.
이 별은 가장 찬란하기는 하나 불행의 전조이며
가련한 인간들에게 심한 열병(熱病)을 가져다준다.
꼭 그처럼 아킬레우스가 달릴 때 그의 가슴에서 청동이 빛났다.

『일리아드』 22권 31–38행

『오디세이』의 비유적 이미지는 『일리아드』 못지않지만 다소 덜 화려한 편이다. 오디세우스가 잠을 이루지 못하는 장면에 나오는 비유는 웃음을 자아내기에 족하다. 이리 뒤척 저리 뒤척 하는 모습이 요리사가 석쇠에 소시지를 구울 때 이리 저리 뒤집는 것과 같다고 했다. 또 다른 장면에서는 난파한 오디세우스가 암초에 바짝 달라붙어 있는데 갑자기 큰 파도가 덮치는 바람에 바다로 떨려나가는 모습을 이렇게 묘사한다.

마치 문어가 구멍에서 끌려 나오고 그것의 빨판들에는
조약돌들이 덕지덕지 붙어 있을 때와 같이, 그의 대담무쌍한 두 손은
바위에 부딪쳐 살갗이 찢겼다.

『오디세이』 5권 476–478행

이런 이미지는 마이클 롱글리(1939~. 아일랜드의 시인—옮긴이)가 자신이 호메로스를 보는 방식을 노래한 예쁜 시에도 다시 사용된다. 풍부한 이미지는 그대로 남아 있다.

시(詩)는 호메로스가 말한 문어와 같다
숨은 구멍에서 끌려나온 문어의 빨판엔
작은 돌들이 가득하다, 다만 그 돌들은
보석이거나 보석에 버금가는 것들이다

롱글리의 이 구절은 우리가 앞서 맨 앞 서문에서 인용한 카바피의 시 「이타카」를 다시금 떠올리게 한다. 「이타카」는 『오디세이』를 인생 여정으로, 지식을 추구해가는 과정으로 해석한다. 시 뒷부분을 보자.

기원하라, 그대의 길이 오랜 여정이 되기를.
거기서 맞는 수없이 많은 여름날의 아침에
그대는 기쁨과 환희에 부풀어 닻을 내리리라
한 번도 보지 못한 항구들에서.
페니키아의 시장마다 걸음 멈추고
탐나는 물건들을 사들여라
산호와 자개, 그리고 흑단,
또 호박(琥珀)이며, 온갖 관능적인 향수들을
주머니 사정 되는 대로 최대한…….
나일 강변 여러 도시에 가거든
박학다식한 이들에게 열과 성을 다해
배우고 또 배워라.

영역: J. C. 카바피

여러분도 호메로스를 읽어가는 여정을 즐기시기를 바란다. 그 즐거움은 『일리아드』와 『오디세이』의 풍요로움에서 나온다. 그것은 보석이기도 하고 귀금속이기도 하다. 자개이며 산호이고 호박이며 흑단이다. 그 모든 것이 한량없이 쏟아져 나오는 보고가 바로 호메로스다.

†

호메로스 문제

호메로스를 읽다 보면 눈에 띄는 한 가지는 특정 사물이나 인물을 묘사할 때 같은 구절이 되풀이된다는 점이다. 바다는 포도주처럼 검고, 새벽은 장밋빛 손가락을 가졌고, 아테나 여신은 회색 눈을 하고 있고 등등. 이런 예는 너무 많아서 일일이 다 들 수가 없을 정도다. 일부 표현은 특정 인물에게만 적용되지만 어떤 구절은 여기저기 두루 따라붙기도 한다. 반복적으로 등장하거나 약간만 변화된 형태로 반복되는 장면도 있다. 예를 들어 제물을 바치는 의식이나 식사를 하는 장면은 대부분 비슷비슷하게 묘사돼 있다. 주인공들이 갑옷을 입는 장면도 그런 경향이 있다.

왜 그럴까? 여기서 우리는 학자들이 '호메로스 문제Homeric Question'라고 일컫는 사안에 맞닥뜨리게 된다. 이는 오랜 세월 학자들을 괴롭혀온 까다롭고 복잡한 문제들이다. 호메로스 문제란 그의 서사시가 어떻게 만들어졌고, 어떻게, 언제, 왜, 누구에 의해 문자로 정착됐는가에 관한 이런저런 문제들을 한데 묶어서 일컫는 말이다.

고대의 평론가들은 대개 『일리아드』와 『오디세이』가 호메로스라고 일컬어지는 한 시인에 의해 창작됐다고 봤다. 그러나 18세기 말에 들어 이런 견해는 이른바 '분석파 학자들'의 의해 도전을 받게 된다. 분석파 학자들은 호메로스 서사시의 뿌리가 그리스인들의 문자 사용 이전 시기까지 거슬러 올라가며, 음유시인의 구전 노래 전통을 많이 차용했다고 봤다. 그러면서 『일리아드』와 『오디세이』는 서로 다른 여러 음유시인의 버전을 짜깁기한 것이라는 설을 제기했다. 그도 그럴 것이 상대적으로 수준이 떨어져 보이는 부분들이 있었기 때문이다. 좀 더 치밀한 연구를 통해 그렇게 첨가되고 보충된 부분을 벗겨내고 나면 '『원본 일리아드ur-Iliad』'라고 할 만한 실체를 추출해낼 수 있다는 이론도 나왔다.

호메로스 문제 역사에서 결정적인 전환점이 온 것은 1920~30년대였다. 구비문학 연구가인 하버드대 교수 밀먼 패리와 그 제자 앨버트 로드는 유고슬라비아를 여행하면서 현지 음유시인(구슬라르guslar)들의 창작 방식을 연구했다. 〔알바니아 작가 이스마엘 카다레의 『H 파일The File on H.』(1981)을 읽어보면 구슬라르들의 스타일과 분위기를 생생하게 느낄 수 있다. 이 소설은 알바니아 구술 시문학을 연구하는 두 학자에 관한 이야기다.〕 패리와 로드는 현대 구술 음유시인들의 방법을 연구함으로써 반복되는 구절과 에피소드는 음유시인들의 기억을 돕는 장치였음을 알게 됐다.

핵심은 호메로스 서사시가 운문 형태로 창작됐으며, 그 기본은 한 행에서 음절의 수와 길이가 정형화돼 있다는 것이다(어느 음절에 강세가 있느냐가 중요한 영어 운문과는 다르다). 예를 들어 "산전수전 다 겪은 오디세우스"라고 하는 구절을 음률에 맞게 미리 만들어놓으면 시인이 기억을 되살리면서 즉흥적으로 변주를 하는 데 대단히 유용할 것이다. "장밋빛 손가락을 가진 새벽"과 "포도주처럼 검은 바다"도 마찬가지다. 반복되는 장면들도 음유시인에게는 일종의 기본 틀과 같은 것이 될 수 있다. 그 틀을 문맥에 따라 약간씩 변주하고 디테일을 특화시켜서 청중에게 강한 인상을 줄 수 있는 것이다.

패리와 로드의 연구 결과는 중대한 영향을 미쳤지만 그것으로 호메로스 문제가 해결되지는 않았다. 여전히 학자들은 아무런 합의도 보지 못하고 있다. 『일리아드』와 『오디세이』는 너무도 다른 작품이어서 작자가 동일인물이 아니라고 보는 학자들도 있다. 누가 창작했느냐 하는 '저작권' 개념 자체에 의문을 제기하는 학자들도 있다. 음유시인에서 음유시인으로 전승되면서 완성된 형태로 정착된 오랜 구술 문학 전통의 결실이기 때문에 한 사람을 저작권자로 볼 수 없다는 얘기다. 이들은 두 작품이 오랜 세기에 걸친 과정의 산물이기 때문에 제인 오스틴이나 찰스 디킨스의 소설처럼 특정 개인의 창작이라는 '사건'과는 전혀 다른 것이라고 주장한다. 또 다른 극단에 서 있는 일부 학자들은 두 작품이 너무도 훌륭하게 구성돼 있고 미묘하게 균형을 이루고 있기 때문에 '단순히' 음유시인들의 노래로 전승돼 왔다고 볼 수 없다고 주장한다. 문자라고 하는 도구와 문자 문학 기법의 도움을 받아 작성된 것이 분명하다는 얘기다.

요즘에는 많은 사람들(물론 모두가 그런 것은 아니다)이 두 작품은 BC 700년경 문자를 아는 한 시인 또는 복수의 시인들에 의해 문자로 정착됐다는 설을 지지한다. 물론 그 뒤에는 구술 음유시인의 전통이 깔려 있다.

†

『일리아드』 줄거리

1권: 아폴론 신이 그리스군에 전염병을 보냈다. 병을 막으려면 총사령관 아가멤논이 포로로 잡아온 트로이 소녀를 아버지에게 돌려줘야 한다. 소녀의 아버지는 아폴론 신전 사제다. 체면 손상을 만회하기 위해 아가멤논은 소녀를 내주는 대신 보상으로 그리스군 최고의 전사인 아킬레우스에게 브리세이스를 넘기라고 요구한다. 브리세이스 역시 포로로 잡아온 여자였다. 아킬레우스는 아가멤논의 요구에 따르지만 분노를 이기지 못한다. 그의 어머니인 바다의 여신 테티스는 제우스를 설득해 그리스군을 벌하게 한다. 화가 난 아킬레우스는 전투에서 빠진다.

2권: 제우스는 테티스의 청을 받아들여 아가멤논에게 '가짜 꿈'을 보낸다. 꿈을 통해 트로이를 공격하라는 신탁을 보낸 것이다. 아가멤논은 그리스군의 전의를 시험해 볼 요량으로 트로이 공격을 포기하고 귀향해야 한다고 선언한다. 일반 병사 중 하나인 테르시테스가 큰 소리로 떠들다가 오디세우스에게 눌려 이내 침묵한다. '함선 목록'에서는 그리스군의 구성과 규모가 상세히 소개된다.

3권: 트로이의 왕자 파리스가 적진을 향해 일대일로 대결하자고 소리친다. 메넬라오스가 도전을 받아들인다. 트로이 진영에서는 헬레네가 급히 망루로 달려가 프리아모스 왕에게 그리스 장군들의 정체를 하나하나 말해준다. 이 대목은 '성벽 위에서 내려다본 전투 장면'이라는 뜻의 테이코스코피아teichoscopia라는 제목으로 유명하다. 아프로디테 여신은 일대일 결투에서 패한 파리스를 낚아채 헬레네에게 데려다준다.

4권: 제우스는 아테나 여신을 전쟁터로 보낸다. 여신은 트로이의 판다로스를 부추겨 메넬라오스에게 화살을 쏘게 했고, 이로써 양측의 휴전 약속은 깨진다. 이어 전투가 재개되고, 메넬라오스가 화살에 맞지만 부상에 그친다.

5권: 그리스 장군 디오메데스는 아테나 여신의 가호로 놀라운 힘을 갖게 된다. 그는 트로이를 돕는 아프로디테 여신과 군신(軍神) 아레스에게도 상처를 입힌다.

6권: 그리스군의 디오메데스와 트로이군의 글라우코스는 전투 중 서로 만나 얘기를 나누다가 조상이 가까운 사이였음을 알고 우정의 표시로 갑옷을 교환한다. 트로이의 희망 헥토르는 성으로 들어가 어머니 헤카베에게 아테나 여신에게 좋은 의상을 바치라고 당부한다. 헥토르는 동생 파리스와 헬레네를 만나고 아내 안드로마케, 아들 아스티아낙스와도 재회한다. 안드로마케는 남편 헥토르에게 방어에 전념하라고 간청하며 조심을 당부한다.

7권: 아테나 여신과 트로이를 편드는 아폴론 신은 전투 중지를 결정한다. 헥토르와 그리스군의 영웅 아이아스는 결투를 벌인다. 양군은 전사자 시신을 수습해 화장한다. 그리스군은 타고 온 전함들을 보호하기 위해 방벽을 건설하기로 한다.

8권: 신들이 회합한다. 제우스는 다른 신들을 협박한다. 전투에 개입하지 말라는 것이었다. 아테나와 헤라는 제우스의 명에 반기를 들 계획을 꾸미지만 이리스 여신의 방해로 실행에 옮기지는 못한다. 양쪽 진영은 다시 밤을 맞는다.

9권: 아킬레우스에게 사절들이 찾아온다. 포이닉스, 아이아스, 오디세우스 등 그리스의 영웅들은 아킬레우스의 처소를 찾아가 전투에 다시 참여해달라고 호소한다. 아킬레우스는 단호히 거부한다.

10권: 아가멤논은 잠을 이루지 못한다. 네스토르는 정탐을 해보자고 제안한다. 한편 헥토르는 지원자를 모집해 그리스군 진영을 정탐하게 한다. 이 일을 맡은 것이 돌론이다. 오디세우스와 디오메데스는 돌론을 잡아 신문 끝에 죽여 버린다.

11권: 그리스군에게 다시 재앙이 닥친다. 디오메데스, 오디세우스, 아가멤논이 부상을 당한다. 아킬레우스는 친구인 파트로클로스를 네스토르 막사로 보내 전설적인 명의(名醫) 마카온이 죽었는지를 묻는다. 네스토르는 찬란했던 젊은 시절을 회고한다.

12권: 그리스군 방벽 주변에서 전투가 벌어진다. 리키아 출신인 트로이군의 두 장군 사르페돈(제우스의 아들이다)과 글라우코스가 그리스군에 대한 공격을 주도한다. 헥토르는 방벽 문을 깨부순다.

13권: 제우스가 관심을 다른 데 쏟고 있는 사이, 포세이돈이 전차(戰車)를 타고 바다 위를 달리면서 그리스군의 전투를 독려한다.

14권: 헤라는 잠의 신의 도움을 받아 제우스의 관심을 다른 곳으로 돌린다. 헤라는 제우스를 유혹하고, 그가 잠든 사이 그리스군은 공세를 편다.

15권: 하지만 제우스가 다시 깨어난다. 아폴론의 독려에 힘입어 헥토르는 그리스군 진영을 돌파한다.

16권: 그리스군이 수세에 몰리자 아킬레우스는 그토록 소중히 여기는 갑옷을 친구인 파트로클로스에게 입혀 전투에 내보낸다. 파트로클로스는 사르페돈을 죽인다. 파트로클로스는 트로이군을 공격해 트로이 성까지 후퇴시킨다. 하지만 아폴론의 도움을 받은 헥토르가 마침내 그를 죽이고 아킬레우스의 갑옷을 빼앗는다.

17권: 양군은 파트로클로스의 시신을 놓고 쟁탈전을 벌인다. 아킬레우스의 말이 구슬피 운다. 메넬라오스와 아이아스는 파트로클로스의 시신을 확보하는 데 성공한다.

18권: 안틸로코스가 아킬레우스에게 파트로클로스의 전사 소식을 알린다. 아킬레우스의 어머니 테티스 여신은 대장간의 신 헤파이스토스를 찾아가고, 헤파이스토스는 아킬레우스를 위해 새 갑옷과 무기를 만들어준다. 아킬레우스의 방패의 놀라운 성능이 묘사된다.

19권: 날이 밝았다. 아킬레우스는 여전히 친구 파트로클로스의 시신을 부여안고 울고 있다. 아가멤논은 브리세이스를 달라고 한 잘못을 공식적으로 인정한다. 아킬레우스는 무장을 하고 전투에 나선다.

20권: 아킬레우스가 전투에 나서자 제우스는 신들이 전투에 개입하는 것을 허용한다. 아킬레우스는 미쳐 날뛴다. 분노한 군신(軍神)처럼 무자비하게 적을 도륙한다.

21권: 아킬레우스는 트로이 병사들의 시체로 스카만드로스 강을 가득 채운다. 분노한 스카만드로스 강은 아킬레우스를 공격한다. 신들도 서로 싸운다. 헤라는 아르테미스 여신의 귀싸대기를 올린다.

22권: 아킬레우스가 트로이를 향해 돌진한다. 그가 다가오는 것을 본 헥토르는 달아난다. 아킬레우스는 트로이 성을 세 번이나 돌며 그를 추격한다. 두 사람은 마침내 맞붙고, 헥토르가 죽는다. 아킬레우스는 헥토르의 시신을 전차 뒤에 매단다. 트로이 성벽 위에서는 부모인 프리아모스 왕과 헤카베 왕비, 부인 안드로마케가 통곡한다.

23권: 파트로클로스의 혼령이 아킬레우스에게 나타나 이제 매장해달라고 부탁한다. 아킬레우스는 제물로 트로이 병사 12명을 화장용

장작더미에 올린다. 아킬레우스는 파트로클로스의 영혼을 달래기 위해 장례경기(葬禮競技)를 주관한다.

24권: 아킬레우스는 잠을 이루지 못한다. 그는 전차를 몰고 헥토르의 시신을 끌고 다니며 파트로클로스의 무덤 주위를 돈다. 신들은 그 정도면 됐다는 결정을 내린다. 프리아모스 왕은 전령(傳令)의 신 헤르메스의 도움을 받아 그리스군 진영으로 들어가서 몸값을 치르고 아들 헥토르의 시신을 돌려받는다. 프리아모스와 아킬레우스는 함께 운다. 트로이인들은 헥토르의 죽음을 애통해한다.

†

『오디세이』 줄거리

1권: 신들의 회의. 아테나 여신이 오디세우스의 불행한 처지를 하소연한다. 트로이 전쟁의 영웅들이 모두 집으로 돌아간 뒤에도 오디세우스는 오랫동안 님프 칼립소의 섬에 붙잡혀 있었던 것이다. 아테나는 헤르메스를 보내 칼립소에게 오디세우스를 풀어주라고 명한다. 한편 아테나는 변장을 하고 이타카로 가서 오디세우스의 아들 텔레마코스를 만나 밖에 나가서 아버지 소식을 알아보라고 한다.

2권: 텔레마코스는 이타카의 유력자들을 불러 회의를 소집한다. 오디세우스가 트로이 전쟁에 출전한 이후 처음 열리는 회의다. 텔레마코스는 어머니 페넬로페에게 찝쩍거리는 구혼자들을 호되게 꾸짖고, 배 한 척을 마련해 아버지를 찾아 나선다.

3권: 텔레마코스는 변장한 아테나 여신과 함께 필로스에 도착한다. 필로스의 왕 네스토르는 메넬라오스와 아가멤논도 트로이에서 돌아왔다는 얘기를 해준다.

4권: 텔레마코스는 메넬라오스 왕과 헬레네의 고향인 스파르타에 도착한다. 트로이 전쟁 얘기가 서술된다. 헬레네는 오디세우스가 거지로 변장해 트로이 성에 잠입했다는 것과, 목마의 활약상 등에 관해 이야기한다. 메넬라오스는 오디세우스가 칼립소의 섬에 억류돼 있다고 들었다고 말한다. 한편 이타카에서는 구혼자들이 텔레마코스의 배를 습격할 계획을 꾸민다.

5권: 한편 그 사이 헤르메스는 칼립소의 섬에 도착한다. 오디세우스를 잡아놓고 결혼을 강요하던 칼립소는 마지못해 그를 풀어준다. 오디세우스는 다시 바다에서 풍랑을 만나 미지의 해변으로 떠밀려온다.

6권: 오디세우스가 떠밀려온 곳은 파이아케스 사람들의 땅이었다. 그곳 공주인 나우시카는 아테나 여신이 꿈에 나타나 당부한 대로 강가에 나가 빨래를 하고, 거기서 난파한 오디세우스를 만난다.

7권: 오디세우스는 정체를 숨긴 채 나우시카의 부모인 알키노오스 왕과 아레테 왕비를 만난다.

8권: 알키노오스는 오디세우스를 위해 연회를 베푼다. 음유시인 데모도코스는 트로이 전쟁 때 오디세우스와 아킬레우스가 말다툼한 사건을 노래한다. 알키노오스는 이어 운동경기를 개최한다. 데모도코스는 트로이의 목마 얘기를 노래한다. 과거의 일들을 들으며 회상에 잠긴 오디세우스는 눈물을 흘린다.

9권: 오디세우스는 자신이 오디세우스임을 고백하고 파이아케스 사람들에게 트로이를 떠난 뒤에 겪었던 일들을 얘기한다. 연꽃을 먹는 종족의 땅과 외눈박이 거인 키클롭스의 땅에 표착한 일이며, 키클롭스에게 바보처럼 이름을 말해주었다가 포세이돈(키클롭스의 아버지다)의 진노를 산 일 등등…….

10권: 오디세우스의 이야기가 계속된다. 바람의 신 아이올로스를 만난 일이며, 사람을 잡아먹는 거인족 라이스트리고네스를 만난 얘기, 마녀 키르케의 섬에 도착한 얘기도 했다. 키르케는 마법을 부려 오디세우스의 부하들을 돼지로 둔갑시켰다. 오디세우스는 기지를 발휘해 키르케를 제압하고, 부하들과 함께 그 섬에 1년을 머물렀다. 키르케는 오디세우스에게 하계(下界. 저승 같은 곳이다—옮긴이)를 찾아가 예언자 테이레시아스를 만나서 도움말을 구하라고 충고한다.

11권: 오디세우스의 이야기가 계속된다. 하계에서 만난 테이레시아스는 오디세우스에게 태양의 신 헬리오스가 키우는 소는 절대 잡아먹지 말라고 당부한다. 하계에서 오디세우스는 어머니와 아가멤논, 아킬레우스, 파트로클로스, 아이아스, 안틸로코스의 혼령을 만난다. 탄탈로스, 시시포스, 헤라클레스를 비롯한 그리스 신화의 인물들과도 조우한다.

12권: 오디세우스의 이야기가 계속된다. 감미로운 소리로 뱃사람들의 넋을 빼앗아 잡아먹는 세이렌, 바다의 괴물 스킬라와 카리브디스의 마수를 간신히 벗어난다. 오디세우스 일행은 헬리오스의 소떼가 있는 섬에 도착한다. 부하 선원들은 바보같이 소떼를 죽이고 일부를 잡아먹는다. 일행은 섬을 떠나지만 오디세우스를 제외한 선원은 모두 풍랑에 실종되고 만다. 오디세우스는 결국 칼립소의 섬에 떠밀려온다. 여기서 오디세우스의 이야기가 끝난다.

13권: 파이아케스 사람들은 오디세우스에게 온갖 선물을 주고 그를 배에 태워 고향 이타카 섬까지 안전하게 데려다준다. 아테나 여신이 나타나 오디세우스를 늙은 거지로 변신시키고 그에게 돼지치기 에우마이오스를 찾아가라고 말한다.

14권: 충복인 에우마이오스는 변신한 오디세우스의 정체를 모른 채 환대한다. 오디세우스는 자신의 정체를 거짓으로 둘러댄다.

15권: 무대는 스파르타. 아테나 여신은 텔레마코스에게 고향으로 돌아가라고 말한다. 한편 이타카에서는 에우마이오스와 오디세우스가 이런저런 이야기를 나눈다.

16권: 텔레마코스가 에우마이오스의 오두막을 방문해 아버지와 재회한다. 부자는 구혼자들을 물리칠 계획을 짠다. 한편 구혼자들은 텔레마코스를 죽일 궁리를 한다.

17권: 텔레마코스는 집으로 돌아가 어머니 페넬로페에게 그동안 주워들은 소식들을 얘기해준다. 하지만 오디세우스가 돌아왔다는 얘기는 하지 않는다. 오디세우스가 궁전에 나타난다. 여전히 거지로 변신한 상태다. 늙은 개 아르고스가 그를 알아보고 곧 죽는다. 구혼자들은 거지 오디세우스를 조롱하고 멸시한다.

18권: 구혼자들은 오디세우스를 또 다른 거지 이루스와 싸움 붙인다. 오디세우스는 이루스를 때려눕힌다. 하녀 멜란토가 오디세우스를 비웃는다.

19권: 계획에 따라 텔레마코스는 은밀히 궁전에 있는 무기를 모두 치운다. 페넬로페는 오디세우스에게 질문을 하고, 오디세우스는 이리저리 거짓으로 둘러댄다. 늙은 유모 에우리클레이아는 오디세우스의 발을 씻겨주다가 옛날 상처를 보고 오디세우스임을 알아본다. 오디세우스는 자기가 왔다는 것을 비밀로 하라고 당부한다.

20권: 페넬로페는 오디세우스가 옆에서 잠자는 꿈을 꾼다. 구혼자들에게 일련의 흉조가 나타난다. 오디세우스는 더욱 모욕을 당한다.

21권: 페넬로페는 구혼자들에게 오디세우스가 쓰던 활을 쏠 수 있는 사람과 결혼하겠다고 선언한다. 그러나 시위를 당길 수 있는 구혼자는 하나도 없다. 텔레마코스가 페넬로페를 처소로 돌려보낸다. 오디세우스는 가볍게 시위를 당긴다.

22권: 오디세우스는 구혼자들에게 화살을 겨눈다. 이어 텔레마코스의 도움을 받아 구혼자들을 다 죽인다. 텔레마코스는 불충한 하녀들에게 바닥에 흘린 피를 다 닦아내게 한 뒤 그들을 목매달아 죽인다.

23권: 에우리클레이아가 페넬로페에게 그 거지가 바로 오디세우스라고 말해준다. 페넬로페는 유모에게 부부가 쓰던 침대를 방 밖으로 옮기라고 명한다. 오디세우스를 떠보려는 일종의 시험이었다. 그는 이 얘기를 듣고 불같이 화를 냄으로써 자신의 정체를 입증한다. 침대를 옮길 수 없다는 것은 둘만 아는 비밀이었다. 침대는 올리브 나무를 베어낸 밑동을 기둥으로 삼은 것이어서 땅속의 뿌리로 고정돼 있었기 때문이다. 두 사람은 눈물을 흘린다. 이어 한참 옛 얘기를 나누고는 함께 잠든다.

24권: 구혼자의 혼령들이 하계에 도착한다. 오디세우스는 연로한 아버지를 찾아간다. 구혼자 가족들은 오디세우스에게 복수를 다짐한다. 하지만 아테나 여신이 개입해 더 이상의 유혈극을 막는다.

2장 필멸의 인간과 불멸의 신

헤시오도스, 호메로스, 소포클레스의 경우

태초에…… 혼돈(카오스 신)이 있었다. 혼돈은 시커먼 무(無)의 심연이었다. 그리고 대지(가이아 신)가 있었다. 그리고 대지 아래 저 깊은 곳에 나락(奈落)의 세계 타르타로스가 있었다. 그리고 변화와 생성의 힘 에로스가 있었다. 혼돈에서 밤과 낮이 태어났고, 대지에서 하늘이 태어났다. 하늘(우라노스 신)과 대지(가이아 신)는 대양(大洋), 크로노스, 레아, 테티스를 낳았고, 넷은 바다 밑에서 살았다.

크로노스는 낫으로 아버지 우라노스 신의 성기를 잘라 바다에 던져 버린다. 거기서 떨어진 핏방울이 대지를 적시며 거인족**Giants**이 태어났다. 성기가 떨어진 바다에서는 거품이 일면서 성애(性愛)의 여신 아프로디테가 탄생했다. 크로노스는 누이인 레아와 결혼해 자녀를 낳았다. 화로를 보호하는 여신 헤스티아, 수확의 여신 데메테르, 바다의 지배자 포세이돈, 하계의 왕 하데스 등등이었다. 그러나 자녀들이 세력이 커지는 것을 우려한 크로노스는 자식들을 잡아먹었다. 그런데 막내인 제우스 차례가 됐을 때 레아는 바위를 아들인 것처럼 위장했다. 바위를 삼킨 크로노스는 목이 막혀 먼저 삼켰던 다른 자식들까지 다 토해내고 말았다.

제우스와 그 형제들을 중심으로 한 올림포스의 신들은 이제 전 시대의 신인 크로노스와 레아를 비롯한 티탄 신족(神族)Titans과 싸우게 된다. 마침내 올림포스의 신들이 승리를 거두고 전 세대 신들을 타르타로스 저 깊은 곳에 가둬버렸다. 제우스는 신들의 왕이 되었다. 그가 낳은 자식 중에는 아테나 여신이 있었고, 운명의 세 여신 클로토, 라케시스, 아트로포스와 우미(優美)의 3여신이 있었다. 데메테르는 그에게 페르세포네를 낳아주었고, 레토는 아폴론과 아르테미스를 낳아주었다. 또 제우스는 누이 헤라를 통해 헤베(청춘과 봄의 여신)와 아레스(군신)를 낳았다. 불과 대장간의 신 헤파이스토스는 헤라가 아버지 없이 혼자 낳았다.

이 정도가 시인 헤시오도스가 신들의 계보와 천지창조 신화를 정리한 서사시 『신통기(神統記)Theogony』의 (아주 간단히 축약한) 골자다. 헤시오도스가 문필 활동을 한 것은 대략 호메로스의 서사시가 등장했을 무렵이다. BC 8세기 정도로 추정된다. (호메로스의 작품과 헤시오도스의 서사시 가운데 어느 것이 먼저 나왔느냐는 해묵은 논란은 아직도 미해결 상태다.) 『신통기』는 흥미로운 작품이다. 근동 지방 신화에서 많은 영향을 받았고 아카드와 히타이트족(族) 텍스트와 비슷한 부분도 많다. 그리고 작품의 수준이 조야하다고 말하기는 좀 뭐하지만 『일리아드』처럼 복잡하고 치밀한 걸작이 아닌 것은 분명하다. 헤시오도스처럼 이른 시기의 시인에 대해 많은 사실이 알려져 있다는 것은 다소 의외다. 그는 작품에서 자신에 대해 많은 이야기를 한다(그가 남긴 또 다른 서사시 『노동과 나날

Works and Days』은 농사일을 중심으로 한 일종의 교훈시다). 예를 들어 우리는 그가 그리스 중남부 보이오티아에 있는 헬리콘 산 경사면에서 양을 쳤다는 사실을 알고 있다. 헬리콘 산은 신화에서 학예의 신인 뮤즈에게 바쳐진 산으로 나온다. 또 그는 칼키스에서 열린 노래 경연대회에서 상을 탄 적이 있다는 것도 우리는 알고 있다. 또 형인 페르세스가 그를 속여서 아버지의 유산을 독차지하려고 했다는 것도 알고 있다. 당시는 귀족이 지배하던 세계였지만 그는 소농(小農)이었다.

그리스 신화를 각색한 현대판 이야기들은 앞에서 내가 그랬던 것처럼 『신통기』를 풀어서 소개하는 것으로 시작하는 경우가 많다. 『신통기』는 『노동과 나날』과 더불어 신화 이야기 방면에서는 대단히 중요한 원 자료다. 하지만 두 작품 모두 대단히 신축적이다. 고대 그리스의 '신화를 총정리 한 책', 그러니까 성경처럼 권위 있는 유일 판본 같은 것은 없다. 우리가 그리스 신화라고 생각하는 것들—헤라클레스의 무용담이나 오이디푸스, 스핑크스 설화에 이르기까지 모두—은 그리스 문학, 미술과 얽히고설키면서 오늘의 우리에게까지 전해진 것이다. 따라서 그리스 신화라는 것 자체가 여러 작가와 미술가들에 의해 다양하게 묘사되고 해석돼 온 것이다. 예를 들어 신화에 나오는 이야기들은 BC 5세기 그리스 비극작가들에게는 작품의 원료였다. 당대의 사건을 대놓고 다루는 비극은 거의 없었다. 오이디푸스 이야기를 전하는 가장 유명한 작품은 소포클레스의 비극 『오이디푸스 왕**Oedipus the King**』이다. 여기서 소포클레스는 작품의 의도에 맞게 오이디푸스 왕을 현대적으로 묘사하면서 당대의 아테네 정치를 슬쩍 걸치는 도구로 사용했다. 따라서 신화적인 이야기의 톤은 그 이야기가 어떤 맥락에 놓이느냐에 따라 아주 다르게 느껴질 수 있다. 『신통기』에는 근친상간에 해당하는 혼인 관계와 기이한 존재들이 수없이 등장하기 때문에 소포클레스의 합리적이고 탐구심 강한 오이디푸스와는 완전히 딴 세상처럼 보인다.

'동일한' 신화라도 서로 다른 다양한 버전이 존재하는 경우가 많다. 예를 들어 남편 이아손이 황금 양털을 손에 넣도록 도와주는 메데이아 이야기를 보자. 메데이아는 이아손이 자신을 버리고 코린토스의 왕인 크레온의 딸 글라우케를 새 아내로 맞이하자 분노한다. 메데이아는 복수 차원에서 크레온을 죽이고 자녀들을 남겨둔 채 코린토스를 떠났다. 자식들은 왕을 잃은 코린토스 사람들에게 죽임을 당한다. 이것이 정말 있었던 일일까? 메데이아를 주인공으로 세운 에우리피데스의 비극에서는 메데이아가 독이 든 의상과 관(冠)을 선물해 글라우케의 살을 태워 죽이고, 배신한 남편을 징벌하기 위해 본인이 낳은 자식들까지 죽인 뒤 자신의 할아버지인 태양신 헬리오스의 날아다니는 전차(戰車)를 타고 아테네로 달아나는 것으로 돼 있다. (이 장면은 영국 연출가 조너선 켄트가 1992년 런던과 브로드웨이에서 무대에 올린 것이 가장 강렬한 기억으로 남아 있다. 당시 주인공 메데이아 역은 다이애나 리그가 맡았다.) 고대에 이미 에우리피데스가 코린토스 사람들로부터 뇌물을 받고 마지막 장면을 고쳐줬다는 소문이 있었다. 그럼에도 불구하고 그의 버전은 당연히 '그리스 신화'로 인정된다.

그렇다면 이처럼 약간씩 다른 신화들의 공통점은 무엇일까? 흥미진진하고도 경이로운 이야기라는 사실을 빼고, 내가 보기에 가장 흥미로운 점 가운데 하나는 가장 심오한 문제를 제시한다는 것이다. 인간이라는 것이 어떤 의미인지, 죽을 수밖에 없는 존재라는 것이 어떤 의미인지를 끊임없이 생각하게 만든다는 얘기다. 그리스 신화는 하나같이 인간과 신이 스스럼없이 뒤섞여 사는 세계를 보여준다(최소한 신들의 힘이 항상 인간 가까이에 있다). 그리고 이런 그리스 신들에게는 아주 특징적인 면이 있다. 인간과 닮았다는 것이다. 외모도 우리와 비슷하다(물론 변신하지 않은 본래 모습을 보게 되면 그 광휘에 불타 죽을 수도 있다. 실제로 세멜레라는 여자는 제우스 신에게 본모습을 보여달라고 했다가 타 죽었다). 신들은 인간적인 약점과 결함을 가지고 있다(질투심 많은 아내의 전형인 헤라 여신이나 바람쟁이 남편의 전형인 제우스 신에 관한 이야기들을 보면 금방 알 수 있다). 하지만 그들의 힘은 막강하며, 그런 힘을 잔인하고 무분별하게 휘두르기도 한다. 그리고 그들은 영원히 죽지 않는다. 그들은 우리와 비슷하기도 하고 다르기도 하다. 이런 필멸과 불멸의 변증법을 파악하면 우리는 인간이 어떤 존재인지, 인간의 조건이 어떤 것인지를 좀 더 분명히 깨달을 수 있다.

이런 인식이 농축돼 있는 것이 『일리아드』다. 『일리아드』 1권은 아주 명료하고도 간결한 어조로 그런 인식을 설명하면서 우리에게 주인공들과 사건이 전개되는 두 현장, 즉 트로이 외곽의 평원과 신들의 고향인 올림포스 산을 소개한다. 도입부 첫 몇 행이 미래에 펼쳐질 운명을 예시한다.

> 노래하소서, 여신이여! 펠레우스의 아들 아킬레우스의 분노를,
> 아카이아족(그리스인)에게 헤아릴 수 없이 많은 고통을 가져다주었으며
> 숱한 영웅들의 굳센 혼백들을 하데스에게 보내고
> 그들의 육신은 개들과 온갖 새들의 먹이가 되게 한

그 잔혹한 분노를!

이렇듯 제우스의 뜻은 그 종말을 향해 달려가고 있었도다.

『일리아드』 1권 1–6행

아킬레우스의 분노, 수많은 영웅들의 죽음, 제우스 신의 의지의 관철……. 이런 요소들이 앞으로 작품에서 어떤 일이 벌어질지를 분명히 예고한다. 이후 1권은 아킬레우스의 분노를 야기한 원인(그리스군 총사령관 아가멤논과의 자존심 싸움)에 대해 서술한다. 아킬레우스는 어머니인 테티스 여신을 설득해 제우스로 하여금 동포인 그리스군에게 재앙을 내리게 함으로써 자신이 당한 불명예를 복수하고자 한다. 끝부분에 가면 무대는 그리스군 진영에서 올림포스 산으로 옮겨간다. 신들이 잔치를 열고 넥타르(신들이 마시는 포도주 같은 신비의 음료–옮긴이)를 마시며 농담하고 논다. "기분이 좋아진 신들은 불의 신이 숨을 몰아쉬며 홀 이곳저곳을 부산하게 누비는 것을 보면서 박장대소했다."

그리스군 진영과 신들이 사는 천상의 올림포스 산은 완전히 다른 두 세계다. 인간들은 느닷없이 떼로 죽어나가고, 그들의 시체는 썩은 고깃덩어리로 변한다. 반면에 저 높은 궁전에서 사는 올림포스의 신들은 사소한 일로 말다툼을 하고 웃고 농담한다. 이런 대조는 『일리아드』에서 대단히 중요하다. 『일리아드』의 핵심을 차지하고 있는 것은 바로 인간은 죽을 수밖에 없는 존재라고 하는 관념과의 정면 대결이다. 그리고 필멸의 의미를 가장 분명하게 표현할 수 있는 방법은 불멸과 대조하는 것이다. 이렇게 해서 짧지만 불길처럼 타오르는 강렬한 인간의 삶은 신이라고 하는 영원한 존재들과 병치되고 대조된다.

여기서 꼭 알아두어야 할 것은 호메로스의 세계에서는 죽을 수밖에 없는(필멸의) 인생이 전부라는 사실이다. 주인공들을 기다리는 기독교 스타일의 천국 같은 것은 없다. 영원한 천국에서의 행복으로 보답 받을 지상의 미덕 같은 것은 존재하지 않는다. 죽은 자들의 영혼은 하계에서 존재를 지속하지만 하계는 인간이 머물고 싶어 할 만한 장소는 아니다. 『오디세이』 11권에서 주인공 오디세우스는 하계를 방문한다. 거기서는 무시무시한 장면이 펼쳐진다. 사자(死者)들은 비참하고 의지할 데 없는 유령으로 오디세우스가 제물로 바친 동물들의 피를 마신 다음에야 겨우 대화를 할 수 있게 된다. 아킬레우스의 유령은 오디세우스에게 "죽은 자들의 왕이 되느니 찢어지게 가난한 소작농의 노예가 되는 게 낫다"고 말한다. 『일리아드』 20권에는 "다 허물어져가는 구중중한" 죽은 자들의 집들을 보면 신들도 전율할 것이라는 표현이 나온다. (필립 풀먼이 3부작 『황금 나침반』 마지막 권 『호박색 망원경**The Amber Spyglass**』에서 묘사한 황량한 하계의 모습은 호메로스와 베르길리우스의 영향을 받은 것이다.) 이처럼 중요한 것은 주인공들의 짧지만 강렬한 삶이지, 사후에 벌어진 일들이 아니다. 『일리아드』에서 인간들은 죽어갈 때(페이지마다 다양한 죽음이 소개된다) 극도의 공포를 느끼며 거세게 저항한다. 16권에서 그리스군의 파트로클로스가 헥토르의 손에 죽는 장면을 보자.

> 죽음이 그의 목숨을 끊었다. 종말이 그를 덮쳤다.
> 그리고 그의 혼백은 남자다움과 젊은 힘을 뒤로하고
> 자신의 운명을 통곡하며
> 그의 사지를 떠나

하데스의 집으로 날아갔다.

『일리아드』 16권 1001-1005행

기독교적 사고에서는 육신이 온갖 욕망에 허우적거리는 일종의 감옥이지만 호메로스에서는 정반대다. 펄떡이는 심장이 없는, '젊고 유연한 힘'이 없는 인간은 더 이상 아무것도 아니다.

그러나 그런 인간들이 끔찍이 중요시하는 것은 일종의 불멸성이다. 전사로서의 명예와 영광이야말로 그들이 죽은 뒤에도 계속 살아남는 불멸성이다. 단명한 생에 대한 보상이 바로 불멸의 명예인 것이다. 이런 점을 극명하게 표현하는 인물이 바로 초자연적 존재와 소통했던 아킬레우스다.

"나의 어머니,
은족(銀足)의 여신 테티스께서 내게 말씀하시기를
두 상반된 운명이 나를 죽음의 종말로 인도할 것이라고 했소.
내가 여기 머물러 트로이인들의 도시를 포위하면
고향으로 돌아가는 길은 막힐 것이나 내 명성은 불멸할 것이오.
하지만 내가 사랑하는 고향 땅으로 돌아간다면
나의 자존심, 나의 명성은 죽을 것이나
내 수명은 길어지고
죽음의 종말이 나를 일찍 찾아오지 않을 것이오."

『일리아드』 9권 497-505행

그렇다면 신들은 어떤가? 우선 그리스 신들의 경우에는 구원을 선사하는 자비로운 기독교식 신 개념은 완전히 잊어야 한다. 호메로스의 작품에 등장하는 신들은 사소한 일로 말싸움을 하고 열을 받는 존재들이다. 그러면서도 인간을 보호하고 동정을 베풀기도 한다. 그러나 때로 위대한 모습으로 변신하고 앙심에 사로잡히기도 하며 공포를 불러일으키기도 한다. 우스꽝스러운 모습을 보일 때도 있다. 아닌 게 아니라 호메로스의 서사시에서 막간의 희극적 장면을 주로 선보이는 것은 신들이다. 신들의 왕인 제우스는 단연 가장 강력한 신이다. 제우스는 올림포스의 다른 신들에게 "그대들이 지상에 서서 나와 줄다리기를 하며 하늘에 있는 나를 끌어내리려고 아무리 애를 써도 나는 그대들 모두를 잡아당겨 가볍게 하늘로 끌어올릴 수 있다"고 말한다. 『일리아드』 서두에 언급된 제우스의 '뜻'은 결국 트로이를 망하게 하겠다는 것이다. 그러나 단기적으로는 그리스군도 아킬레우스의 상처 입은 자존심을 보전해주는 차원에서 치욕을 당하게 된다. 그럼에도 불구하고 다른 신들은 제우스의 방해를 따돌리고 목적을 달성하기 위해 최선을 다한다. 그리고 왕왕 성공한다. 『일리아드』 14권에는 대단히 우스운 에피소드가 등장한다. 헤라 여신이 섹시한 옷을 차려입고 제우스를 유혹한다. 관계를 가진 후 제우스가 잠이 든 사이 헤라는 한동안 멋대로 일을 벌인다.

신들은 영웅들에게 일어나는 일에 대해 여러모로 관심을 갖고 마음을 쓴다. 그들은 지상에서 벌어지는 사태 전개를 예의 주시한다(올림포스 산이 축구 경기장 일등석 같은 느낌이 들기도 한다). 호메로스는 헥토르와 파트로클로스를 비롯한 수많은 영웅들을 '제우스가 소중히 여기는' 존재라고 표현한다. 하지만 제우스가 특정 인물을 좋아한다고 해서 그들이 죽음을 피할 수 있는 것은 아니다. 신들은 편을 든다. 헤라, 아테나, 포세이돈은 그리스 편인 반면 아폴론, 아르테미스, 아레스는 트로이 편이다. 신들은 때로 사태에 직접 개입해 좋아하는 영웅들을 거들고 나선다. 5권에서 아테나 여신은 그리스의 전사 디오메데스에게 어마어마한 힘을 불어넣어준다. 그렇게 힘을 키운 디오메데스는 심지어 전투의 신인 아레스에게까지 부상을 입힌다. (물론 아레스는 "우유에 신선한 무화과즙을 타면 금세 굳는 것처럼" 바로 회복한다.) 디오메데스는 사랑의 여신 아프로디테에게도 상처를 입힌다. 겁에 질린 아프로디테는 어머니 디오네 여신에게 쪼르르 달려가 눈물을 흘리며 하소연한다. 전쟁터에서 싸우는 주인공들은 죽고 사는 문제인데 아프로디테는 무릎을 찧었다고 우는 어린 아이 같다. 다른 말로 하면, 신들은 죽음을 경험할 수 없기 때문에 그들에게 전쟁은 힘이 드는 일이기는 하지만 필멸의 인간이 느끼는 강도와는 전혀 다르다.

그렇다고 해서 신들이 감정적으로 흔들리지 않는 것은 아니다. 일부 신들은 인간과 깊은 관계다. 테티스 여신은 아킬레우스의 어머니이고, 제우스는 트로이군 진영의 용장 사르페돈의 아버지다. 불사의 신이 필멸의 인간을 사랑하는 것은 끔찍한 일이 될 수 있다. 『일리아드』 6권에서 글라우코스는 디오메데스에게 이런 말을 한다.

> 인간들의 가문이란 나뭇잎들과도 같은 것이오.
> 어떤 잎은 바람이 불면 땅 위에 흩어지지만
> 봄이 와서 숲에 새싹이 돋아나면
> 또 다른 잎들이 자라나듯이, 인간들의 가문도 그와 같아서

어떤 것은 자라고 어떤 것은 시드는 법이오.

『일리아드』 6권 170-174행

이런 사랑스러운 존재들이 태어나고 죽는 것은 신들로서는 눈 깜빡할 순간에 불과하다. 그러나 제우스도 아들 사르페돈이 전쟁터에서 죽어가는 모습을 보는 순간만은 비통했다. 제우스는 부인 헤라에게 이렇게 말한다.

"나의 잔인한 운명이여…….
나의 사르페돈, 내가 가장 사랑하는 인간인 내 아들이
메노이티오스의 아들 파트로클로스의 손에 죽을 운명이라니.
나는 아무리 생각해보아도 양단간에 마음을 정할 수가 없구려.
눈물겨운 싸움터에서 그를 산 채로 낚아채어
기름진 리키아 땅에 내려놓아야 할지, 아니면 지금
메노이티오스의 아들 손에 죽게 내버려둬야 할지 말이오."

『일리아드』 16권 514-520행

헤라는 남편 제우스에게 그러지 말라고 설득한다. 제우스는 헤라의 말을 따른다. "그러나 제우스는 땅에 피투성이의 빗방울을 뿌렸으니 / 조국에서 멀리 떨어진 트로이의 기름진 땅에서 / 파트로클로스에게 죽게 된 인간 / 사랑하는 자신의 아들의 명예를 높이고자 함이었다."

인간은 죽을 수밖에 없는 운명이라고 하는 잔인한 현실을 온전히 알고 있는 것처럼 보이는 인물은 아킬레우스다. 그는 친구인 파트로클로스가 죽자 분노와 비탄이 광기로 번지면서 프리아모스 왕의 아들 리카온에게 달려든다. 리카온은 아킬레우스의 무릎을 붙잡고 살려달라고 애원한다. 그러자 아킬레우스는 이렇게 답한다.

> "자, 친구여! 그대도 죽을지어다. 왜 이다지 비탄하는가?
> 그대보다 훨씬, 훨씬 더 훌륭한 파트로클로스도 죽었다.
> 그대는 보지 못하는가, 나 또한 얼마나 잘생기고 막강한지.
> 나의 아버지는 위대한 분이시고, 내게 생명을 주신 어머니는
> 불사의 여신이시다. 하지만 그런 나에게도
> 죽음과 거역할 수 없는 운명이 기다리고 있다.
> 어느 아침이나 저녁이나 한낮에
> 누군가 창이나 시위를 떠난 화살로
> 나를 맞혀 싸움터에서 내 목숨을 앗아갈 날이
> 다가오고 있단 말이다."

『일리아드』 20권 118-127행

리카온의 죽음은 피할 수 없다. 모든 인간은 죽기 때문이다. 더구나 운명의 순간에 그가 만난 것은 무자비한 최강의 전사이자 죽음의 전령인 아킬레우스였다. 이 대목 조금 뒤 장면에서 젊은 리카온은 먼지 속에 얼굴을 처박고 싸늘한 시신으로 널브러진다. 그러자 아킬레우스는 의기양양한 모습으로 시신을 강물에 집어던진다. 하지만 아킬레우스의 말은 맞았다. 곧 자신이 죽을 차례가 올 것이고, 죽음을 몰고 오는 것은 창이 아니라 화살이 될 것이었다. 인간은 비참하다. 그렇다. 하지만 영

원한 신들의 무한한 광휘(어찌 보면 무의미하게 느껴지기도 한다)와 비교할 때 인간의 삶은 별똥별처럼 짧지만 아름답고 환하고 강렬하다.

이러한 호메로스의 신관(神觀)은 후대 작가들에게 도전을 받기도 했다. 신을 변덕스럽고 불완전하고 때로는 아이 같은 존재로 묘사한 것에 대해 일부 사상가들은 상상이 지나치다거나 부도덕한 발상이라며 공격했다. 대표적인 인물이 플라톤이다. BC 520년경 이오니아(지금의 터키)에서 태어난 시인 철학자 크세노파네스의 다음과 같은 지적은 유명하다. "호메로스와 헤시오도스는 신에게 인간의 부끄럽고 비난할 만한 속성을 모두 부여했다. 도둑질, 간통, 속임수 등등." 크세노파네스는 시인과 미술가들이 신을 자기들(인간) 모습과 닮게 만들어냈다며 비웃었다. 말(馬)이 예술작품을 만들 수 있다면 말도 말을 닮은 신을 그려냈을 것이라는 게 그의 주장이다. BC 5세기의 지적 혁명을 통해 인간은 좀 더 확고하게 우주의 중심으로 자리 잡게 된다. 이와 함께 인간성과 신성의 관계도 치밀한 철학적 탐구와 성찰의 대상이 된다. 도시국가 아테네의 경우는 신과 종교가 아직 공동체와 정치적 삶의 중심에 있었다. 하지만 BC 5세기 역사가 투키디데스의 『펠로폰네소스 전쟁사**History of the Peloponnesian War**』 같은 작품에 오면 거창한 사건들이 오로지 인간의 행위와 욕망이라고 하는 맥락에서 조명된다. 스파르타와의 전쟁에서 아테네의 패배를 초래한 것도 투키디데스에 따르면 신들이 아니라 아테네인들 자신의 잘못 때문이었다. "인간은 만물의 척도다"라는 철학자 프로타고라스의 유명한 말마따나 사태를 이해하고 설명하는 기준은 인간이었다.

BC 5세기의 아테네에서 지금까지 전해오는 위대한 희곡들은 그런 의미의 지적 각성을 반영한 것이다. 주인공들은 주장을 하고 반론을 펴면서 논쟁하고 논란하며 때로는 인간의 한계를 인정한다. 소포클레스는 BC 496년 아테네에서 멀지 않은 콜로노스에서 태어나 90세까지 살았다. 그는 아테네의 무대를 위해 100편 넘는 희곡을 썼다. 거창한 축제가 많았는데 그중에서도 봄에 열리는 디오니소스 축제가 압권이었다. 여기서는 세 극작가가 일주일 정도에 걸쳐 비극 3부작과 희극 한 편을 올린다. (이런 축제들에 대해서는 3장에서 자세히 살펴보자.) 인간은 별 볼 일 없는 농부에서 도시에 거주하고 법을 만드는 합리주의적인 존재로 발전하면서 세계의 중심이 되고, 인간의 창의성과 정신력은 확장된다. 이런 양상을 인상 깊게 표현한 것이 소포클레스가 BC 441년경에 쓴 비극 『안티고네Antigone』의 유명한 코러스 장면이다.

> 무수한 기적들이,
> 끔찍한 기적들이 세상을 횡행하지만 인간만 한 기적은 없다네.
> 인간이라고 하는 저 위대한 기적은 굽이치는 회색 바다를 가로지르며
> 겨울 강풍에 떠밀리고
> 하얀 물거품이 좌우로 부서지는 순간에도
> 굳건히 항로를 유지한다네.
> 그리고 신들 중에서도 가장 오래된 신,
> 대지라고 하는 다함없는 불멸의 존재를 가는 것도 인간이니
> 그가 잡은 쟁기는 이리 왔다 저리 갔다 해마다 그렇게 오가고
> 수말들은 고랑을 갈아엎는다네.

…… 주인으로서의 인간은, 더할 나위 없이 명민하고
온갖 상상을 뛰어넘는 재주를 지녔지만
인간은 그렇게 헤쳐 나아가다가 때로는 파멸을 맞고
때로는 다시 위대함에 도달한다네…….

『안티고네』 376-385, 406-409행

영역: 로버트 페이글스

인간은 자연을 길들였다. (대지를 간다는 것은 환경 문제가 심각한 요새로 보면 안 좋게 들리지만 예수 탄생 500년 전에 살았던 인간들에게 그리스라고 하는 위협적인 자연을 다스리는 것은 일종의 승리였다.) 인간의 명민함은 상당한 성취를 이루기도 하지만 그것이 오히려 인간에게 '위대함' 뿐 아니라 '파멸' 을 가져다줄 수 있다고 코러스는 말한다. 이 작품에서 여주인공 안티고네는 외삼촌 크레온에게 죽임을 당하는 운명을 타고난다. 외삼촌에게 반기를 들었다가 패한 오빠의 시신을 매장하지 말라는 명령을 어기기 때문이다. 그런 행동은 '용감한 행위' 이지만 '국법' 을 위배하는 것이었다. 하지만 작품은 단선적으로 진행되지 않는다. 인간이 만든 법과 그에 대한 신들의 혹평이 충돌하는 양상이 벌어진다. 크레온이 여조카를 처벌하자 안티고네의 애인이었던 크레온의 아들이 자살한다. 크레온의 부인도 자살하고 만다. 신들은 결국 크레온을 맹렬히 비난하지만 그는 BC 5세기 아테네에서 다들 높이 떠받들던 합리적이고 정치적인 미덕을 구현한 인물이라고 볼 수 있다.

인간의 명민한 지성이 뜻하지 않은 결과를 낳을 수 있다는 사실을 극명하게 표현한 것은 소포클레스 작품 중에서도 가장 유명한 비극 『오이디푸스 왕』일 것이다. 앞서 말했듯이 『오이디푸스 왕』은 신화적인 인물들을 주인공으로 내세웠고, 헤시오도스 스타일의 무서운 스핑크스 이야기를 또 다른 배경으로 깔고 있지만 대단히 현대적인 드라마다. 줄거리는 이렇다. 전염병이 도시국가 테베를 휩쓴다. 테베의 왕인 오이디푸스는 백성들의 존경을 받는 훌륭한 인물로 전염병이 왜 일어났는지를 알고 싶어 한다. 그래서 처남인 크레온을 델포이에 있는 신탁소로 보내 자문을 구하게 한다. (여기 나오는 크레온은 『안티고네』에 등장하는 바로 그 크레온이다. 이런 신화적인 인물들은 작품마다 성격이 다를 수 있다.) 크레온은 오이디푸스 이전 테베의 왕 라이오스를 살해한 자를 찾아서 죽이든지 국외 추방해야만 전염병을 막을 수 있다는 소식을 가지고 돌아온다. 라이오스는 코린토스 출신인 오이디푸스가 테베에 나타나기 수 년 전에 사망했다. 오이디푸스가 테베의 왕이 된 것은 괴물 스핑크스의 수수께끼를 풀어서 테베를 스핑크스의 저주로부터 구해낸 뒤의 일이었다.

크레온이 돌아온 다음 장면부터 『오이디푸스 왕』은 급속히 추리소설로 변한다. 아마도 사상 최초의, 그리고 가장 위대한 추리소설이라고 할 수 있을 것이다. 오이디푸스는 강건한 지성과 결단력의 소유자다. (페리클레스가 페르시아 전쟁에서 전사한 장병들을 추모하는 연설에서 제시한 이상적인 아테네인 상과 닮았다. 페리클레스의 연설은 투키디데스의 『펠로폰네소스 전쟁사』에 나오는데 이에 대해서는 3장에서 자세히 살펴보기로 한다.) "라이오스 왕이 죽었을 당시 왜 사건을 철저히 조사하지 않았는가?" 오이디푸스는 신임 경찰국장처럼 관계자들을 채근한다. 돌아온 답은 스핑크스가 수수께끼를 풀지 못하는 사람들을 죽이는 상황이어서 거기에 신경이 다 가 있었기 때문이라는 것이었다. 어쨌든 이제야말로 문제의 살인사건을 제대로 해결할 수 있을 것 같다. 오이디푸스는 문제를 깔끔하게 처리하고야 말겠다고 작심한다.

먼저 맹인 예언자 테이레시아스를 불러들인다. "당신이 찾는 살인자는 바로 당신입니다." 늙은 테이레시아스는 오이디푸스의 다그침에 마지못해 이렇게 말해준다. 이 말을 들은 오이디푸스는 당황을 넘어 분노한다. 그러면서 "수수께끼 같은 소리. 당신이 하는 얘기는 늘 수수께끼지"라고 말한다. "네, 하지만 살아 있는 사람 중에서 수수께끼를 제일 잘 푸는 분은 바로 당신 아닌가요?" 예언자의 대꾸다.

오이디푸스는 테이레시아스가 크레온과 손잡고 자신의 명성에 먹칠을 해 폐위시키려는 음모를 꾸미고 있다고 의심한다. 오이디푸스의 아내 이오카스테(라이오스 왕의 부인이었다)가 나와 그의 불안을 달래주는 말을 한다. "예언이라는 건 헛소리에 불과하니 신경 쓰지 말라"는 얘기였다. 따지고 보면 옛날에도 라이오스 왕이 아들 손에 살해당할 것이라는 예언이 있었지만 그 예언은 이루어지지 않았다는 것이다. 그 예언에 대해 이오카스테는 이렇게 설명한다. "나는 라이오스와 사이에 아들을 낳았다. 제 아비를 죽이게 될 것이라는 예언 때문에 그 아이는 갓난쟁이 때 산에 내버렸고, 거기서 죽었다. 라이오스는 아들 손에 살해당한 것이 아니라 도둑들한테 세 갈래 길이 만나는 곳에서 죽임을 당했다."

"그게 무슨 소리냐?"고 오이디푸스는 묻는다. 세 갈래 길이 만나는 곳이라니? 왜 지금까지 그런 자세한 얘기를 말해준 사람이 아무도 없단 말인가? 그의 마음은 불길한 예감에 휩싸인다. 오이디푸스는 라이오스 왕이 행차할 때 수행한 사람들 가운데 유일하게 살아남은 생존자(지금은 양치기다)를 데려오게 한다. 목격자를 확보해 분명히 해결해야 할 문제가 발생한 것이다. 라이오스 왕은 다들 그렇게 얘기하는 것처럼 도둑 떼에게 살해당했는가 아니면 단독범에게 죽임을 당했는가? 오이디푸스는 이오카스테에게 불안한 속마음을 털어놓는다. 수 년 전 세 갈래 길이 만나는 지점에서 어떤 사람과 말다툼을 하다가 그를 죽였다는 얘기였다. 오이디푸스가 테베에 오기 전 일이었다. 이 이야기를 하면서 오이디푸스는 자신이 여기저기 떠돌게 된 이유를 설명한다. 그는 코린토스의 왕 폴리보스와 왕비 메로페의 아들인데 청년 시절 자신이 왕의 친아들이 아니라는 모욕적인 소문을 들었다. 그래서 델포이 신탁소를 찾아가 오해를 풀어달라고 요청했다. 거기서 나온 신탁 내용은 늘 그렇듯이 두루뭉술하면서도 그가 아버지를 죽이고 어머니와 결혼할 운명을 타고 났다고 했다. 이 말을 들은 오이디푸스는 코린토스를 떠났다. 끔찍한 예언이 혹여 이루어질까 두려웠기 때문이다. 삼거리에서 문제의 남자와 말싸움을 한 것은 코린토스를 떠나고 나서 한참 뒤의 일이었다.

여기까지 밝혀진 상황에서 갑자기 코린토스에서 온 사자가 등장한다. 그는 폴리보스 왕의 사망 소식을 가져왔다. 슬프지만 어떤 면에서는 안도의 한숨을 내쉬게 하는 소식이다. 오이디푸스가 아버지를 죽이지 않은 것이 분명하고, 따라서 문제의 예언은 거짓임이 밝혀졌기 때문이다. 그러나 잘못해서 어머니와 동침하게 될 가능성은 남아 있었다. 이오카스테는 또 다시 오이디푸스의 불안을 풀어주기 위해 애쓴다. "우리의 인생은 예언이 아니라 우연에 의해 지배된다. 많은 남자들이 어머니와 동침하는 꿈을 꾼다. 하지만 두려워할 것은 없다." 이런 주장이다. 사자도 "두려워할 것은 전혀 없습니다. 메로페 왕비님은 당신의 친어머니가 아니니까요"라고 말한다.

이 얘기를 듣고 깜짝 놀란 오이디푸스는 사자가 사실관계를 확인해 줄 수 있는 또 다른 증인이라는 것을 직감한다. 사자는 자신이 바로 폴리보스와 메로페에게 갓난쟁이 오이디푸스를 넘겨준 장본인이라고 밝힌다. 사자는 테베 사람으로부터 아기 오이디푸스를 넘겨받았다고 했다. 더더욱 충격적인 것은, 아기를 사자에게 넘겨준 테베 사람은 바로 앞서 불러들이라고 해놓은 양치기였다는 사실이다. 양치기는 라이오스가 살해되던 순간에 현장에 있었던 바로 그 생존자였다.

그러자 이오카스테는 갑자기 태도를 바꾼다. 더 이상 조사하지 말라고 오이디푸스를 말리는 것이다. 오이디푸스는 이런 이오카스테를 보고 웃는다. 자신의 출생이 비천하다는 사실이 밝혀질까 우려해 조사를 말리는 것이라고 생각한다. 이오카스테는 말없이 궁 안으로 들어간다. 이어 양치기가 도착한다. 양치기는 도저히 내키지 않지만 오이디푸스 왕의 신문에 답을 한다. 그리고 여러 해 전에 이오카스테와 라이오스가 아기를 자신에게 주면서 내다 버리라고 했다는 사실을 인정한다. 국왕 부부가 아기를 죽이라고 한 것은 아기가 후일 부모를 죽이게 될 것이라는 예언이 있었기 때문이다.

이런 증언을 들은 오이디푸스는 불현듯 전후시말이 분명하게 정리된다. 너무도 끔찍한 진실이었다. 라이오스와 이오카스테가 내다 버리라고 한 그 아기는 바로 오이디푸스 자신이었던 것이다. 그러나 양치기는 그를 죽이지 않고 코린토스 사람(사자)에게 넘겨주었고, 사자는 다시 폴리보스와 메로페 부부에게 양자로 넘긴 것이다. 따라서 노상에서 라이오스와 말다툼을 하다가 친아버지인 줄 모르고 그를 죽인 것은 바로 오이디푸스였다. 친어머니와 결혼해 아이들을 낳은 사람도 바로 그였다.

오, 신이시여
그 모든 예언이 실현됐습니다. 모든 것이 분명해졌습니다!
아, 이제 마지막으로 당신을 바라보게 하소서!
마침내 저의 비밀이 모두 드러난 마당입니다.
태어남이 저주였고, 혼인도 저주였습니다.
이 두 손에 쓰러진 사람들의 목숨도 저주였습니다!

『오이디푸스 왕』 1306-1310행

영역: 로버트 페이글스

이렇게 말하고 오이디푸스는 무대를 떠나 궁 안으로 들어간다. 앞서 이오카스테가 들어간 그곳이다. 나중에 사자가 궁 안에서 벌어진 일을 설명한다. 이오카스테는 목매달아 자살했고, 오이디푸스는 이오카스테의 옷에 달린 브로치를 떼어 두 눈을 파냈다. 이제 맹인이 된 오이디푸스는 피를 흘리며 다시 무대에 등장한다. 그의 자해행위는 끔찍하지만 충분히 이해가 가는 행동이다. 그는 과거에 진실을 볼 수 없었다. 그런데 이제 스스로 볼 수 없게 만든 것이다.

전후시말을 관통하는 혹독한 논리는 극의 흡인력을 극대화한다. 오이디푸스는 "어떻게 우리가 전염병을 멈추게 할 수 있을까?"라는 질문에 답하는 것으로 시작한다. 이 질문은 어쩔 수 없이 "누가 라이오스를 죽였는가?"라는, 그리고 나중에는 다시 "나는 누구인가?"라는 질문으로 이어진다. 모든 질문에 대한 답은 "오이디푸스"다. 그리고 당연히 그는 모든 질문에 철저하고 정확히 답변을 한다. 그는 이런 일에는 아주 능하다. 맹인 예언자 테이레시아스가 이미 지적한 바와 같다.

오이디푸스가 해결함으로써 테베를 스핑크스의 저주에서 구한 문제의 수수께끼는 “아침에는 네 다리, 낮에는 두 다리, 저녁에는 세 다리로 걷는 동물은 무엇이냐?” 는 것이었다. 답은 사람이다. 어려서는 네 발로 기고, 커서는 두 발로 걷고, 늙어서는 지팡이를 짚고 다니기 때문이다. 극 마지막 장면에서 맹인이 된 오이디푸스는 지팡이에 의지하게 된다. 따라서 스핑크스의 수수께끼에 대한 답은 “오이디푸스” 일 수도 있다. 인간은 모두 오이디푸스다. 오이디푸스가 인간인 것처럼.

이 드라마에는 한 마디로 쉽게 정리할 수 있는 메시지가 존재하지 않는다. 오이디푸스가 무슨 죄악을 저질러서 징벌을 당한다고 볼 만한 부분은 없다. 그는 과도하게 자만한 것도 아니고 신들을 경외하지 않은 것도 아니다. 『오이디푸스 왕』의 세계관에서는 호메로스의 서사시에서 성난 포세이돈이 오디세우스에게 폭풍우를 보내 괴롭히는 식으로 신이 오이디푸스에게 벼락을 내린다든가 하는 것은 없다. 하지만 수완 좋고 명민한 주인공이 등장하는 『오디세이』에서처럼 인간이 아무리 지성을 발휘해도 정복할 수 없는, 또는 설명할 수 없는 사태들이 존재한다. 아마도 결론은 작품 맨 끝부분에 나오는 코러스의 대사처럼 “인간은 죽기 전까지는 행복하다고 말할 수 없다” 는 것이 될 것이다. 오이디푸스처럼 누구도 삶이나 환경, 행복이 보장돼 있다고 자신할 수 있는 사람은 없기 때문이다. 특히 이 희곡의 스토리텔링 방식, 즉 군더더기 없는 깔끔한 극의 전개는 작품의 매력을 높이는 요인이다. 하지만 이 작품이 창작된 지 2,500년이 흐른 지금에도 우리를 사로잡는 것은 아직도 유효한, 인간의 조건에 관한 어떤 무서운 진실을 표현하고 있기 때문이다. 우리는 인간의 지성을 모든 것을 해결하는 엄청난 힘으로, 신에 버금가는 능력으로 생각한다. 그러나 우리 모두는 그야말로 조만간 죽을 수밖에 없는 존재다. 정신의 힘이라는 것은 단번에 날아갈 수 있다. 우리는 신과 닮았지만 신이 아니다.

그래도 작으나마 희망은 있다. 작품 끝에 가서 오이디푸스는 모든 것을 잃는다. 그는 이제 추방된 자이고, 차마 입에 담을 수 없는 끔찍한 범죄를 저지른 추악한 존재다. 하지만 그 모든 것을 잃은 대신 그는 한 가지를 분명히 얻었다. 자기 인식의 첫걸음을 내디딘 것이다.

3장 인간은 정치적 동물이다

민주주의와 폴리스

아리스토텔레스의 『정치학Politics』에 따르면 “인간은 본성적으로 정치적 동물이다.” 미묘한 번역(또는 오역)상의 문제로 말미암아 이 구절을 엉뚱한 데 갖다 붙이는 사람들이 많다. 이 말은 인간이 유독 국회의원에 출마하기에 알맞은 존재로 진화됐다는 의미는 아니다. 인간은 틈만 나면 술수를 쓰는 존재라는 의미도 아니다. 아리스토텔레스가 ‘정치적’ 동물이라고 한 원문은 폴리티코스politikos다. 그리스어 형용사 폴리티코스는 명사 폴리스polis에서 파생된 말이다. 폴리스(복수형은 폴레이스poleis)는 좀 어색하지만 ‘도시국가city-state’라는 말로 번역하기도 한다. 이렇게 놓고 보면 아리스토텔레스가 위의 구절에서 말하는 바는 “인간은 본성적으로 폴리스에서 살기에 적합한 동물”이라는 것이다. 아리스토텔레스는 『동물에 관한 탐구The Enquiry Concerning Animals』(7장 참조)에서 인간뿐 아니라 개미와 두루미, 꿀벌과 말벌 같은 동물들에 대해서도 '폴리티코이politikoi'라는 표현을 쓴다. '공동체'를 이루어 사는 동물이라는 얘기다. 이런 '정치적 동물들'과 인간이 다른 점은 인간은 "숙고를 통해" 판단과 결정을 하는 능력이 있다는 것이라고 아리스토텔레스는 말한다.

그렇다면 폴리스란 무엇인가? 사실 고대 그리스 세계에는 폴리스가 천 개가 넘었다. 아테네는 그중 하나였고, 스파르타도 마찬가지다. 폴리스란 정치적, 사회적 공동체 단위였고, 인간의 삶은 폴리스 체제 속에서 조직화됐다. 폴리스는 아테네나 스파르타 같은 국가명이 유래한 도시 거주지만이 아니라 배후지까지 포함할 수도 있었다. 아테네의 경우에는 아티카가 배후지다. 폴리스는 기본적으로 자치제였다. 폴리스는 자기들끼리 연맹체를 형성하기도 하고, 서로 전쟁을 하는 경우도 많았다.

역사가 헤로도토스가 페르시아 전쟁을 서술한 책에는(이에 대해서는 5장에서 좀 더 이야기하기로 하자) 살라미스 해전(3차 페르시아 전쟁 중인 BC 480년 아테네 함대를 주력으로 한 그리스 연합 해군이 살라미스 해협에서 페르시아 해군을 괴멸시킨 해전—옮긴이) 이후 일어난 한 에피소드가 나온다. 여기서 강력한 페르시아 제국의 왕 크세르크세스는 아테네에 사절을 보내 강화를 제안한다. 아테네인들은 거부한다. 그러면서 불안에 떠는 동맹국 스파르타에 사자를 보내 왜 자신들은 크세르크세스 편에 가담할 생각이 전혀 없는지를 다음과 같이 설명한다.

> …… 우리는 모두 헬라스인들이오. 우리는 한 핏줄이고, 같은 말을 쓰고, 같은 신전(神殿)을 사용하고, 같은 축제를 하며, 생활 방식 또한 같소이다.

『역사』 8권 144장

영역: 로빈 워터필드

헤로도토스가 아테네인들의 입을 빌려 말한 내용을 보면 후대에나 가능한 이데올로기를 BC 480년대에 덧씌운 것 같은 느낌이 든다. 당시 그리스 도시국가들이 페르시아와의 전쟁이 한창인 와중에 위기 모면이 급선무인 상황에서 그리스 전체를 아우르는 정체성을 운운한다는 것은 잘 납득이 안 간다. 어쨌든 여기서 흥미로운 점은 아테네인들이 그리스의 특징적인 면모 하나에 대해서는 언급을 하지 않고 있다는 사실이다. 민주정치 체제를 공유한다는 얘기가 전혀 없는 것이다. (반면에 미국 관리가 사담 후세인의 이라크를 쳐야 한다고 하면서 영국과 미국의 협력을 강조할 때 무슨 말을 할 것인지 상상해 보라. 당연히 그 첫마디는 '민주주의' 수호일 것이다.) 아테네인들이 민주주의 체제를 언급하지 않은 이유는 물론 그리스의 폴리스들이 모두 민주주의 체제는 아니었기 때문이다.

따라서 우리가 고대 그리스를 민주주의의 요람이라고 생각할 때 폴리스마다 정치 체제가 조금씩 달랐다는 사실을 기억할 필요가 있다. 폴리스의 정체(政體)는 1인 통치에서부터 과두정**oligarchy**(글자 그대로 하면 '소수에 의한 지배'다), 급진적 민주정**democracy**(글자 그대로 하면 '인민의 권력'이라는 뜻이다)까지 다양했다. 아테네의 급진적 민주정은 일반적인 정치 체제라기보다는 일종의 예외였다. 그리고 더욱 중요한 것은 BC 5세기의 아테네 시민을 마법을 써서 지금의 영국 국회의사당이나 워싱턴으로 데려온다면 그는 우리가 민주주의라고 생각하는 것을 민주주의라고 보지 않을 것이라는 점이다. 한 저명한 고대사 전문 역사학자도 이론을 중시하는 고대 아테네인이라면 현대 민주주의 국가들은 과두정의 일종으로 볼 것이라고 말한 바 있다.

여기서 투키디데스가 『펠로폰네소스 전쟁사』 7권에서 거론한 BC 413년 당시의 아테네라는 폴리스에 대한 묘사를 중심으로 폴리스란 무엇인가에 대한 설명을 들어보자. 당시 아테네인들은 시라쿠사 해전에서 스파르타인들에게 막 참패를 당하고, 적진에서 완전히 고립될 위기에 처한 상황이었다. "헬라스의 군대가 이런 반전(反轉)을 경험한 적은 일찍이 없었다. 그들은 남들을 노예로 삼기 위해 왔다가 이제는 자신들이 노예가 되지 않을까 두려워 황급히 달아나는 처지가 되었다." 아테네의 장군 니키아스는 장병들의 전투 의지를 드높이기 위해 애를 쓰지만 쉬운 일이 아니다.

> "간단히 말해 전사들이여, 지금은 용감한 것이 유일한 선택이라는 점을 명심하시오. 가까이에는 겁쟁이가 달아나 숨을 만한 곳이 어디에도 없기 때문이오. 또 만약 여러분이 지금 적군에게서 벗어난다면, 여러분 가운데 비(非)아테네인들은 꿈에도 그리던 고향에 돌아가게 될 것이고, 여러분 가운데 아테네인들은 추락한 아테네의 위대한 힘을 다시 일으켜 세우게 되리라는 점도 명심해두시오. 도시[폴리스]를 만드는 것은 사람들이지, 사람이 없는 빈 성벽이나 함선이 아니기 때문이오."
>
> 『펠로폰네소스 전쟁사』 7권 77장
>
> 영역: 렉스 워너

폴리스를 폴리스이게 하는 것은 정치 체제나 지리적 위치나 건물과 건축 같은 특정한 표현 양식이 아니다. 그것은 시민, 즉 인민들 자체다. 더할 나위 없이 강렬한, 감동적인 표현이다.

민주주의는 어떻게 태어났는가? 어떻게 그리스의 한 도시가 지금으로부터 2,500년 전에 정치권력을 시민들 손에 쥐어줌으로써 폴리스를 통치해야 한다는 특이한 결론에 도달했는가? 이를 파악하려면 오랜 시간을 거슬러 올라가야 한다. 『일리아드』나 『오디세이』를 읽어보면 쉽게 알 수 있는 것은 그리스인들이 느슨한 연맹체를 형성하고 있었다는 사실이다. 각 폴리스에는 독립적인 왕이나 지도자가 따로 있다. 예를 들어 오디세우스는 이타카 왕국의 지배자다. 『오디세이』에 보면 이타카에는 의회 같은 것이 있다. 유력 인사들이 모이는 회의체다. 여기서 오디세우스의 아들 텔레마코스가 연설을 한다. 다만 이 회의체가 어떤 권한을 가지고 있었는지는 분명치 않다. 『일리아드』와 『오디세이』가 창작됐을 시점인 BC 8세기에 이미 왕정은 오랜 역사를 가진 제도였던 것으로 보인다. 예를 들어 역시 BC 8세기에 문필 활동을 한 헤시오도스는 당대의 현실을 언급하면서 자신이 속한 농업사회는 이제 귀족층의 지배를 받고 있다고 말한다. 귀족정치는 당대 그리스 세계 전반의 통치 양식이었을 것이다.

그러나 BC 7~6세기에 독특한 양상이 대두된다. 여러 폴리스에서 '참주(僭主)'가 등장한 것이다. 여기서도 그리스어 tyrannos(참주)의 번역어인 영어의 tyrant라는 표현에 속으면 안 된다. tyrant는 독재자 내지 폭군이라는 의미로 쓰이지만 참주로 일컬어지는 인물들은 공포정치를 일삼으며 제 나라 국민 수백만 명을 죽인 폴 포트 같은 악당은 아니었다. 참주는 귀족으로서 정적들과의 투쟁을 통해 단독 권력을 장악한 인물이었다. 왕왕 그들이 잔혹한 짓을 했다는 기록이 있지만 그것이 본질은 아니다. 아테네의 경우 킬론 같은 사람은 귀족 집안인 알크마이온 가문의 일원으로 BC 632년경 쿠데타를 일으켜 권력을 잡으려다가 실패했다. 이로부터 10년 뒤 아테네에서 드라콘 법전이 공포됐다. 〔후대에 전하는 바로는 이 법을 어길 경우 사안에 관계없이 거의 모두 사형에 처했다고 한다. '(법 집행이) 가혹하다, 혹독하다'는 뜻의 영어 draconian은 여기서 유래한 표현이다.〕 그러다가 BC 594/3년, 후대에 민주주의의 할아버지라는 평가를 받게 되는 솔론이 드라콘 법전을 살인죄 관련 규정만 빼고 완전히 폐기한 뒤 일련의 제도 개혁을 실시했다. 그는 모든 채무를 무효화하고 가난한 아티카 농민들의 경제적 부담을 덜어주었다. 농민들은 빚을 못 갚을 경우 몸으로 때우기로 함으로써 결국 채권자의 노예가 되는 경우가 많았기 때문이다. 솔론은 또 아테네인들을 재산을 기준으로 네 계급으로 조직화했다. 이 계급이 정치적 권리의 기본이 되면서 귀족의 권력 독점을 깨는 역할을 했다. 이어 민회(民會)**popular Assembly**의 권한을 강화했다. 우리는 이런 개혁을 언급한 그의 자작시를 통해 솔론의 면모를 알 수 있다(고든 브라운 영국 총리도 시로써 경제 정책의 정당성을 설명하면 얼마나 좋을까 하는 생각이 든다). 솔론은 이런 개혁 조치들이 누구도 만족시키지 못했다고 말한다. 귀족들은 특권이 잘려나간 것에 분개했고, 가난한 농민들은 토지와 부의 재분배가 미흡한 것에 대해 불만이었다.

50년 후, 아테네에 참주가 등장해 정권을 장악했다. 참주는 역시 귀족인 페이시스트라토스였다. 그는 아테네에서 두 차례 쿠데타를 시도했다가 실패하고 나서 한동안 망명 생활을 하다가 BC 546/5년에 정권을 잡았다. 이후 BC 528/7년에는 아들 히피아스에게 권력을 물려줬다.

보통 '참주(독재자)' 라고 할 때 연상되는 것과 달리 페이시스트라토스는 집권 기간에 번영을 구가하면서 솔론의 개혁을 공고히 한 것으로 평가된다. 솔론이 마련한 제도의 틀 안에서 정치를 했던 것이다(물론 고위직은 측근들 차지였다). 그런데 BC 514년 히피아스의 동생 히파르코스가 암살당했다. 암살자는 연인 관계인 하르모디오스와 아리스토게이톤이었다. 아리스토게이톤은 자유, 평등, 박애 같은 고귀한 이상을 위해 독재자를 암살한 것이 아니라 히파르코스가 애인을 빼앗아가려 하자 징벌을 가한 것이다. 어쨌든 두 연인은 후일 영웅으로 추앙 받게 되고, 폭군을 처단한 쾌거를 기리는 멋진 동상까지 세워졌다. 이 사건 이후 히피아스의 통치는 억압적인 쪽으로 흘렀지만 결국 BC 510년 스파르타의 침략까지 겹쳐 권좌에서 쫓겨나고 만다. 이후 파벌 싸움이 계속됐다. 이번에는 과두정 내지는 참주정을 옹호하는 귀족 이사고라스와 역시 알크마이온 가문 출신인 클레이스테네스가 다툰다.

헤로도토스 입장에서는 클레이스테네스가 아테네 민주정의 진정한 창립자였다. 그러나 그가 시민에게 권력을 돌려주는 것이 '올바른' 일이라는 고상한 이념을 가지고 민주정을 시행했다는 증거는 없다. 보통 사람들에게 권력을 넘긴 것은 놀라운 행동이기는 하지만 정적을 물리치고 안정을 회복하기 위한, 그리고 또 다른 참주의 등장을 예방하기 위한 현실적이고도 실용적인 조치였다. 어쨌든, 클레이스테네스가 민회를 중심으로 개혁 조치를 밀어붙였던 BC 508/7년 당시 아테네의 정치체제를 '민주정' 이라고 부른 사람은 아무도 없었다. 당시에 유행한 표현은 '발언의 자유' 를 뜻하는 이세고리아isegoria와 '법 앞의 평등' 을 의미하는 이소노미아isonomia였다. 클레이스테네스는 아티카를 3개의 큰 권역, 즉 아테네 시, 내륙 지방, 해안 지방으로 나눴다. 세 권역에 속한 여러 데모스deme(촌락 또는 행정구역)는 이리저리 묶여서 새로 10개의 '부족'(지역공동체)을 구성했다. 이들 부족이 각종 관리를 선출하고 군대를 운영하는 핵심 요소가 되었다. 이런 시스템은 내부의 긴장과 갈등을 유발하는 아테네 특유의 지역 연고 중시 풍토를 약화시켰다. 각 '부족'은 특정 영웅을 종교적으로 숭배했다. 신화적인 인물 내지는 실존 인물에게 신과 비슷한 지위를 부여한 것이다. 각 부족에서 제비로 뽑힌 시민 50명이 500인회Council of 500라고 하는 회의체를 구성했다. 500인회의 가장 큰 임무는 민회에서 통과시킬 안건을 준비하는 것이었다. 최고 입법기관인 민회는 시민이면 누구나 참여해 표를 행사할 수 있었다(그러나 민회에서 한꺼번에 시민들이 모일 수 있는 자리는 약 5,000석이었던 것으로 추정된다. 당시 시민 전체는 3만 명 정도였다). 배심원도 추첨으로 뽑았다. 그렇게 해서 한 해 동안 배심원으로 활동할 수 있는 시민은 6,000명이었다. 재판은 501명 이상의 배심원이 참여하는 표결로 결정됐다.

클레이스테네스는 또 매년 10인군사위원회를 조직하고, 도편추방제(陶片追放制)ostracism를 도입했다고 한다. 도편추방제는 정치적으로 위험하거나 기피 대상인 시민을 10년 동안 국외로 추방하는 제도였다. 투표자들은 추방하고 싶은 인물의 이름을 질그릇 조각(도편)ostrakon에 써냈는데, 영어의 ostracism은 여기서 나온 말이다. 좀 더 후대로 가서 BC 487/6년이 되면 법률문제와 종교 행사를 관할하는 아르콘archon(도시국가의 최고위 행정관—옮긴이) 9명의 선출도 추첨으로 이루어졌다. 사실 제비뽑기는 아테네의 관리 대부분을 선발하는 방식이었다. 이로써 선출직인 10인군사위원회의 막강한 권력을 제한한 것이다. 그러다가 BC

462/1년이 되면 아르콘을 역임한 귀족들의 회의체로 사법권을 가진 아레오파고스Areopagus도 에피알테스와 페리클레스의 개혁을 통해 살인 사건을 관할하는 법정으로 격하된다. 그런데 페리클레스 역시 공교롭게도 어머니 쪽으로 해서 알크마이온 가문 사람이었다. 여기서 우리는 지극히 공평한 추첨제도 귀족의 권력이 지속되는 것을 완전히 방지하지는 못했음을 알 수 있다. 특히 선출직인 10인군사위원회의 역할은 대단히 중요해졌다. 페리클레스는 BC 443년부터 429년까지 매년 군사위원(장군)으로 선출됐다. 이렇게 볼 때 아테네식 민주주의는 영국이나 미국에서 요즘 볼 수 있는 민주주의와는 매우 달랐다. 특히 미국의 민주주의는 아테네식 직접 민주주의보다는 로마의 공화정에서 많은 영향을 받았다. 상원(원로원)을 둔 것도 그렇고 국회의사당도 그렇다.

민주정(민주주의)은 처음에는 현실적인 조치로 시작됐지만 후대로 가면서 하나의 이상으로 자리 잡았다. 투키디데스는 『펠로폰네소스 전쟁사』에서 전몰장병을 추도하는 페리클레스의 연설을 소개하는데 자못 감동적이다.

> 우리 정치 체제를 민주정치라고 부르는 것은 권력이 소수의 손이 아니라 다수의 손에 있기 때문입니다. 시민들 간의 사적 분쟁을 해결할 때는 모든 사람은 법 앞에 평등합니다. 그러나 주요 공직 취임에는 개인의 탁월성이 우선시되며, 추첨이 아니라 개인적 능력이 중요합니다. 마찬가지로 누가 가난이라는 불리한 조건에도 불구하고 도시를 위해 좋은 일을 할 능력이 있다면 가난 때문에 공직에서 배제되는 일도 없습니다.
>
> 『펠로폰네소스 전쟁사』 2권 37장

이런 감동적인 수사에 눈이 흐려지기 전에 잠시 여기서 말하는 "모든 사람"이 성인 남성 시민이라는 점에 유의할 필요가 있겠다. 여성과 노예, 외국인 거류민은 정치적 권한이 전혀 없었으며, 페리클레스가 말한 평등에 참여할 수 없었다. 아테네의 성인 남성 시민은 3만 명쯤이었을 것이다. 전체 인구는 30만~40만 명으로 추정된다. 이중 노예가 10만 명 정도였다.

†

스파르타

아테네의 민주주의가 파벌 싸움 하는 귀족들 문제를 해결하기 위한 한 방법이었다면 스파르타는 다른 해법을 제시했다. 그리스만의 독특한 체제로 평가 받는 과두정이 그것이다. 스파르타의 과두정은 외부인들에게 감탄과 호기심, 그리고 두려움의 대상이었다. 스파르타인들은 과두정을 확립한 것이 리쿠르고스라고 했다. 리쿠르고스는 반쯤은 신화적인 인물이다. 스파르타의 권력은 30인으로 구성된 장로회(長老會)gerousia가 장악했다. 장로회에는 왕이 두 명 포함됐다. 나머지 회원은 60세 이상의 명문가 사람들로 구성됐다. (이런 점에서 스파르타는 노인이 실권을 갖는 일종의 노인 정치 체제였다.) 장로회는 최고법원 기능을 했고, 민회에서 내린 결정을 파기할 수도 있었다. 민회는 전원 호모이오이homoioi('동등한 사람들'이라는 뜻이다)라고 일컬어지는 성인 남성 시민으로 구성됐다. 한편 매년 선출되는 에포로스ephor(최고 행정관) 5인으로 구성된 위원회는 최고 행정권을 갖는 동시에 2인의 왕의 행위 전반에 대해 감찰권을 행사하고, 필요할 경우 왕 사이에 일어난 분쟁을 처리했다(분란이 매우 잦았던 것 같다).

스파르타의 핵심은 군국주의였다. 남자아이는 7세가 되면 가정에서 차출해 교육시설agoge(아고게는 양육, 훈육이라는 뜻이다)에 집어넣었다(비실비실한 아이들은 도시 외곽에 있는 구덩이에 내버렸다. 역사상 처음으로 등장한 영아 살해다). 아이들의 훈육은 파이도노모스paidonomos('소년을 기르는 자'라는 뜻이다)라고 하는 감독관이 맡았다. 소년들은 18세가 될 때까지 '무리'에 배치돼 전사로서 훈련을 받았다. 혹독한 신체적 훈련은 필수였다. 특히 12세 이상 소년들에게는 젊은 성인을 일종의 멘토로 붙여줬다. 멘토는 소년들에게 친구가 돼주기도 하고 가르침을 주기도 했으며 성관계를 갖는 경우도 있었던 것 같다. 아이들이 성년이 되면 가장 뛰어난 자들을 골라 크립테이아crypteia라고 하는 비밀결사에 배치했다. 이들은 헬로트helot들이 일하는 지역에 투입돼 말썽 부리는 자들을 제거하는 역할을 했다. 헬로트는 스파르타의 노예였다. 원래는 스파르타 주변 메세니아와 라코니아의 주민이었는데 스파르타군에게 정복되면서 노예로 전락한 사람들이었다. (헬로트는 자주 반란을 일으켰다. 그래서 스파르타인들은 매년 상징적인 의식의 형태로 그들에게 선전포고를 했다.) 이런 피지배 주민들이 스파르타 국가의 경제적 토대가 됐고, 그들의 노동 덕분에 호모이오이는 군사 문제에 전념할 수 있었다. 스파르타가 그리스 세계에서 유일하게 제대로 된 직업 군인 체제를 유지할 수 있었던 것도 이 때문이다. 이렇게 해서 일종의 순환 체제가 수립된 것이다. 호모이오이 직업 군인 체제는 노예화된 주민들을 통제하는 데 필수였고, 노예제는 다시 스파르타를 떠받치는 토대가 됐다.

헤로도토스의 『역사』에는 지금 봐도 참으로 감탄스러운 일련의 대목이 나온다. 그것은 사상 최초의 정치이론 논쟁이라고 할 수 있다. 논쟁이 벌어진 시점은 페르시아 왕 캄비세스의 가짜 후계자가 일단의 귀족들에 의해 폐위된 직후다. 논쟁에는 곧 왕위에 오르는 다리우스도 참여했다. 헤로도토스는 왕을 몰아낸 음모꾼들을 자리에 앉힌 뒤 가장 좋은 정치 체제는 어떤 형태인지에 대해 소매를 걷어붙이고 논쟁하게 한다. 놀라울 정도로 현대적인 논리가 전개되지만 과연 그 시대에 실제로 그런 논쟁이 있었을지는 다소 의문이다.

음모꾼들 중 한 명인 오타네스가 먼저 민주정(민주주의)을 옹호하고 나선다.

> 민주정치는 첫째, 법 앞에 만인이 평등하니 그 이름부터 가장 좋고, 둘째, 독재자가 하는 못된 짓을 하나도 하지 않소. 민주정치에서 관리들은 추첨으로 선출되고 직무에 책임을 지며 모든 안건이 민회에 제출되오.
>
> 헤로도토스 『역사』 3권 80장
>
> 영역: 로빈 워터필드

이어 메가뷔조스가 민주정을 비판하면서 과두정을 옹호한다. 그는 "아무 쓸모 없는 군중보다 더 어리석고 교만한 것은 없다"며 "민중은

겨울철에 불어난 강물처럼 맹목적으로 정치에 뛰어들어 좌충우돌할 뿐" 이라고 말한다. 마지막으로 다리우스가 군주정(왕정)을 옹호하는 일장 연설을 한다(아주 놀라운 일이다. 페르시아는 군주정을 한 번도 버린 적이 없는데 왜 이런 말을 할까 싶다).

> 우리에게 한 사람이 있는데 그가 세상에서 가장 훌륭한 인물이라면 더 무엇을 바라겠소? …… 하지만 과두정에서는 많은 사람들이 공익을 위해 공을 세우려고 다투다가 격심한 개인적 반목이 생겨나기 십상이오…….
>
> 헤로도토스 『역사』 3권 82장
>
> 영역: 로빈 워터필드

이어 다리우스는 군주정은 그런 과두정의 다툼에서 비롯된 것이라고 말한다. 그리고 민주정 체제에서도 민중의 지배로 만연한 부패를 '민중의 지도자'(왕이나 마찬가지다)가 나타나 종식시키게 되는데 이것이야말로 "군주정이 최선의 정치 체제라는 증거" 라고 다리우스는 주장한다. 이 논쟁이 흥미로운 것은 세 가지 주요 정치 체제에 대해 합리적인 비판을 제시했을 뿐 아니라 BC 5세기 당시에 아테네를 비롯한 여러 지역에서 충분히 있었을 법한 논리 전개를 보여줬기 때문이다. 민주정도 비판 세력이 적지 않았음은 분명하다.

투키디데스는 아테네 민주주의의 실체에 대해 흥미진진한 통찰을 제공한다. 헤로도토스의 말을 빌리면 그는 "맹목적으로 정치에 뛰어들어 좌충우돌할 뿐인" 민회를 조명한다. BC 427년 펠로폰네소스 전쟁 때

민회는 아테네의 지배에 대항해 반란을 일으킨 레스보스 섬의 뮈틸레네 주민들을 처벌하기로 결정했다. 모든 성인 남자는 처형하고 모든 여자와 어린이는 노예로 만들기로 한 것이다. 그러나 하룻밤 사이에 사람들은 생각을 다시 하게 됐다. 투키디데스는 두 가지 선택지—죽음을 내릴 것이냐 자비를 베풀 것이냐—의 효과를 탁월한 두 편의 연설을 통해 제시한다. 결과는 자비의 승리였다. 이어 손에 땀을 쥐게 하는 묘사를 통해 투키디데스는 앞서 내린 집단 처형 결정이 철회되는 과정을 그린다(이 대목은 투키디데스 특유의 필치로 서스펜스와 스릴을 자아낸다). 민회의 처음 결정을 집행할 배는 이미 뮈틸레네(레스보스 섬의 수도 같은 곳이다—옮긴이)로 가고 있는 중이었다. 그래서

> 그들은 즉시 다른 삼단노선(三段櫓船. 노를 3열로 배치한 갤리선—옮긴이)을 급파했다. 먼저 떠난 삼단노선보다 늦게 도착해 도시가 파괴된 모습을 보게 되지 않을까 두려웠기 때문이다. 첫 번째 삼단노선은 하룻밤 하루 낮쯤 앞서가고 있었다. 뮈틸레네 사절단은 이 두 번째 함선에 포도주와 보릿가루를 대주며 먼저 파견된 함선을 따라잡으면 후하게 보답하겠다고 약속했다. 그래서 선원들은 항해를 서둘렀는데, 항해 도중 포도주와 올리브유에 갠 보릿가루로 끼니를 대신하고 교대로 취침하며 계속 노를 저을 정도였다. 다행히 역풍은 불지 않았다. 먼저 떠난 함선은 내키지 않는 임무를 띠고 가는지라 항해를 서두르지 않았고, 나중에 떠난 함선은 그렇게 항해를 서두른 덕분에, 첫 번째 함선이 한발 먼저 도착하여 파케스가 결정문을 읽고 결정 사항을 집행하려는 순간 입항하여 학살을 막을 수 있었다. 뮈틸레네는 그처럼 간신히 위험에서 벗어날 수 있었다.

『펠로폰네소스 전쟁사』 3권 49장

영역: 렉스 워너

그러나 얼마 후 역시 전투 중이던 멜로스 섬 주민들은 뮈틸레네 주민들만큼 운이 좋지 못했다. 아테네에 대해 중립을 유지하려 했다는 이유로 뮈틸레네 주민들이 간신히 모면한 운명을 맞게 된 것이다. 그토록 극찬 받던 아테네의 '자유'는 피지배자들과는 공유할 수 없는 이상이었다.

이 이야기에서 또 하나 실감할 수 있는 것은 아테네 민주정치에서 가장 중요한 단일 요소를 꼽으라면 웅변, 즉 수사(修辭)라는 것이다. 시민들의 마음을 변화시켜 두 번째 배를 보내게 한 것은 비상 민회였고, 여기서는 이런저런 문제점에 대한 열띤 주장과 반론이 이어졌다. 아테네의 민주정이 정치적 웅변을 탄생시켰다고 말한다면 진실이 아니다. 민주정이 시작되기 한참 전인 호메로스의 작품에서도 사건의 향배를 좋은 쪽으로 또는 나쁜 쪽으로 돌려놓기 위해 설득력 있는 연설을 구사하는 예는 수없이 등장하기 때문이다(『일리아드』 2권에서 아가멤논이 그리스군에게 하는 연설이나 『오디세이』에서 텔레마코스가 이타카 원로회의에 참석해 하는 연설을 생각해보라). 그러나 아테네의 민주정이 수사학을 꽃 피게 하고 예술의 경지로 발전시켰다고 말한다면 분명 진실이다. 실제로 아테네에서 정치는 대중 연설이었다고 해도 과언이 아니다. 정당도 없고 분야별 업무를 관할하는 장관도 없는 시스템에서 아테네 시민들은 누구나 민회에 나와 발언을 함으로써 국가적인 사안에 영향력을 행사할 수 있었다.

따라서 시민으로서 정치적 힘을 획득하려면 설득력 있게 말하는 능력이 중요했다. '소피스트sophist'라고 하는 비싼 가정교사들이 우후죽순으로 나타나 야심 많은 부잣집 청년들에게 수사학(변론술)의 테크닉을 훈련시켰다(물론 다른 과목도 가르쳤다). 수사학은 고대는 물론이고 중세 교육에서도 핵심 과목이었다. 그런 수사학 전통의 가장 위대한 승계자의 하나는 기독교 설교였다. 중세 교육과 교회가 밀접한 관계였다는 점에서 충분히 이해가 가는 부분이다. 특히 기독교 설교는 현대 미국에서 가장 활기찬 형태로 이루어지고 있다. 물론 현대 정치의 토론 마당에서도 수사학의 전통은 살아 있다. 고대의 위대한 연설들은 전통식 교육을 받은 정치인들이 공부해서 활용한 덕분에 수천 년의 세월을 견디며 살아남았다. 예를 들어 링컨 대통령의 그 유명한 게티즈버그 연설은 페리클레스 추도 연설의 19세기 버전이었다.

오늘날의 정치인들이 여전히 즐겨 쓰는 재치 있는 표현이나 어법들은 이미 고대 작가들이 수사학을 다루면서 주목한 것들이다. 예를 들어 동일한 단어를 문장 내 순서를 바꾸어 반복하는 기법antimetabole을 보자. 이 기법은 2008년 미국 대선 때 후보들이 가장 많이 쓴 수사학적 기법으로 성가를 얻었다. 현대 들어 이 기법을 사용한 가장 유명한 예는 존 F. 케네디 대통령의 1961년 대통령직 취임 연설이었다. 여기서 케네디는 서로 다른 문장에서 단어의 순서를 바꿔 효과를 극대화하면서도 절묘한 균형감각을 보여줬다. "조국이 여러분을 위해 무엇을 할 수 있을지를 묻지 말고, 여러분이 조국을 위해 무엇을 할 수 있을지를 물으십시오." 2008년 대선 TV 유세 광고 방송에서 공화당 후보인 존 매케인 상원의원은 케네디의 연설을 다음과 같이 변형시켰다. "우리가 선출된 것은 워싱턴을 변화시키기 위한 것이지만, 이제 우리는 워싱턴이 우리를 변화시키게 만들 겁니다."

또 다른 수사법은 대선 유세 때 고대의 전통을 체득한 탁월한 연설가라는 칭찬을 받은 버락 오바마 대통령이 특히 애용하는 어법이다. 동일한 단어를 서로 다른 문장의 첫머리에 반복적으로 배치하는 기법(아나포라anaphora 기법)으로 2008년 11월 4일 대선 승리가 확정된 날 밤 당선 소감 연설에서도 아나포라를 썼다. "이것은 응답입니다. 학교와 교회의 투표소에 늘어선, 사상 유례가 없을 만큼 많은 분들이 우리에게 주신 답변입니다. 이것은 응답입니다. 청년과 노인, 부자와 빈자가 한결같이 우리에게 말한 답변입니다. 이것은 응답입니다. 그토록 오랜 세월 이기적이라는 비난을 받아온 사람들이 마침내 역사의 활대에 손을 얹게 한 답변입니다." 아나포라와 비슷한 것이 에피포라epiphora라고 해서 특정 표현을 문장 말미에 배치하는 기법이다. 위의 연설에서 오바마는 에피포라도 사용했다. 한 문단을 끝맺을 때마다 "네, 우리는 할 수 있습니다"라는 말을 7번이나 붙인 것이다. 오바마에게는 이런 수사학적 장치들이 연설의 운율감과 음악성을 높이는 역할을 한다. 연설은 고대 아테네에서 대단히 중요한 문제였다. 그중에서도 가장 유명한 웅변가는 데모스테네스였는데 그는 연설에서 가장 중요한 세 가지는 첫째도 전달 방식, 둘째도 전달 방식, 셋째도 전달 방식이라는 유명한 말을 남겼다.

물론 말이 곧 행동인 것은 아니다. 미국 대선에서 힐러리 클린턴 민주당 경선 후보(지금은 국무장관)도 그런 지적을 했다(공교롭게 같은 단어의 위치를 바꾸는 수법을 똑같이 썼다). "결국 진정한 시험은 대통령이 한 연설이 아닙니다. 대통령이 연설한 내용을 지키느냐 마느냐입니다." 힐

러리는 경선 후보 상대인 오바마를 끈질기게 물고 늘어졌다. 말로써 인기를 얻는다고 해서 제대로 된 지도자가 되는 것은 아니라는 점을 계속 강조했다. 여기서 그녀는 수사학 자체만큼이나 오래된 번지르르한 정치적 언변에 대한 사람들의 의구심에 호소하고 있는 것이다. 아테네인들도 언변 좋은 연설가들이 이기적 목적을 위해 대중을 광란으로 이끌고 민중을 조종할 위험이 있다는 사실을 정확히 인식하고 있었다. 그것을 '민중 선동'이라고 한다. BC 5세기에 아테네로 몰려든 소피스트들은 말썽꾼인 경우가 많았다. 아리스토파네스 같은 작가는 희극 『구름Clouds』에서 소피스트들을 조롱하고 풍자한다. 특히 소크라테스를 언변이 능란한 허풍선이 소피스트의 수괴로 묘사하면서 청년들 머리에 말도 안 되는 공상을 심어 미치게 만드는 자라고 비판한다. 소크라테스는 소피스트가 아니라고 주장하고 싶었던 제자 플라톤은 대화편 『고르기아스Gorgias』에서 수사학을 비난하는 논리를 여럿 소개한다. 이 대목에서 등장인물 소크라테스는 수사학은 기예가 아니라 대중을 조작하기 위한 감언이설에 불과하다는 견해를 제시한다. 특히 BC 5세기 말 과두정 세력이 쿠데타로 잠시 민주정을 뒤엎은 이후에는 소피스트들이 쿠데타를 야기한 젊은 특권층에게 영향을 미쳤다는 비난이 주류를 이뤘다(이에 대해서는 8장을 보라).

폴리스의 정치에 대해서는 이 정도로 하자. 그런데 인간은 법률만으로 사는 것은 아니다. 폴리스라는 시민 공동체는 다른 차원의 문제는 어떻게 해결했을까? 종교 생활은 공동체의 통합을 강화하는 데 절대적으로 중요한 역할을 했다. 아테네에는 신전과 성소가 부지기수였다. 올림포스의 주신(主神)들에게 봉헌한 신전뿐 아니라 불멸의 존재가 된 인간

영웅에서부터 북풍에 이르기까지 다양한 신적 존재를 모시는 공간이 많았다. 지역별로 데모스마다 독특한 제례 의식도 있었다. 클레이스테네스가 만든 '부족'도 마찬가지였다. 신들에 대한 경배는 희생 의식을 중심으로 이루어졌다. 사제와 수행원들은 희생 의식에 쓸 동물을 제단으로 끌고 나온 뒤 머리에 물을 뿌리고 절차에 따라 도살했다. 이때 포도주도 같이 뿌렸다. 해마다 정해진 날에 수많은 공동체적, 종교적 의미를 갖는 축제가 열렸다. 그중에서도 가장 유명한 것이 디오니소스 축제였다. 또 판아테나이아Panathenaea라는 축제 때는 아테네 주민 전원(여성, 어린이, 노예, 외국인 거류민까지 포함한다)의 대표자들이 파르테논 신전까지 행진한 뒤 아테네 시의 수호자인 아테나 여신에게 새로 수놓은 의복을 봉헌했다. 디오니소스 축제는 디오니소스 신을 기리는 축제였다. 이 축제에서는 아이스킬로스, 소포클레스, 에우리피데스의 위대한 비극이 상연됐다. 사흘 동안 매일 한 작가의 비극 3부작과 사티로스극satyr play 한 편이 무대에 올랐다. 〔사티로스극 가운데 현재 완전하게 남아 전하는 것은 에우리피데스의 『키클롭스Cyclops』뿐이다. 사티로스극은 비극에 등장했던 영웅적인 인물들을 희극적으로 다루는 것이 특징으로 사티로스들이 코러스(합창단)로 등장한다. 사티로스는 심술궂고 음탕한 반인반수로 말의 귀와 꼬리, 염소의 다리를 한 형상이며 디오니소스 신의 시종이다.〕

연극에 출연하는 코러스의 비용은 아르콘 가운데 한 사람이 지명한 부유한 시민(코레고스choregos라고 한다)이 부담했다. 배우들의 급료는 국가에서 지불했다. 공연 넷째 날에는 희극 5편이 무대에 올랐고, 마지막 날에는 일반 시민 중에서 제비뽑기로 선출된 판정관이 우승한 극작가에게 담쟁이 화관을 수여했다. 고대 아테네가 단순한 연극 도시였다는 오해를 피하기 위해 작품 상연 전 이틀간 퍼레이드와 희생 의식을 진행했다는 사실을 지적해둔다. 전사한 시민의 아들들은 갑옷을 차려입고 행진을 했고, 아테네 제국 전성기에는 동맹국들이 보낸 각종 공물과 선물을 곳곳에 전시했다. 그리고 현대 영국의 극장과 달리 연극은 소수집단의 관심사가 아니었다. 각종 관련 기록에 따르면 BC 5세기 당시 극장은 아크로폴리스 언덕 경사면에 서 있었던 것으로 추정된다. 좌석은 1만 4,000석 정도로 성인 남성 시민 전체가 약 3만 명이었으니까 엄청난 규모다. 다소 논란의 여지는 있지만 가난한 시민들의 경우 연극 관람 때문에 손해 보는 벌이만큼 국가에서 보상을 해줬을 것으로 추정되는 증거도 있다.(생각만 해도 신나는 일이다!) 단순 좌석 수만 해도 우리의 극장 문화와는 비교가 안 된다. 예를 들어 공연장 전용으로 건축된 런던의 명물 콜리시엄 극장(지금은 잉글리시 내셔널 오페라가 쓰고 있다)도 2,374석밖에 안 된다.

†

오레스테이아

아이스킬로스의 비극 『오레스테이아』는 BC 458년에 처음 공연됐는데 고대 그리스 비극 3부작 가운데 온전한 형태로 남아 있는 유일한 작품이다. 많은 그리스 드라마들이 그렇듯이 1부 『아가멤논』도 호메로스의 작품에서 바로 소재를 차용했다. 왕궁 망루를 지키던 아르고스의 파수꾼은 멀리 횃불이 밝은 것을 본다. 아가멤논 왕이 트로이 전쟁에서 고향으로 돌아오고 있다는 의미다(이 파수꾼에 대해서는 『오디세이』 4권에서 메넬라오스가 텔레마코스에게 아가멤논의 귀향 이야기를 해줄 때 상세하게 언급된 바 있다). 아가멤논은 포로로 잡은 트로이의 공주 카산드라를 데리고 고향 아르고스에 도착한다. 아가멤논의 부인 클리템네스트라는 남편을 환영한다며 이상할 정도로 호들갑을 떨면서 앞에 깔아놓은 짙은 자주색 융단을 밟고 궁으로 들어가라고 유혹한다. 자주색 융단은 신들만이 밟을 수 있는 것이어서 아가멤논은 처음에는 거부하다가 결국 아내의 말을 따른다. 이 장면은 작품에서 엄청난 중요성을 갖는 상징적 대목이다. 아가멤논의 오만이 행동으로 나타난 것으로서 자주색 융단—흘러가는 핏물을 연상시킨다—은 곧 벌어질 살인극의 전조다. 아가멤논은 아내와 함께 궁 안으로 들어간다. 예언의 재능이 있는 카산드라는(그 예언을 믿어주는 사람이 아무도 없다는 것이 그녀가 받은 저주다) 아가멤논에게 닥칠 운명을 정확히 예언한다. 곧 클리템네스트라가 다시 등장하고, 정부인 아이기스토스가 따라 나온다. 두 사람은 이미 아가멤논을 살해한 것이다.

2부의 제목은 『코이포로이Choephoroi』〔'제주(祭酒)를 바치는 여인들' 이라는 뜻이다〕다. 막이 열리면 클리템네스트라와 아가멤논의 딸 엘렉트라가 아버지 무덤 앞에 등장한다. 제주를 바치는 외국인 여자 노예들이 코러스를 이뤄 그 옆에 서 있다. 엘렉트라는 여기서 오랫동안 외국에 나가 있던 남동생 오레스테스를 만난다. 오레스테스는 망명지에서 돌아와 아버지를 죽인 어머니와 어머니의 정부에게 복수를 하려고 한다. 오레스테스는 먼저 아이기스토스를 죽인다. 이어 어머니를 만나는 순간 심장이 멎는 듯했지만 결국 어머니도 죽이고 만다.

3부 『에우메니데스Eumenides』에서는 오레스테스가 복수의 여신 세

자매에게 쫓기는 것으로 나온다. 이들은 친족을 살해한 자를 처단하는 원시 시대의 신이다. 델포이에서는 아폴론 신이 오레스테스를 도와주겠다고 약속하고, 장면은 다시 아테네로 바뀐다. 아테네에서는 일종의 법정 드라마가 이어진다. 오레스테스의 살인 사건이 아테나 여신이 주재하는 아레오파고스 법정에 오른 것이다. 여기서 아폴론은 피고인인 오레스테스를 옹호하는 발언을 한다. 배심원단은 표가 반반으로 엇갈린다. 하지만 아테나 여신이 캐스팅보트를 행사해 오레스테스의 죄를 사면해준다. 복수의 여신들도 '자비의 여신'(에우메니데스)으로 바뀐다.

『오레스테이아』 3부작은 인간이 끝없는 유혈 분쟁을 벌이며 보복과 보복으로 '정의'를 추구하던 원시적인 과거에서 법의 지배가 통용되는 좀 더 합리적인 현재로 발전해가는 과정을 그린 것으로 해석돼왔다. 허구를 가장한 드라마를 통해 당대 아테네의 문제들을 거론한 것 같기도 하다. BC 462/1년에 에피알테스가 실시한 개혁 조치들은 아레오파고스의 권한을 줄여 살인사건 관할 법정으로 격하시킨 바 있다. 『에우메니데스』는 이 사안을 암시하면서 먼 과거에 뿌리박고 있는 제도의 연원을 드러낸다.

요즘 관광객들이 아테네에 가서 고대 아테네 폴리스의 흔적을 쉽게 찾아볼 수 있는 곳은 아크로폴리스, 그중에서도 파르테논 신전이다. 파르테논 신전 유적은 지금도 우리에게 온갖 감흥을 불러일으킨다. 우선 하얀 대리석 건물이 그토록 오랜 세월을 버티고 살아남았다는 게 놀랍고, 건물이 풍기는 낭만적인 '아우라'와 건축의 독창성, 미학에 경탄을 금할 수 없다. 다만 파르테논 신전에서 뜯어간 유명한 장식물들이 유럽 곳곳의 박물관에 흩어져 있는 것이 아쉽다. 가장 악명 높은 예가 파르테논 신전 프리즈Frieze(기둥과 지붕 사이를 두른 띠 모양의 부분—옮긴이)다. 스코틀랜드 파이프에서 태어나 오스만 제국(터키의 전신. 당시 그리스는 오스만 제국 관할이었다—옮긴이) 주재 영국 대사(1799~1803년)를 지낸 귀족 출신의 엘긴 경(卿)이 파르테논 프리즈 절반을 잘라 배편으로 영국에 보냈고, 이 프리즈는 지금 대영박물관이 소장하고 있다. 프리즈와 기타 여러 조각품 건물 조각 등을 엘긴 경이 수집한 대리석 컬렉션이라는 의미에서 '엘긴 마블Elgin Marbles'이라고 한다. 엘긴 마블은 반출 당시부터 논란이 됐으며, 지금도 그리스는 영국에 반환을 요구하는 등 정치적 문제로 남아 있다.

아크로폴리스의 건축물들—파르테논 신전, 아테나 니케 신전Temple of Athena Nike(니케는 '승리'라는 뜻으로 아테네인들은 아테나를 '승리의 여신'으로 숭배했다), 아름답기 그지없는 에렉테움Erechtheum 등등. 에렉테움은 기둥들을 여성 인물 모양으로 조각한 여상주(女像柱)로 유명하다—은 페르시아 전쟁(BC 492~BC 448) 직후에 건설됐다. 페르시아군은 BC 480년과 479년 두 차례나 아테네에 침입해 아크로폴리스와 종교적인 건물들을 불태웠다. 당시 아크로폴리스 일대는 연기가 피어오르는 폐허로 변했고, BC 479년 페르시아군이 패주한 이후에도 한 세대 동안 그렇게 어수선한 상태였다.

그러나 페리클레스가 집권하면서 야심찬 건축 프로젝트가 시작됐다. 오늘날에도 그렇지만 대형 국책 사업에는 잡음이 따른다. 총감독을 맡은 유명 조각가 페이디아스가 공금을 횡령하고 공사현장에서 처녀들을 페리클레스에게 성상납 한다는 소문이 파다했다. 그러나 그로부터

500년 뒤에 활동한 작가 플루타르코스(AD 2세기 초까지 활동한 것으로 알려져 있다—옮긴이)는 건물들은 대단히 신속하게 완공됐다고 기록했다. 파르테논 신전의 경우 BC 447년에 착공해 BC 432년에 완성됐다.

그때나 지금이나 아크로폴리스로 가려면 프로필라이아**Propylaea**라고 하는 거대한 문루(門樓)를 통과해야 한다. 프로필라이아는 도리스식 기둥이 웅장한 문으로 신전 못지않게 정교하다. 이 문 왼쪽으로는 온갖 그림을 소장한 미술관이 있었지만 지금은 상상 속에서나 만나볼 수밖에 없다(그리스 회화는 고대에 이미 극찬을 받았지만 그림을 그린 나무 패널은 청동이나 대리석, 도자기보다 내구성이 떨어져서 지금 남아 있는 것은 없다). 프로필라이아를 통과하면 파르테논 신전 북서쪽 모퉁이가 바로 눈에 들어온다. 이 각도가 건물의 전체 모습을 가장 잘 볼 수 있는 각도로 70미터 길이로 줄지어 늘어선 기둥들과 건물의 다양한 색조를 한눈에 조망할 수 있다(신전은 지금은 눈이 부실 정도로 하얗지만 완공 당시에는 정교하게 색칠을 한 상태였다). 파르테논 신전의 길이는 너비의 2배가 조금 넘는다. 길이와 너비의 비율은 정확히 9 대 4다. 너비와 신전 높이(박공 제외)의 비율도 마찬가지다. 또 하나 놀라울 정도로 세심하게 배려한 부분이 있다. 기둥들이 수직이 아니라 안쪽으로 조금씩 휘어져 있다는 점이다. 따라서 (계산을 해보면) 모든 기둥에서 휜 각도에 따라 위쪽으로 선을 그으면 신전 지붕 중앙부 상공 1.6킬로미터 지점에서 하나로 만난다. 기둥을 이렇게 배열한 것은 밑에서 건물을 쳐다볼 때 기둥들이 약간 바깥쪽으로 벌어져 보이는 것을 막기 위한 장치다. 신전의 전면은 사실 동쪽 끝에 위치한다. 따라서 입구까지 가지 않아도 건물 외부의 상당 부분을 한눈에 볼 수 있다. 예를 들어 양쪽 박공(膊栱)에 있는 장식 부분도 그렇다. 서쪽 끝에는 아테나 여신과 포세이돈 신이 아테네 시를 관할지로 만들기 위해 싸우는 장면을 묘사한 조각이 있다(포세이돈은 아테네인들에게 선물로 샘물을 주었고, 아테나 여신은 올리브나무를 주었다). 동쪽 박공은 지금 대영박물관에 소장돼 있는데 아테나 여신이 제우스 신의 넓적다리에서 완전 무장을 하고 튀어나오는 기적적인 출생 과정을 묘사했다. 위를 올려다보면 기둥 위, 박공 아래에 패널처럼 댄 메토프metope가 눈에 들어왔을 것이다. 여기에는 아마존족과 아테네인, 신들과 거인족이 싸우는 신화적 전투 장면이 조각돼 있었다.

특히 호기심이 강한 관광객이라면 건물 안쪽 기둥 위로 둘러쳐진 프리즈를 보려고 애를 썼을 것이다. 이 프리즈의 절반은 지금 대영박물관에 있는데 정교하고 유려한 조각이 인상적인 걸작이다. 160미터에 걸쳐 건물에 띠처럼 돌아가면서 붙어 있던 프리즈(온전히 남아 있는 부분은 120미터다)는 장대한 행렬을 묘사하고 있는데 말과 희생 제물로 쓴 동물들이 많이 등장한다. 프리즈의 압권은 아이와 남자 한 명, 몇몇 여성과 신들과 옷감을 묘사한 부분이다. 18세기에 들어 이 프리즈는 아테나 여신에게 새로 지은 의복을 바치는 연례 종교 축제 판아테나이아를 묘사한 것이라는 설이 제기됐다. 그럴듯한 추측이지만 완전히 만족할 만한 설명은 아직 없는 상태다.

물론 관람객이 프리즈를 주목하지 않았을 수도 있다. 파르테논 신전에는 볼 게 너무 많기 때문이다. 실제로 AD 2세기에 활동한 지리학자 파우사니아스는 여행객을 위한 파르테논 신전 소개글에서 프리즈는 언급조차 하지 않았다. 그는 메인이벤트라고 할 만한 것으로 바로 들어간다. 신전 입구를 지나 안으로 들어서면 바로 조각상 아테나 파르테노스

Athena Parthenos('처녀신 아테나' 라는 뜻이다—옮긴이)의 위용이 보는 이를 압도한다. 지금은 사라지고 없는 이 상은 높이가 10미터나 된다. 여신의 살은 상아로 만들었고, 가슴받이는 금으로, 눈은 보석으로 만들었다고 한다. 사실 이 상은 보는 이에게 두려움 내지는 공포를 불러일으켰다. 투구를 쓰고 거대한 창을 휘두르는 아테네의 수호자인 이 여신은 별로 상종하고 싶은 생각이 들지 않는다. 폴리스는 사람들로 구성돼 있다고 했지만 파르테논 신전만큼 아테네의 압도적인 지배력을 확실히 보여주는 것은 없다.

나에게 파르테논 신전은 아테네 민주주의의 상징이다. 아테네 민주주의는 부러움과 모방의 대상이었고(지금도 그렇다), 찬란함과 우아함을 뽐냈으며, 시대를 한참 앞서간 제도였다. 그렇지만 아테네 여신상과 같은 범접할 수 없는 힘과 영광 뒤에는 불편한 부분이 있었다. 우리는 아테네 민주주의를 이상적인 정치체제로 보고 있지만 그것이 이상으로 자리 잡기까지는 오랜 세월이 걸렸다. 아테네 민주정은 처음에 정치적 분쟁을 해결하기 위한 실용적인 해법으로 출발했다. 그리고 민주주의 체제가 발전해가는 과정에서 귀족 가문 출신 부자들(페리클레스 같은 인물들)이 권력을 추구했고, 권력을 잡았다. 그리하여 해마다 가장 영향력 있는 자리에 선출됐다. 평등주의가 이야기의 끝은 아니었다. 아테네의 민주주의가 부자와 빈자 간의 정치적 차별을 깔끔하게 제거했고, 시민권이라고 하는 중요한 개념을 발전시키는 데 핵심적인 역할을 했다는 사실을 부인하는 것은 아니다. 아테네 시민들에게 조국(폴리스)에 대한 '사랑'을 촉구하고, 인간과 폴리스 간의 끈끈한 관계를 강조하는 페리클레스의 전몰장병 추도 연설을 보면 감동을 느끼지 않을 수 없다.

아테네에서 정치가들은 집안일도 돌보고 공적인 업무도 처리합니다. 주로 생업에 종사하는 사람들도 정치에 무식하지 않습니다. 우리 아테네인들만이 특이하게도 정치에 참여하지 않는 자들을 비정치가 정도가 아니라 무용지물로 간주합니다. 그리고 우리만이 정책을 직접 비준하거나 토의하는데, 그것은 우리가 말과 행동을 양립할 수 없는 것으로 보지 않고, 결과를 따져보기도 전에 필요한 행동부터 취하는 것을 최악으로 보기 때문입니다.

『펠로폰네소스 전쟁사』 2권 40장

영역: 렉스 워너

요즘처럼 정치적 무관심이 만연한 시대에 우리도 시민들에게 이런 요구를 할 수 있었으면 참 좋겠다. 그만큼 페리클레스는 시민들에게 과감한 요구를 하고 있는 것이다. 그러나 아테네의 시민은 배타적인 집단이었다. 전 인구의 약 10퍼센트만이 '인민의 지배'(민주주의)에 참여할 수 있었다. 페리클레스의 연설에 나타나는 포함의 논리 뒤에는 배제의 논리가 감춰져 있는 것이다. 더 음울한 것은 국내적으로는 평등과 정의를 구가하면서도 대외적으로는 잔인한 정복을 추구했다는 사실이다. 이처럼 현대 민주주의의 먼 조상이 출발부터 공격적인 제국주의를 감추고 있었다는 것은 21세기를 사는 우리들에게 새삼 놀라운 일은 아니다.

†

페리클레스

그리스의 정치가 하면 우리는 바로 페리클레스를 떠올린다. 그는 투키디데스에 의해 위대한 불멸의 정치인으로 자리매김 됐으며, 특히 지금도 펠로폰네소스 전쟁 초기에 전몰장병을 추도하는 그 유명한 연설로 기억되고 있다. 연설에서 그는 아테네를 이상적인 폴리스(아테네는 "그리스 전체에 교육적 모범이 된다"고 했다)로 제시한다. (사실 우리는 투키디데스가 소개한 그의 연설 내용이 실제 연설을 얼마나 반영한 것인지 알지 못한다.) 페리클레스는 BC 495년경 귀족인 알크마이온 가문의 후예로 태어났다. 클레이스테네스도 알크마이온 가문이다. 페리클레스는 BC 472년 아이스킬로스의 작품 『페르시아인들The Persians』의 코러스 비용을 댄 코레고스였고, 실세 장군이자 정치인이었던 키몬을 쫓아내는 데 가담하고 아레오파고스를 살인사건 법정으로 격하시킨 개혁 조치를 주도하면서 두각을 드러냈다.

AD 1~2세기에 활동한 전기 작가 플루타르코스에 따르면 페리클레스는 키몬이 도편 추방된 이후 최고 정치 실세 중의 한 명이 되었다. 그는 BC 440~430년대에 아테네의 공공건물 건설 프로젝트를 추진했다. 그 핵심이 바로 파르테논 신전이었다. 페리클레스는 또 아테네 시민권을 부모 모두 아테네 출생인 사람에게만 부여하는 입법을 추진했다. BC 440년대 중반 그는 매년 장군으로 선출됐고, 아테네의 실질적인 통치자가 되었다. 그는 야심찬 대외 정책을 추구했고, 그 결과는 펠로폰네소스 전쟁이라고 하는 스파르타와의 싸움으로 이어졌다. 투키디데스는 그가 비전을 가진 고결한 인물이며, 민중에게 영합하기보다는 민중을 이끌고 나아갔다고 말한다. 그의 결혼 생활은 불행했다. 나중에는 유명 고급 콜걸 아스파시아와 동거했으며, BC 429년 아테네를 휩쓴 전염병으로 사망했다.

†

아테네의 건축과 파르테논 신전

도리스 양식은 고전 건축 가운데서 가장 단순한 형태다. 세로로 홈을 판 기둥은 땅딸막한 느낌을 준다. 너비보다 높이가 4~6배 정도인 규모다. 기둥머리는 위에 얹힌 부분을 쿠션처럼 받쳐준다. 파르테논 신전은 본질적으로 도리스식 신전이고, 거기에 이오니아 양식을 가미한 것이다.

우아하기 이를 데 없는 이오니아식 기둥은 도리스식 기둥보다 길고 날렵하다. 기둥에는 세로로 홈이 24개 나 있고, 기둥머리 부분은 나선형 소용돌이무늬로 장식돼 있다(달팽이 껍질의 나선형과 흡사하다).

고전 건축의 완성미는 코린트식 건축에서 볼 수 있다. 코린트식은 그리스에는 드물고 오히려 로마 건축물에서 많이 볼 수 있다. 현재 로마에 있는 판테온이 대표적이다. 기둥머리에는 양식화된 아칸서스 잎 모양 장식이 조각돼 있다.

파르테논 신전

아테네에 있는 '아테나 파르테노스 대신전'(파르테논 신전)은 흔히 '날개형' 신전이라고 한다. 말하자면 나오스naos〔신전의 내실(內室)을 말한다〕와 현관들로 이루어진 건물 본체 주변을 일련의 기둥이 둘러싸고 있는 형태라는 얘기다. 파르테논 신전은 다양한 장식적 조각들로 유명하다. 박공 부분의 조각들은 아테나 여신의 탄생 장면(동쪽 박공)과 아테나와 포세이돈 신이 아테네를 차지하려고 서로 싸우는 장면(서쪽 박공)을 묘사했다.

박공 아래에는 메토프들이 있는데 메토프 한 장은 1.3㎡ 규모로 라피타이족(族)과 켄타우로스(상반신은 사람, 하반신은 말의 형상을 한 족속—옮긴이), 신들과 거인족, 아테네인과 아마존족의 싸움 같은 신화적 전투 장면으로 장식돼 있다. 102쪽 그림을 보면 파르테논 신전의 프리즈 위치가 어디인지 알 수 있다. 고대의 관람객들은 바깥쪽 기둥들 틈새로 프리즈를 한눈에 올려다볼 수 있었을 것이다.

파르테논 신전 평면도

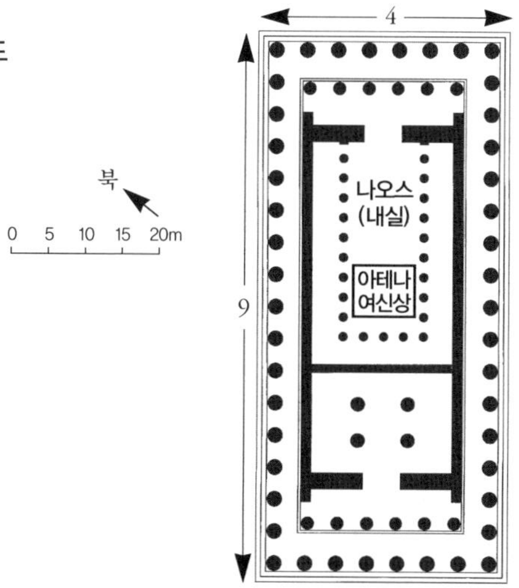

파르테논 신전 조각 부분 위치

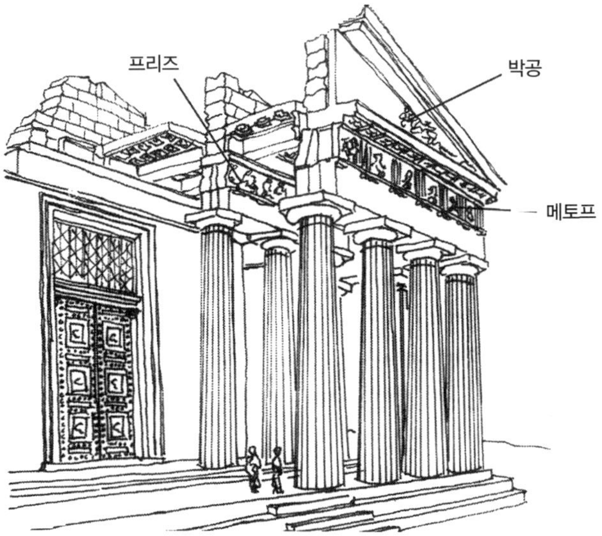

4장 판도라의 딸들(여성)

말 없는 다수

어제 오늘 얘기도 아닌 '여성 혐오증'은 그리스 문학 초기부터 튀어나온다. 헤시오도스의 서사시 『신통기』에서 여자는 프로메테우스가 신들로부터 불을 훔쳐다 인간에게 준 뒤 남자들에 대한 징벌로 제우스 신이 창조한 존재로 나온다. 여자는 "필멸의 인간들에게 엄청난 재앙"이라고 헤시오도스는 말한다. 그의 『노동과 나날』에서 질병과 슬픔을 담은 단지의 뚜껑을 여는 것은 최초의 여자인 판도라다. 그 단지에서 모든 재앙이 쏟아져 나와 인간을 영원히 괴롭히게 된다. 그런데 딱 하나, 희망만은 튀어나오기 전에 뚜껑이 닫혀서 단지 속에 남게 됐다. 자연과 싸우며 땅을 갈아 근근이 먹고사는 헤시오도스의 세계에서 여자는 아무리 좋게 봐줘야 자원 확보의 장애물이다. 따라서 노동하는 수벌들은 지금까지 그랬던 것처럼 여왕벌을 조용히 모셔두어야 한다. 여자는 최악의 경우 기를 쓰고 당신을 속여서 자원을 빼앗아가려고 한다. 심지어 시인 헤시오도스는 이런 경고까지 한다. "여자가 그대의 헛간 문을 두드려도 열어주지 말라. 엉덩이를 까 보여 그대의 정신을 어지럽힐까 걱정된다."

다행히도 호메로스의 작품에 등장하는 여성들은 기쁨을 주는 존재다. 알다시피 『일리아드』는 거의 대부분 남자들에 관한 얘기다. 물론 여자와 얽힌 문제들이 사건을 촉발하는 원인이 되기는 한다. (헬레네의 경우 그녀에 대한 납치가 트로이 전쟁의 원인이 된다. 브리세이스의 경우는 아가멤논이 아킬레우스한테서 억지로 빼앗아감으로써 아킬레우스가 분노하는 원인이 된다.) 그럼에도 불구하고 테티스, 아테나, 헤라, 아프로디테 같은 여신들이 주요한 역을 맡고 있다. 헥토르의 아내인 안드로마케도 『일리아드』에서 가장 감동적인 장면 두 곳에서 주요 등장인물로 나온다(이 책 9장 참조). 『일리아드』의 경우 전투와는 좀 동떨어진 장면에서 여신들이 등장할 경우 분위기가 놀라울 정도로 달라진다. 14권에서 창과 화살과 죽음이 난무하는 꽤 긴 장면이 끝난 뒤 우리는 대단히 우아한, 할리우드의 글래머 스타 같은 여성을 만나게 된다. 헤라 여신이 화장대에 앉은 모습으로 글로리아 스완슨(1899~1983. 무성영화 시대에 유명했던 미국의 여배우, 가수—옮긴이) 같은 고혹적인 자태를 뽐내며 등장하는 것이다. 헤라는 몸치장을 하며 남편 제우스를 유혹할 준비를 한다. 남편이 성관계를 가진 후 곯아떨어진 틈을 타 자기 마음대로 그리스와 트로이의 전투에 개입하려는 작전이다. 다음은 규방에 앉아 치장하는 헤라의 모습이다.

안방으로 들어가 그녀는 번쩍이는 문짝들을 닫았다.

그러고 나서 암브로시아(신들이 바르는 향유—옮긴이)로 매력적인 몸에서
때를 씻어낸 다음 신들만이 쓰는 부드럽고
향기 그윽한 올리브유를 몸에 듬뿍 발랐다.
이 기름은 문턱이 청동으로 된 제우스의 궁전에서
조금만 흔들어도 그 향기가 대지와 하늘에 퍼졌다.
이 기름을 그녀는 고운 살갗에 바르고 나서
머리를 빗고는 그녀의 불멸의 머리에서 흘러내리는
아름답고 향기롭고 번쩍이는 머리털을 두 손으로 땋았다.

『일리아드』 14권 208-213행

아, 필자 같은 여자도 헤라의 이런 여성적인 면모에는 매료되지 않을 수가 없다.

인간 여성들이 『일리아드』에서 나름의 역할을 할 때에도 은연중에 비슷한 분위기 변화가 일어난다. 물론 이때의 여성은 헤시오도스가 묘사한 농촌사회와는 완전히 동떨어진 세계에 나오는 왕비와 공주 같은 당당한 인물들이다. 그런데 사실 브리세이스에 대해서는 얘기가 많지 않다(아가멤논의 부하들이 아킬레우스로부터 억지로 떼어놓을 때 울었다는 얘기 정도가 전부다). 하지만 트로이 여자들은 조금 다르다. 헥토르의 부인 안드로마케가 나오는 장면의 경우 우리는 트로이 진영이 무엇을 위해 싸우는지를 알게 된다. 헬레네가 나오는 장면의 경우에는 양쪽이 무엇을 놓고 싸우는지를 알 수 있다. 헬레네는 양쪽이 전쟁까지 할 만한 가치가 있는 여자일까? 사실 헬레네 본인은 오래 전에 죽어서 이 모든 유혈극을 미리 막을 수 있었으면 좋았겠다고 말한다. 그런데 『일리아드』

3권에서 화려한 자태를 뽐내며 트로이 노인들 곁을 활보하는 그녀의 모습은 사랑스럽기 그지없다. 그런 그녀의 모습을 보고 사람들은 술렁거린다.

> 이때 헬레네가 성탑 위로 올라오는 것을 보고 원로들은
> 나직이 물 흐르듯 거침없이 이야기를 주고받았다.
> "트로이인들과 그리스인들이 저런 여인 때문에
> 오랫동안 고생을 하는 것은 나무랄 일이 아니오.
> 그 생김새가 너무나 불사의 여신을 닮았으니 말이오."
>
> 『일리아드』 3권 185–189행

경탄의 대상이기도 하고 혐오의 대상이기도 한 헬레네는 뭔가 딴 세상 사람 같은 이미지를 풍긴다. 주변 돌아가는 상황에 무심한 것 같기도 하고, 남들보다 탁월한 통찰력을 지닌 듯도 하다. 『일리아드』 3권에서 우리는 그녀가 전쟁 장면으로 장식된 옷감을 짜는 모습을 보게 된다. "헬레네는 두 겹으로 된 큰 자줏빛 천을 짜며 거기에 말을 길들이는 트로이인들과 청동 갑옷을 입은 아르고스인들(그리스인)이 자기 때문에 아레스의 손에서 겪은 수많은 전투 장면을 짜 넣고 있었다." 그녀는 마치 트로이 전쟁이 먼 훗날 전설이 될 것이라는 걸 이미 알고 있는 듯하다. 그녀는 당장 벌어지고 있는 사건들 너머 미래를 볼 수 있다. 하기야 제우스의 딸이니 그럴 법도 하다. 헥토르가 죽었을 때 아버지 프리아모스가 몇 마디 한 것 외에 마지막으로 애도의 말을 한 것은 헬레네였다. 그녀는 헥토르가 자신을 이해하고 편들어준 유일한 영웅이었다고 말한

다. “이제 드넓은 트로이에는 내게 상냥하고 친절하게 대해줄 사람은 달리 아무도 없어요. 모두들 나를 보고 몸서리치니 말예요.” 헬레네에 대해서는 누구나 유감을 느끼지 않을 수 없다.

『오디세이』에서 우리는 헬레네를 다시 만나게 된다. 여기서는 아주 자신감 넘치는 여주인으로 어떤 상황에 대해서도 잘 대처하는 인물이라는 느낌을 준다. 그녀는 텔레마코스가 아버지 소식을 알아보러 스파르타를 방문할 때 다시 한 번 스파르타의 왕 메넬라오스의 아내로 등장한다. 『오디세이』 4권에서 좀 둔한 인물로 나오는 메넬라오스는 자신을 찾아온 젊은 손님의 정체를 알아채지 못한다. 반면에 헬레네는 즉시 감을 잡는다. “아버지랑 똑 닮았네요”라고 그녀는 말한다. 부부와 손님들이 트로이 전쟁의 기억과 오디세우스의 불운을 회고하며 눈물을 흘릴 때 헬레네는 당혹스러운 일을 벌인다. 과거의 고통과 고뇌를 잊게 만들기 위해 다들 마시는 포도주에 몰래 약을 탄 것이다. 아무리 생각해봐도 속을 알 수 없는 여자다. 하지만 상황 파악 능력은 탁월하다. 그리고 자신이 하는 일이 어떤 결과를 가져올지도 잘 안다. 텔레마코스가 자신이 오디세우스의 진짜 아들인지, 그리고 그것이 무슨 의미인지에 대해 확신을 하지 못하는 상황에서 헬레네가 바로 그를 알아본다면 그가 자신의 정체성을 깨닫는 데 큰 도움이 될 것이다. 그런데 텔레마코스는 아버지가 정말 어떤 사람이었는지 알고 싶어 하는 순간에 그녀는 그에게 트로이 전쟁 때 오디세우스가 가장 오디세우스다웠던 시절의 모습을 말해준다. 오디세우스는 누더기로 변장을 하고 트로이 진영에 첩자로 잠입했다. 다들 그를 알아보지 못했다. 단 한 사람 예외는 당연히 헬레네였다. 그녀를 피해갈 수 있는 것은 아무것도 없다.

『오디세이』는 『일리아드』와 달리 멋진 여성 캐릭터가 아주 많이 등장한다. 그중 대표적인 인물은 역시 오디세우스의 아내인 페넬로페다. 캐나다 여성 작가 마거릿 애트우드(1939~)는 『페넬로피아드The Penelopiad』(2005)라는 제목으로 『오디세이』 '교정본'을 썼다. 이 소설은 페넬로페의 관점에서 이야기를 풀어나간다. 나는 애트우드를 정말 좋아하지만 원작 『오디세이』에서 이미 페넬로페의 존재감이 너무도 강하기 때문에 이런 책을 따로 쓸 필요는 없다고 본다. 결국 마지막에 웃는 사람도 페넬로페다. 그녀는 이타카에서 오디세우스가 (늙은 아버지 라에르테스 빼고는) 마지막으로 자신의 정체를 드러내는 인물이다. 하지만 그녀는 그의 말을 곧이곧대로 믿지 않는다. 일단 온갖 시련을 주어 그를 시험한다. 이 과정에서 페넬로페는 남편 오디세우스 이상으로 수완과 재간이 뛰어난 인물이라는 인상을 받게 된다. 오디세우스가 남편이라는 사실을 밝힌 뒤에도 그의 정체에 대해 확신하지 못한 페넬로페는 남편의 유모에게 쌀쌀맞은 어투로 신방(新房)에 있는 침대를 밖으로 내다놓으라고 다그친다.

> 이런 말로 그녀가 남편을 시험하자 오디세우스는
> 역정을 내며 알뜰히 보살피는 아내에게 말했다.
> "여보! 당신은 정말로 내 마음을 아프게 하는 말을 하는구려.
> 누가 내 침상을 다른 데로 옮긴단 말이오? 아무리 솜씨 좋은 자라도
> 그렇게 하기는 어려울 것이오. 신이 친히 오신다면 몰라도.
> 신은 원하시기만 하면 무엇이든 쉽게 다른 데로 옮기실 수 있으니까요.
> 그러나 살아 있는 인간들 중에는 아무리 젊고 힘이 세다 해도 그 침상을

> 쉽게 들어 올릴 사람은 없을 것이오. 정교하게 만든 그 침상에는
> 한 가지 큰 특징이 있소."

「오디세이」 23권 203-210행

오디세우스는 젊은 시절 자신이 이 침대를 어떻게 만들었는지를 설명한다. 그리고 땅속에 뿌리박은 살아 있는 올리브나무 밑동을 침대 기둥으로 삼았기 때문에 누구도 옮길 수 없다는 얘기를 했다. 마침내 페넬로페는 기쁨에 넘쳐 그를 남편으로 받아들인다. 하녀 한 사람을 빼고는 올리브나무 침상의 비밀을 아는 사람은 아무도 없었기 때문이다. 그동안 참았던 설움과 기쁨을 터뜨리는 페넬로페의 모습을 시인은 이렇게 묘사한다.

> 기쁨, 난파한 선원들이 바다를 헤매다 저 멀리 얼핏
> 육지를 보았을 때와 같은 기쁨이었다. 포세이돈은
> 잘 만든 배를 사나운 바람과 집채만 한 파도로 때렸고
> 몇 사람만이 겨우 부푼 너울과 싸워가며 해변에 도착했으니
> 몸에서는 짠 바닷물이 줄줄 흘러내렸지만 기쁨에 힘이 솟았다.
> 단단한 육지에 다시 발을 디뎠으니
> 치명적인 재앙을 면한 것이다. 꼭 그런 선원들처럼,
> 그녀는 기뻤다. 꿈에도 그리던 남편이 바로 눈앞에 서 있다.
> 그녀는 하얀 두 팔로 그의 목을 끌어안고
> 잠시도 떼려 하지 않았다…….

「오디세이」 23권 262-272행

내가 이 대목의 비유를 좋아하는 이유는 페넬로페의 시련을 오디세우스가 바다에서 겪은 고난과 동등한 것으로 보기 때문이다. 그녀는 소금기에 전 난파선 선원들에 비유된다. 남편인 오디세우스가 바로 그랬다.

점잖은 손님들을 돼지로 둔갑시키는 마녀 키르케도 나온다. 파이아키아의 공주 나우시카도 매력적이다. 이런 여성 캐릭터들은 작품의 흥미를 더한다. 그중에서도 나는 신들의 사자인 헤르메스가 요정 칼립소에게 오디세우스를 더 이상 잡아둘 수 없다고 말했을 때 그녀가 보인 격한 반응이 흥미롭다. "당신네 남신(男神)들이 여신들이 인간 남자들과 자는 걸 좋아하지 않는 유일한 이유는 질투심 때문이에요."(내용을 요약하면 대충 이런 정도의 공격이다.) 페미니즘적 사고의 원형을 보는 듯하다. 사실 『오디세이』에 나오는 여성 등장인물들에 대한 묘사는 매우 정교해서 일부 인사들은 이 작품이 여성이 쓴 것이 분명하다고 주장할 정도였다. 이런 주장을 가장 흥미롭게 제기한 사람이 바로 『만인의 길**The Way of All Flesh**』(1903)을 쓴 영국 소설가 새뮤얼 버틀러(1835~1902)다. 버틀러는 기이하면서도 통찰력 넘치는 저서 『오디세이의 여성 저자에 관하여**The Authoress of the Odyssey**』(1897)에서 그런 주장을 제기했다.

버틀러는 기성 학계와 주류사회에 짜증과 분노를 불러일으키는 것을 세상에서 가장 큰 즐거움으로 여기는 사람이었다. 『오디세이의 여성 저자에 관하여』는 학문적인 연구서라기보다는 장황한 도발에 가깝다. 물론 버틀러는 시시한 고전학자가 아니었다. 고교 때는 『케네디의 라틴어 입문**Kennedy's Latin Primer**』을 쓴 저명한 고전학자 벤저민 케네디 밑에서 배웠고, 나중에는 케임브리지 대학 세인트 존스 칼리지에서 고전학을 공부했다. 그러나 『오디세이의 여성 저자에 관하여』는 읽을거리로는 다소 고약하다. 어처구니없는 논리를 전개하는 한편으로 놀라운 통찰을 보이기도 한다. 분명한 것은 페미니즘적인 책이라고 할 수는 없다는 것이다. 『오디세이』의 저자가 사소한 집안일에 놀라울 정도로 신경을 많이 쓴다는 것(구혼자들을 다 죽이고 난 뒤 난장판이 된 주방을 대걸레로 깨끗이 닦는 장면 등등)을 근거로 저자가 여자였음이 분명하다고 주장하는 것은 저메인 그리어(1939~. 호주의 여성 작가, 영문학자. 20세기 후반 페미니즘 운동가로 유명하다—옮긴이) 같은 페미니스트들에게는 호응 받지 못할 얘기다. 버틀러는 저자가 여성이었기 때문에 남을 압도하고 자기주장이 강한 『오디세이』의 여성 캐릭터들을 창조할 수 있었다고 주장한다. 어리바리한 남성 캐릭터들을 창조할 수 있었던 것도 저자가 여성이었기 때문이라고 말한다. 〔이런 면에서 그는 『오디세이』의 여성 저자를 제인 오스틴(1775~1817. 영국의 여성 소설가. 『오만과 편견』으로 유명하다)에 비교한다.—옮긴이〕 버틀러는 또 자신이 보기에 남성 작가라면 저질렀을 리 없는 여러 '오류'를 증거로 든다. 예를 들어 저자가 남성이었다면 오디세우스가 (칼립소가 지배하는 섬에서) 만든 배에 키(방향타)를 두 개 달아놓을 수는 없었을 것이라고 지적한다. "아마도 『오디세이』의 저자는 키가 어느 쪽에 달려 있어야 하는지를 잠시 깜빡한 것 같다. 그녀는 어제는 이 문제를 골똘히 생각해봤지만 오늘은 별로 그럴 생각이 없었던 것 같다. 그래서 일단 배 양쪽 끝에 달아놓고 나중에 어느 쪽은 아니라는 게 밝혀지면 빼버릴 요량이었다. 그런데 나중에 그 점을 깜빡했거나 그런 사소한 것까지 지나치게 따질 필요는 없다고 생각하고 그냥 넘어갔을 것이다."

『오디세이의 여성 저자에 관하여』에서 내가 가장 좋아하는 부분은 작가가 페넬로페를 한 점 흠결 없는 인물로 꾸며대고 있다고 주장하는 대목이다. 여주인공이 미덕의 화신과 거리가 멀다는 예전 버전이 있었는데 작가가 그것을 깔아뭉개려고 한다는 얘기다. 버틀러는 구혼자들을 대하는 페넬로페의 태도에서 그런 불편한 흔적들을 본다. 왜 그녀는 그들을 일찌감치 쫓아버리지 않았을까? "구혼자들 가운데 페넬로페에게 결혼해달라고 졸라봐야 소용없으니 자리 털고 가야겠다고 생각하는 사람은 아무도 없다. 그래서 이 문제는 몇 년이고 지속된다. 그 사이 페넬로페가 더 젊어지는 것도 아니다." 버틀러는 페넬로페가 구혼자들을 잡아둔 것은 중년의 허영을 만족시키기 위한 방편이라고 본다. 우스운 얘기지만 터무니없는 얘기만도 아니다. 어쨌든 독자들로서는 페넬로페가 그러는 이유가 무엇인지 여전히 알 수 없다. 페넬로페가 잘 차려입고 구혼자들에게 유혹하는 듯한 자태를 보이는 장면이 있다. 구혼자들에게 정말 짜증이 났다면 이런 행동은 무슨 의미일까? 다른 장면에서는 페넬로페가 독수리가 자기네 거위들을 죽이는 꿈을 꾼다. 꿈에 나오는 독수리는 분명 남편을 상징한다. 그런데 그녀는 거위가 죽었다고 눈물을 흘린다. 왜? 이에 대해서는 달리 답이 없다. 호메로스는 내면의 삶에 대해서는 '다루지' 않는다(제대로 다루지 않는 것은 분명하다. 우리는 오디세우스의 깊은 영혼에서 번득이는 이상한 빛 같은 것을 느낄 수 있을 뿐이다). 대체로 인물들은 그들이 하는 말과 행동으로 윤곽이 잡힌다. 그들의 속마음과 감정은 별로 부각되지 않는다. 캐릭터들은 화가 나면 폭발하고, 불행하면 울고, 자신의 생각을 말로 표현한다. 복합적인 심리학적 층위 같은 것은 없다. 페넬로페는 이자벨 아처 같은 인물이 아니다.〔이자벨 아처는 헨리 제임스(1843~1916. 미국 출신의 영국 소설가, 문학평론가)의 소설

『여인의 초상**The Portrait of a Lady**』에 나오는 독립심 강한 처녀이다—옮긴이〕 그러나 그렇다고 해서 인물의 생동감이 떨어지지는 않는다.

버틀러가 『오디세이의 여성 저자에 관하여』에서 지적하는 것 중에 그나마 말이 되는 부분은 고대 그리스에는 훌륭한 여성 시인이 많았다는 사실이다. 가장 유명하고 지금까지도 독자들의 사랑을 받는 여성 서정시인은 사포다. 사포는 BC 7세기 후반 레스보스 섬에서 태어났다. 후대의 작가들이 사포의 생애를 없는 사실까지 끌어다 붙이며 미화했지만 실제 삶에 관한 유일한 증거는 그녀의 작품에 들어 있다. 그런데 작품 대부분은 단편으로만 남아 있다. 사랑과 갈망을 노래한 훌륭한 시들 가운데 다수가 동성애를 노골적으로 표현한 내용이다. 결혼을 축하하는 노래도 일부 있다. 이런 작품들은 단편으로만 남아 있다는 사실 때문에 오히려 매력을 더하는 측면이 있다. 아름다운 시행들은 섬세한 문양의 도자기 파편 같다. 그리고 깨져나간 다른 파편들과는 영원히 합쳐질 수 없다. 그런 단편적인 시들은 어쩌면 고대 세계를 연구하는 행위의 특성과 한계를 말해주는 상징이기도 하다. 우리는 아름다운 파편들을 가지고 하나의 세계를 구성해내려고 애쓰지만 서글프게도 그것은 불가능하다. 아닌 게 아니라 그녀의 시 가운데 일부는 도자기 파편에 쓰인 상태로 발견된 것도 있다. '단편 2'로 알려진 시를 보자.

산 정상에서 내려와
크레타 섬을 나와서
여기 내게로 오소서,
당신을 모시는 신성한 경내로, 당신의 사과나무숲으로.

당신의 제단에는
향 타는 연기 가득하고
차가운 물살은 실개천을 누비며
졸졸 흐르네.
장미꽃 그림자가 어스름한 이곳
은빛 나뭇가지들에서
아득히 잠이 밀려와
황홀경에 빠지네.
말들은 풀밭에서 풀을 뜯고
봄꽃은 지천이어라.
봄바람 달콤 산들 부는 이곳
여기로 오소서, 키프로스의 여인이여
황금 잔에 넥타르를 살그머니 따라드리리다,
우리의 축제를 위해 마련한 그 음료.

영역: 스탠리 롬바도

여신 아프로디테를 불러내는 기도다. '키프로스의 여인'이라고 한 것은 아프로디테가 키프로스 섬 인근 바다 거품에서 태어난 여신이라고 해서 그렇게 칭한 것이다. 사랑의 여신의 성소가 있는 사과나무 숲을 묘사하는 필치가 놀라울 정도로 생생하다. 이 시에서는 거의 모든 감각이 총동원되고 있다. 정신을 취하게 하는 향의 냄새, 개천 물이 흐르는 시각적인 장면을 배경으로 앞으로는 사과나무 그늘이 드리우고 있다. 물은 얼음처럼 차다. 나뭇잎 사이로 불어오는 미풍은 산들산들 우리를 유혹한다. 저 너머로는 말들이 꽃이 만발한 풀밭에서 풀을 뜯고 있는 장면이 어른거린다. 이 시를 읽고 있으면 마치 현장에 와 있는 듯하다. 무성한 수풀에 누워 슬그머니 잠에 빠지고야 말 것 같다.

하지만 BC 5세기의 아테네는 BC 7세기의 귀족적인 레스보스 섬의 세계와는 사뭇 달랐다. 호메로스의 작품에 등장하는 훨씬 이전 세계와도 달랐다. 지적 혁명의 정점에 선 시기의 아테네는 파르테논 신전 건립, 자연과학 등장, 위대한 비극의 탄생과 더불어 역사학, 수사학, 철학을 비롯한 온갖 분야에서 놀라운 업적을 이룩했다. 그러나 여성들에게는 유달리 억압적이었다. 『펠로폰네소스 전쟁사』에 나오는 페리클레스의 유명한 추도 연설은 조국을 위해 싸우다 죽은 사람들에 대한 이야기를 감동적으로 펼쳐놓는다. 그러면서 아테네는 시민의 재산 정도와 무관하게 자유와 관용과 법 앞의 평등을 위해 싸웠다는 점을 강조한다. 그러고 나서 맨 마지막에 여성들에게 한마디 한다.

> 여러분 가운데 이미 미망인이 된 부인들에게 부덕(婦德)에 관해 한마디 해야 한다면, 짤막한 조언으로 모든 것을 다 표현하겠습니다. 여러분이 타고난 본성에 따라 꿋꿋하게 살아가는 것이 여러분의 큰 명성이 되겠지만, 여러분의 가장 큰 명성은 칭찬을 받건 비난을 받건 남자들이 입에 오르내리지 않는 것입니다.
>
> 『펠로폰네소스 전쟁사』 2권 46장
>
> 영역: 렉스 워너

이런 대접은 스파르타 여자들의 삶과는 너무도 다르다. 스파르타 여성들은 대개 교육과 신체 훈련을 받았다. 스파르타 여자들이 짧은 치마에 가슴을 드러낸 상태로 각종 운동을 하는 것을 보고 다른 그리스인들은 충격을 느꼈다. 그들은 결혼하면 남편은 병영에서 공동체 생활을 하고, 밤에 몰래 아내를 찾아왔다. 그것도 가끔 들르는 정도였다. 스파르타 여성들은 재산을 상속 받을 수 있었다. 말 조련사로 유명했던 스파르타 여자도 있다. 키네스카라는 여자는 전차 경주 팀을 훈련시켜 BC 396년과 392년에 올림픽 경기에서 우승했다. 그녀는 이 업적을 적은 기념비를 세웠는데 지금도 그 명문(銘文)이 남아 눈길을 끈다.

> 우리 아버지와 남자형제들은 스파르타의 왕이었다.
> 나는 발 빠른 말로 전차 경주에서 우승했다.
> 그리고 이 기념비를 세웠다. 나는 키네스카다.
> 그리스 전체에서 승리의 화환을 머리에 쓴 여자는
> 나밖에 없다는 사실을 밝혀둔다.

시몬 드 보부아르(1908~1986. 프랑스의 여성 철학자, 소설가. 페미니스트로도 유명하다—옮긴이)는 대표작 『제2의 성(性)**The Second Sex**』에서 스파르타 체제를 우호적으로 평가했다.

> 사적 재산을 금하는 사회는 가족도 거부하기 때문에 그런 사회에 사는 여성들의 운명은 상당히 괜찮은 것으로 여겨진다. 스파르타에서는 공동체적 체제가 확고했다. 스파르타는 그리스 도시들 가운데 여성이 남성과 거의 동등한 대접을 받은 유일한 도시였다.

나는 드 보부아르의 이런 평가가 다소 '오버'라고 본다. 스파르타 여성들의 가장 중요한 기능은 건강한 전사를 출산하는 일이었던 것으로 보인다. 제2차 세계 대전 전에 나치가 건강한 아이를 낳는 것이 어머니의 임무라고 강조했던 것과 다를 바 없다. 그러나 스파르타 여성들은 대단히 독특했다. 물론 우리가 그들에 대해 알고 있는 내용은 스파르타 자체의 기록이 아니라 대부분 적대 세력인 아테네인들의 기록을 통해서다. 헤로도토스의 『역사』에는 스파르타 여성 고르고에 관한 두 편의 얘기가 전한다. 8살 때 고르고는 아버지인 스파르타 왕 클레오메네스로부터 이오니아(지금의 터키) 밀레토스의 참주인 아리스타고라스와 회동하는 자리에 와 앉아 있으라는 명을 받는다. 아리스타고라스는 페르시아의 지배에서 벗어나기 위해 스파르타의 지원을 얻어낼 심산으로 클레오메네스에게 뇌물을 제안했다(그러면서 페르시아인들은 여자 같은 바지를 입는 족속이므로 쉽게 물리칠 수 있다는 얘기도 한다). 그런데 고르고는 아리스타고라스가 가져온 누런 봉투가 스파르타를 타락시킬 것이라고 떠들었다. 꼬마가 중간에 끼어든 것에 대해 아버지는 대단히 흐뭇해했다. 이후 어른이 된 고르고는(다시 헤로도토스의 설명이다) 레오니다스와 결혼했다. 레오니다스는 얼마 후 스파르타의 왕이 되어 페르시아와의 싸움에서 전쟁 영웅이 된다. 그런데 정체를 알 수 없는 편지가 왔다. 밀랍 판에는 아무것도 쓰여 있지 않았다. 고르고는 좋은 아이디어가 떠올라 밀랍을 긁어보라고 했다. 그러자 밀랍 아래 있는 나무판에 스파르타에서 추방된 전임 왕 데마라토스가 보낸 편지가 적혀 있었다. 조국을 생각하는 마음이 조금은 남아 있었던지 동포들에게 새로 사귄 절친인 페르시아 왕 크세르크세스가 그리스를 침공할 계획이니 대비를 단단히 하라고 당부하는 내용이었다.

이런 소문도 있다. 한번은 어떤 외국인 여행객이 고르고에게 "당신네 라코니아 여자들은 남자를 지배하는 유일한 여자"라고 말했다. 그러자 고르고는 "그것은 우리가 (진짜배기) 남자를 낳는 유일한 여자들이기 때문"이라고 답했다. (라코니아는 스파르타 일대를 일컫는 지명이다.) 플루타르코스의 『스파르타 명언집 Spartan Sayings』에 실린 이 말은 잭 스나이더 감독이 테르모필레 전투(BC 480년 스파르타가 중심이 된 그리스 연합군이 페르시아 대군을 맞아 싸운 전투. 레오니다스 왕이 이끄는 스파르타군 300명이 끝까지 싸우다 전원 전사했다—옮긴이)를 생동감 넘치게 묘사한 영화 〈300〉(2007)에서 여주인공 레나 헤디(고르고 왕비 역)가 읊는 바로 그 대사다. 플루타르코스는 스파르타 여성들의 재치 있는 발언을 꽤 많이 기록으로 남겼다. 스파르타의 명장으로 펠로폰네소스 전쟁의 영웅인 브라시다스의 어머니 아르길레오니스는 아들을 전쟁터로 보내면서 "방패를 들고 돌아오든지 방패에 실려 돌아와라"(이기고 살아오든지 장렬하게 전사하라는 뜻—옮긴이)고 했다고 한다. 이 대사가 〈300〉에서는 스파르타 왕비 고르고가 한 말로 그럴듯하게 둔갑한다.

반면에 부유하고 존경 받는 점잖은 집안의 아테네 여자들은 길거리에서 지나가는 사람들에게 말을 걸거나 낯선 사람에게 대문을 열어주는 일은 상상하기 어려웠을 것이다. 그들은 요리, 뜨개질, 자녀 양육 등등 가사에 전념해야 했다. 공식적으로 아테네 여성도 재산을 상속 받을 수 있었다. 그러나 현실에서는 그런 일이 생길 경우 가까운 남자 친척이 남편이라고 선언하며 재산 처분권을 행사했다. 그나마 아테네의 모든 여성이 부유하거나 존경 받는 것도 아니었다. 가난한 아테네 시민의 아내들은 아고라agora라고 하는 시장의 가게에 나가 일을 했을 것이다. 물론 창녀도 많았고, 그 대부분은 노예였다. 이들은 디필론 성문 바로 옆에 있는 케라메이코스 구역에 가면 흔히 볼 수 있었다.

뇌쇄적인 향수를 뿌리고 다니는 고급 콜걸은 일반 매춘부와는 별도로 헤타이라hetaira라고 했다. '동반자'라는 뜻이다. 일반 매춘부들과 달리 헤타이라는 고상하고 재능과 식견을 겸비한 족속이었다. 그래서 '돈을 주고 산' 관계이지만 선물을 사주고 각종 혜택을 베푸는 식으로 고상하게 치장을 했다. BC 4세기의 위대한 조각가 프락시텔레스는 애인인 프리네를 위해 사랑의 여신 조각상을 만들어주었고, 그녀는 이 상을 테스피아이에 있는 에로스 신전에 봉헌했다고 한다. 프리네는 프락시텔레스의 모델 노릇도 했다. 또 대단한 거부여서 알렉산더 대왕이 테베시 성벽을 파괴한 이후 재건축 자금을 대기도 했다. 정치가 페리클레스가 헤타이라 아스파시아의 파트너였다는 사실은 유명하다. 아스파시아는 페리클레스에게 많은 영향을 끼쳤다는 이유로 희극 무대에서 조롱거리가 되었다. 아리스토파네스의 희극 『아카르나이 사람들Acharnians』에서는 아스파시아가 사실상 펠로폰네소스 전쟁을 유발한 장본인으로 나온다. 이 작품(페리클레스가 죽은 뒤인 BC 425년에 처음 공연됨)에서 주인공 디카이오폴리스는 페리클레스가 아스파시아에 푹 빠진 나머지 덜컥 스파르타에 선전포고를 했다고 주장한다. 그녀가 운영하는 매음굴 소속 창녀 둘이 유괴를 당하자 되찾아주기 위해 그런 결정을 내렸다는 것이다. 플루타르코스의 페리클레스 전기는 "페리클레스가 아스파시아를 그토록 좋아한 것은 똑똑하고 정치적 수완이 뛰어났기 때문"이라고 주장한다.

성매매를 제외하고 아테네 여성들이 집 밖에서 중요한 역할을 하는 경우는 종교 의식과 연극이었다. 여자들만 참여할 수 있는 연례 종교 행사가 많았다. 예를 들어 테스모포리아 축제의 경우 기혼 여성들이 아크로폴리스 서쪽 프닉스 언덕에 있는 데메테르(농업과 가족의 여신) 성소(聖所)에서 사흘 동안 제례를 올렸다. 가을에 다산과 풍요를 비는 이 의식에서 참석자들은 아마도 데메테르 여신이 딸 페르세포네를 잃고 비통해하는 모습을 흉내 냈을 것이다. 페르세포네는 하계의 왕 하데스에게 납치됐다. (신화에 따르면 하데스는 납치한 페르세포네에게 속임수를 써서 석류 알을 먹게 했다고 한다. 하계에서는 일단 음식을 먹으면 그걸로 끝이었다. 다시 지상으로 돌아갈 수 없다는 얘기다. 하지만 데메테르는 딸을 잃은 것이 너무도 애통해 대지를 돌보지 않았고, 그 바람에 대지는 곡식을 생산하지 못했다. 그래서 페르세포네의 아버지인 제우스 신이 끼어들어 규칙을 자의적으로 해석해 타협책을 내놓았다. 결국 페르세포네는 일 년 중 얼마간은 하계에서 남편인 하데스와 지내고, 얼마간은 어머니인 데메테르와 지내게 됐다. 데메테르가 딸이 없어 슬퍼하는 기간은 지상에서 겨울이 됐고, 어머니와 딸이 다시 만나 함께 지내는 기간은 여름이 됐다.)

수많은 아테네 비극의 주제에서 가장 놀라운 점은 일상생활과는 완전히 동떨어진 세계를 그린다는 것이다. 이쪽 객석에는 당대의 급진적인 민주정 체제에서 삶을 영위해가는 사람들이 앉아 있고, 저쪽 무대에서는 비극이 진행된다. 극히 일부 예외가 있기는 하지만 비극의 무대는 오래 전, 그리고 이곳에서 아주 멀리 떨어진 장소다. 왕과 신, 영웅들이 아테네의 무대를 활보한다. 그런 연극들은 당대 폴리스의 정치 · 사회적 현실을 도외시했다기보다는 오랜 세월 전해오는 이야기들을 가지고 현실을 걸러냈다고 할 수 있다. 지금 여기와 가장 가까운 것을 가급적 멀리 떨어뜨려놓고 볼 때 오히려 미묘한 부분까지 잘 짚어내는 경우가 왕왕 있다. 최근 영국의 정책, 특히 중동 지역 외교 정책에 관한 시의적절한 언급들이 그리스 드라마 대사에서 빌려 온 경우가 많은 것도 어쩌면 그 때문일 것이다. 그리스 드라마에도 그 작품들이 쓰였을 당시 아테네의 외교 정책에 관한 간접적인 언급이 들어 있다.

이처럼 아주 먼 곳의 오래 전 이야기들에는 여자도 많이 등장했다. 여성들은 소신을 분명히 밝히고, 할 일을 당당하게 했다. 하루 종일 베를 짜면서 집 안에만 틀어박혀 있었던 것이 아니다. 예를 들어 아이스킬로스가 그려낸 클리템네스트라를 보자. 『오레스테이아』 3부작에서(91~93쪽 참조) 클리템네스트라는 트로이 전쟁에서 돌아온 남편 아가멤논을 과할 정도로 환영한다. 그러나 뒤로는 정부인 아이기스토스와 함께 남편 살해를 모의 중이다. 남편이 전쟁 초기 트로이로 떠날 때 순조로운 항해를 위해 딸 이피게니아를 제물로 바쳐 죽인 데 대한 복수를 도모한 것이다. 여러 면에서 클리템네스트라는 그리스인들에게 괴물 같은 여자의 전형이었다. 『오디세이』에서는 정절 굳은 페넬로페와 정반대되는 인물로 나온다. 그러나 『오레스테이아』에서는 격정이 요동치는 심오한 대사들을 고려할 때 그녀는 위협적이고 강력한, 대단한 캐릭터이기도 하다. 하지만 그런 캐릭터를 당대의 관객들이 어떻게 '받아들였을까'는 의문이다. 클리템네스트라는 소름 끼치는 괴물 같은 존재였을까? 아테네 남성 시민들에게는 악몽 같은 존재였을까? 아니면 그 이상의 뭐가 있었을까? 클리템네스트라는 완전히 정 떨어지는 캐릭터만은 아니다. 그녀의 행동에는 적어도 심리학적으로 납득이 가는 부분이 있다.

소포클레스의 안티고네도 생각할수록 묘한 인물이다. 그녀는 오이디푸스 왕의 딸로 오이디푸스가 자기 아버지를 살해하고 어머니와 결혼했다는 끔찍한 사실을 알게 된 이후 아버지와 함께 방랑살이를 하고 있다(2장 참조). 안티고네의 외삼촌 크레온은 오이디푸스가 떠난 뒤 테베의 왕이 됐다. 안티고네에게는 에테오클레스와 폴리네이케스라는 두 오빠가 있었다. 에테오클레스는 조국 테베에 충성했지만 폴리네이케스는 왕위를 차지할 욕심으로 군사를 규합해 반란을 일으켰다. 형제는 전투 중 서로를 죽였다. 크레온은 반역자인 폴리네이케스의 정식 매장을 금하는 명을 내린다(국왕으로서 당연한 조치다). 하지만 안티고네는 이런 명령을 어기고 오빠를 매장해준다. 이런 거역 행위로 그녀는 사형을 받게 된다. 크레온의 아들이자 안티고네의 약혼자인 하이몬이 부왕에게 살려달라고 호소했지만 소용없었다. 마침내 예언자 테이레시아스가 나타나 폴리네이케스를 매장한 것은 신의 뜻이었다는 사실을 밝힌다. 그러나 크레온이 형의 집행을 돌이키기에는 이미 늦었다. 안티고네는 죽었다. 그러자 하이몬도 따라서 자살을 했고, 나중에는 크레온의 아내도 자결한다. 크레온은 이렇게 인간적으로는 완전히 파탄이 나고 만다.

이처럼 얽히고설킨 사건은 무엇을 말하고자 하는 것일까? 『오레스테이아』에 대한 일반적인 해석은 안티고네가 분명히 옳다는 것이다. 그리고 많은 독자들이 이 작품을 분명 그런 식으로 해석해왔다. 안티고네라는 개인이 억압적인 권위에 맞서 반기를 들다가 순교를 당했고, 그녀의 입장은 결국 옳았다는 것이다. 우리가 보기에는 타당한 해석이다. 제2차 세계 대전 당시 독일군 점령 하의 프랑스에서도 안티고네는 그런 식으로 재해석돼 무대에 올랐다(프랑스 극작가 장 아누이의 안티고네 버전). 그러나 크레온이 정상적으로 정치적 권위를 옹호했다는 점을 강조하는 사람들도 있었다. 충성의 핵심으로서의 폴리스를 대변했다는 얘기다. 투키디데스에 나오는 페리클레스의 추도 연설을 다시 보자. 여기서 페리클레스는 청중들에게 아테네에 대한 '사랑'을 강조하면서도 추모 대상인 전사자들의 이름은 한 명도 언급하지 않는다. 이런 이데올로기에서 중요한 것은 폴리스에 대한 집단의 헌신이지 개인의 행위나 의도가 아니다.

이번에는 에우리피데스의 『메데이아Medea』를 보자. 무대는 코린토스다. 이아손은 흑해 연안의 콜키스에서 황금 양털을 훔쳐가지고 돌아왔다. 이 보물을 손에 넣는 데 도움을 준 것이 메데이아 공주였다. 메데이아는 이아손을 사랑하게 되고 두 사람은 결혼한다. 둘 사이에는 아들 둘까지 생겼다. 하지만 이아손은 메데이아를 버리고 코린토스 왕의 딸인 글라우케 공주와 결혼한다. 메데이아의 분노는 극에 달했다. 코린토스 여자들로 구성된 코러스에게 던지는 그녀의 첫마디는 다음과 같이 이어진다.

> 분명, 생명을 가진 그 모든 피조물 중에서 우리 여자들이
> 가장 비참한 존재지요. 거액의 지참금을 주고
> 남편이랍시고 사 와 가지고는, 어쩔 수 없이 그를 또
> 우리 몸의 소유자로 받아들여야 하네요. 그러면서 상황은
> 더더욱 악화되지요. 산 넘어 태산이라고, 우리가 남편으로 삼은
> 그 인간은 나쁜 놈일까 좋은 자일까?
> 여자들에게 이혼은 쪽팔리는 일이고, 남자를 내쫓기도 불가능한 것.

더구나 외국에서 시집온 여자라면, 법률도 낯설고
관습도 잘 몰라 마법 같은 재주가 있어야만
시집에서 해서는 안 되는 일이 뭔지, 침대를 같이 쓰는
남자는 어떻게 다루어야 하는지 알 수 있으니. 그토록 어렵사리
잘 해내고, 우리 남편이 결혼의 질곡을 벗어나려고
몸부림치지 않으면 남들은 다 부러워하지요.
하지만 그게 아니라면 죽는 편이 나아요. 남자는
집에 있는 반려자가 싫증나면 바깥으로 돌다가
지루함을 달래줄 해결책을 찾지요. 우리 아내들은 하는 수 없이
한 남자만 바라보고 산답니다. 그런데도 저들은 우리한테 집에서
편히 산다고, 자기들은 전쟁에 나간다고 떠들어대지요. 얼간이들!
나 같으면 애를 하나 낳느니 최전선에 세 번 나가겠어요.

『메데이아』 230–251행

영역: 필립 벨라코트

'옳소!' 라고 외치고픈 마음 간절하다. 이 구절이 에우리피데스가 살았던 시대의 아테네 여성들의 실제 삶에 대한 언급이라는 것은 쉽게 알 수 있다. 하지만 메데이아는 나중에 괴물 같은 마녀임이 밝혀진다. 무시무시한 마법을 쓰는 메데이아는 남편 이아손과 결혼하는 글라우케에게 독이 든 옷과 관을 선물해 살해한다. 이아손과 사이에 낳은 두 친아들도 죽인다. 배신한 남편을 응징한다는 의도였다. 이어 메데이아는 친할아버지인 태양신 헬리오스의 전차를 타고 멀리 아테네로 떠나 거기서 성소를 찾는다. 일반인의 행태로는 이해가 가지 않는 행동이다.

에우리피데스는 『바카이The Bacchae』('디오니소스 신을 모시는 여신도들'이라는 뜻이다—옮긴이)에서도 여자들의 힘과 성적 매력에 대한 공포를 자극한다. 이 비극에서 디오니소스 신은 테베로 와서 자신이 태어난 장소에 비밀 종교 결사체를 설립한다(디오니소스는 제우스 신과 테베의 공주 세멜레 사이에 태어난 아들이다). 그는 한 무리의 외국 여자들을 거느리고 등장하는데 이들을 '마이나데스maenads'('미쳐 날뛰는 여자들'이라는 뜻이다—옮긴이) 또는 '바칸테스bacchantes'〔'바쿠스(디오니소스에 해당하는 로마 신화의 신)를 추종하는 여신도들'이라는 뜻이다—옮긴이〕라고 한다. 이들은 디오니소스를 숭배하는 여자들로 작품에서는 코러스를 구성한다. 이들은 부드럽고 평화적일 때도 있지만 여자들만 참여할 수 있는 광란의 의식을 치를 때에는 야생동물을 맨손으로 찢어 죽이기도 한다.

하지만 이러한 새로운 종교 의식에 대해 테베 사람들은 거부감을 보인다. 테베의 왕인 펜테우스는 디오니소스 신의 존재를 아예 부인한다. 세멜레의 친자매들도 마찬가지다. 그중 한 명이 펜테우스의 어머니인 아가베다. 디오니소스는 매혹적인 캐릭터다. 그토록 부드러우면서도 치명적이고 성적으로도 남성인지 여성인지 모호한 것이 매력이다. (2007년 스코틀랜드 내셔널 시어터National Theatre of Scotland가 상연한 〈바카이〉에서 디오니소스 역을 맡은 배우 앨런 커밍이 스코틀랜드식 남자 스커트를 입고 나왔다가 엉덩이를 드러낸 채 천장에서 밑으로 곤두박질치던 장면은 지금도 기억이 생생하다.) 자신을 부인하는 자들에 대한 디오니소스의 복수는 처절하다. 디오니소스 신은 펜테우스의 음탕한 욕망과 억눌린 성적 호기심을 자극하면서 유혹해 여자 옷을 입고 디오니소스 종교 축제를 엿보게 만든다. 그런데 이 축제에는 펜테우스의 어머니도 참가하고 있었다. 당황한 펜테우스는 여장을 한 상태로 디오니소스에게 이끌려 키타이론 산(山)으로 가서 축제를 보게 된다. 그러나 그는 결국 죽고 만다. 어머니 아가베가 디오니소스에게 홀려 무아지경에 빠진 상태에서 아들을 동물로 잘못 알아보고 머리를 잡아 뜯어냈기 때문이다.

고전 시대 그리스에는 실제로 디오니소스 신을 모시는 여사제들이 있었다. 일단의 여성 사제들은 격년으로 산에 들어가 디오니소스 신을 숭배하는 의식을 치렀다. 어느 날 아침 일어나 보니 부인이 나가고 없었을 때 남편들은 아마 황당했을 것이다. 〔도나 타트의 『비밀의 계절The Secret History』(1992)에서는 고전학을 전공하는 미국 대학생들이 디오니소스 축제를 재현하려다가 끔찍한 결과를 빚게 된다. 이 소설도 꽤 읽어볼 만하다.〕

실제의 아테네 여자들은 대부분 아무 말이 없다. 투키디데스와 페리클레스가 당부했듯이 남들 입에 오르내리지도 않는다. 흥미로운 여성 캐릭터들에게 발언 기회를 주는 것은 결국 역사가인 헤로도토스다.(그가 소개하는 수완 좋고 현명한 여자들 가운데 아테네 여자는 하나도 없다.)

우선 리디아의 왕인 칸다울레스의 아내(성명 미상)가 있다. 칸다울레스는 부하에게 왕비의 벌거벗은 몸을 엿보게 했다. 이런 무례한 행위에 대한 왕비의 복수는 리디아 제국 전체에 심각한 결과를 초래한다. 〔앤서니 밍겔라 감독이 1996년에 만든 영화 〈잉글리시 페이션트The English Patient〉에서는 여주인공 캐서린(크리스틴 스콧 토머스)이 칸다울레스 전설을 이야기한다. 이 책 6장을 보라.〕

또 미개한 마사게타이족의 호전적인 여왕 토미리스가 있다. 토미리스는 페르시아의 키루스 대왕을 격파한 뒤 그의 시신 머리를 피를 가득 담은 가죽 부대에 처박는 기행을 연출했다. (셰익스피어의 연극 『헨리 6세

Henry VI』에서 오베르느 백작부인은 강력한 전사 탤보트를 살해할 음모를 꾸미면서 이렇게 말한다. "계획은 다 됐어. 모든 게 잘 되면 나는 이번 일로 아주 유명해질 거야. 키루스를 죽인 스키타이의 토미리스처럼 말이야.")

파이디미아도 등장하는데 그녀는 페르시아 캄비세스 대왕의 후계자인 스메르디스가 가짜임을 밝혀낸다. (파이디미아는 스메르디스가 잠든 사이 몰래 머리를 만져본다. 결정적인 증거가 된 것은 가짜 스메르디스에게는 귀가 없다는 점이었다.)

페르시아 다리우스 대왕의 부인 아토사도 나온다. 아토사는 어느 날 밤 남편과 침대에 누워 제국주의적 야심을 그리스로 돌리라고 유혹한다. (아토사는 "라코니아 여인들과 아르고스 여인들과 아티카 여인들과 코린토스 여인들에 관한 얘기를 들었는데 그 여인들을 하녀로 갖고 싶어요"라고 속삭인다. 헤로도토스의 그리스인 청중들이 이 대목을 들으면서 등에 식은땀을 흘렸을 것이 족히 상상이 간다.)

이어서 등장하는 인물이 페르시아의 동맹국이자 그리스계 도시 할리카르나소스(헤로도토스가 태어난 곳으로 지금의 터키 휴양도시 보드룸이다)의 여왕 아르테미시아다. 그녀는 페르시아 대왕 크세르크세스가 그리스를 침공할 때 합리적인 전술적 조언을 많이 해주었을 뿐 아니라(크세르크세스는 타당한 조언이라고 인정하면서도 무시해버린다) 살라미스 해전 때는 페르시아 진영에서 유일하게 전쟁 영웅으로 두각을 나타낸다. 적어도 크세르크세스는 그렇게 생각했다. 해전 당시 그녀가 지휘하는 함선은 아테네 함선의 추격을 받게 된다. 앞으로 나아가는 길은 다른 배들로 막힌 상태였다. 아르테미시아는 배를 돌려 아군 배 한 척을 들이받는다. 그러자 추격해오던 아테네 함선은 그녀를 그리스군 동맹자로 간주하고 뱃머리를 돌린다. 그녀가 들이받은 배는 침몰하고, 거기 탔던 승무원은 모두 실종된다. 이 모든 장면을 지켜보고 있던 크세르크세스는 깊은 감명을 받는다. 들이받힌 배가 적선이라고 생각한 것이다. 그리고 그녀에게는 다행스럽게도 침몰한 배에서는 살아난 사람이 하나도 없었다. 크세르크세스에게 사실은 아르테미시아가 배신을 한 것이라고 말해줄 사람이 없어진 것이다. 헤로도토스에 따르면 크세르크세스는 당시 큰 소리로 "우리 군대에서는 남자들은 여자가 되고, 여자들이 남자가 되었구나"라고 외쳤다고 한다.

아르테미시아는 BC 5세기에 여자가 (비록 '적군' 편에 선 인물일지라도) 남자보다 뛰어난 모습으로 등장하는 극소수 역사적 사례 중 하나다. 솔직히 같은 여성으로서 대단히 반갑다. 그리스 여성들은 침묵을 강요당하고, 모습을 드러내지 못하고, 불필요한 공포의 대상이 되었지만 그 존재를 완전히 지워버릴 수는 없었다. 남자들의 상상과 공상을 거쳐서 나온 모습에서나마 우리는 그들이 수완 좋고, 지적이며, 힘을 주는 존재라는 것을 느낄 수 있다. 오디세우스가 능수능란하고 간교한 지혜가 번득이는 인물의 전형이라면 페넬로페는 어쩌면 그보다 한 수 위다. 오디세우스 같은 허구의 영웅이 만만찮은 고르고나 호전적인 토미리스, 또는 이익에 따라 냉철하게 행동하는 교활한 아르테미시아 같은 현실의 여왕들을 따돌리느라 애를 먹는 모습을 본다면 정말 고소하겠다.

5장 전쟁과 역사

호메로스, 헤로도토스, 투키디데스의 경우

호메로스와 전쟁

'아라비아의 로렌스'로 통하는 토머스 로렌스는 호메로스를 어찌나 좋아했던지 그의 서사시를 번역하기도 했다(번역문은 다소 지루하다). 그러나 시인의 전쟁 묘사가 현실감이 떨어지는 데 대해서는 서슴없이 비아냥거렸다. 호메로스의 전투 장면 묘사는 다 틀렸다고 그는 생각했다. 아라비아에서 많은 실전을 경험한 영국군 장교 출신의 로렌스는 호메로스를 "책상물림"으로 "온실에서 큰 사람"임이 분명하다고 봤다. 반면에 본인은 "멧돼지를 사냥하고 야생 사자를 목격한 것도 한두 번이 아니었다." 멧돼지와 사자는 잡아먹을 듯이 적에게 달려드는 전사들을 묘사할 때 호메로스가 자주 비유하는 동물이다.

오랜 세월 수많은 학자와 독자들이 지적해온 것처럼, 호메로스의 전투 장면은 좋게 말해서 양식화된 묘사다. 전사들은 전차를 가지고 있지만 이상하게도 전쟁터로 이동할 때만 전차를 사용한다. 군인들은 항상 그 자리에서 즉사한다. 할리우드 영화에서 캐릭터들이 폼 나게 죽는 것처럼 그들의 종말은 지나칠 정도로 쿨하다. 어지러운 난투의 한복판에서 양쪽 전투원들은 무슨 여유가 있는지 장광설을 주고받는다. 사실적으로 보면 말도 안 되는 소리다. 셰익스피어의 역사극에 나오는, 현실에서는 가능할 것 같지 않은 전쟁터 조우 장면과 별반 다르지 않다. 예를 들어 『일리아드』 6권 전투 장면에서 양쪽 진영의 영웅인 디오메데스와 글라우코스는 한참 동안 대화를 나눈다. 특히 글라우코스는 집안 내력을 상세하게 설명한다. 『일리아드』에서 벌어지는 전투 관련 사건들을 꼼꼼히 따져보면 상당 부분 말이 안 되는 것이 사실이다.

하지만 『일리아드』는 인류사 최초의 위대한 책인 동시에 위대한 전쟁 관련서이기도 하다. 그리고 이후로 우리 인간이 전쟁을 보는 시각에 깊은 영향을 미쳤다. 군인들도 『일리아드』에 매료됐다. 알렉산더 대왕은 베개 밑에 『일리아드』를 깔고 잤다고 한다. 미국 육군사관학교 웨스트포인트(별칭이 스파르타다. 그럴듯하지 않은가?)에서는 지금도 이 책을 문학 강의 교재로 사용하고 있다. 웨스트포인트 문학 담당 엘리자베스 새밋 교수는 육사가 양성하고자 하는 '시민병**citizen soldier**'(용병이나 직업 군인과 달리 공동체가 외침에 직면하거나 독재자에게 억압당할 때 시민으로서 공동체를 수호하기 위해 무기를 드는 군인을 말한다—옮긴이)의 완벽한 모델로 트로이의 왕자 헥토르를 꼽는다. "헥토르의 군사적 야심은 내가 볼 때 자신이 수호하고자 하는 도시와 문화의 존립과 항상 밀접한 관계가 있다." 새밋은 저서에서 이렇게 지적하면서 헥토르를 대단히 미국적인 스타일의 인물로 묘사했다. 또 2004~2005년 미군 인사 담당 책임자

고문을 지낸 정신과 의사 조너선 셰이는, 친구인 파트로클로스가 전사했을 때 아킬레우스가 느낀 말할 수 없는 비통함과 보복욕에 대해 베트남전 때 미군들이 실제로 경험한 광적인 분노와 비슷하다고 설명했다. 셰이의 저서 『베트남의 아킬레우스: 전투 트라우마와 인격 파탄Achilles in Vietnam: Combat Trauma and the Undoing of Character』(1995)이 호메로스를 분석하는 시각은 많은 고전학자들에게 충격을 던졌다. 고전학자들은 아킬레우스의 광적인 분노를 '진짜' 군인의 감정을 사실적으로 묘사한 것이라기보다는 순전히 문학적인 상상으로 여기는 경향이 있었기 때문이다.

한편 글라우코스와 디오메데스의 '비현실적인' 만남도 사실은 대단히 인간적인 발상을 보여준다. 친구가 될 수도 있었을 두 남자가 전쟁에 휘말려 서로 싸울 수밖에 없게 되는 잔인한 사실을 보여주는 것이다. 호메로스의 주인공들은 개인적 영광과 명예를 위해, 불멸의 명성을 위해 싸운다. 물론 그들의 삶은 갑작스러운 죽음으로 중단된다. 그런데 이렇게 전쟁에 몰입하면서도 일부 주인공—특히 아킬레우스—은 전쟁을 비판한다. 『일리아드』 1권에서 아킬레우스는 트로이인들이 자신에게 아무런 해도 끼친 적이 없다는 점을 지적한다. 그런데도 전투에 나선 이유는 오로지 아가멤논에 대한 도리 때문이다. 이런 정서는 전쟁에 신물이 난 병사들도 수천 년 동안 수없이 표현했을 감정이다. 전사의 행동수칙이라는 것이 얼마나 공허한지를 아킬레우스는 9권에서 잘 보여준다. 그는 아가멤논이 보낸 '사절들'이 전쟁터로 돌아오라고 촉구하자 이렇게 답한다.

뒷전에 처져 있는 자나 열심히 싸우는 자나 똑같은 몫을 받고
비겁한 자나 용감한 자나 똑같은 명예를 누리고 있소.
일하지 않는 자나 열심히 일하는 자나 죽기는 매일반이오.

『일리아드』 9권 385-388행

그러나 호메로스는 평화만능주의자는 아니다(아킬레우스는 말할 것도 없다). 병사들 간의 전투는 피가 튀고 끔찍하기도 하지만 장관으로 느껴지기도 한다. 시인이 영웅적인 전사들(이들에 비하면 오늘날의 남자들은 그림자에 불과하다고 호메로스는 말한다)의 충돌을 실제보다 훨씬 흥미진진하게 묘사하는 특이한 방식 가운데 하나는 폭넓은 비유법의 사용이다. 헥토르(디오메데스나 아이아스 또는 누구라도 상관없다)가 적을 향해 돌진할 때 그는 자연의 강력한 힘에 비유되곤 한다. 그것은 회오리바람일 수도 있고 멧돼지일 수도 있다. 『일리아드』 15권 마지막, 헥토르가 힘이 점점 커지다가 정점에 달해 결국 파트로클로스를 죽이는 대목에서 호메로스는 그를 소떼를 혼비백산하게 만드는 사자, 새떼에게 돌진하는 독수리와 같다고 말한다. (호메로스를 끔찍이 떠받드는 소설가 필립 풀먼은 3부작 『황금 나침반』 1부 『북방의 빛Northern Lights』에서 이 기법을 차용했다. 그는 무장한 곰족 이오퍼와 아이오렉이 일대일 대결에서 상상을 절하는 힘을 발휘하는 모습을 이렇게 묘사한다. "마치 거대한 두 바윗덩어리가 산 정상에서 딱 붙은 채 균형을 이루고 있다가 지진에 흔들려 떨어져나가면서 산비탈을 타고 마구 퉁퉁 굴러 떨어지면서 가속도가 붙는 형국이다.") 여기서 또 하나 진짜 호메로스다운 비유법의 예를 보자. 아킬레우스는 파트로클로스가 죽자 홍수처럼 밀려드는 분노에 싸여 광포하게 날뛰는 초인적인 전사

로 돌변하고, 달아나는 트로이 군사들을 마구 죽여 트로이 인근 스카만드로스 강에 처박는다. 이어 충격적인 장면이 연출된다. 그가 무자비하게 시체들을 강물에 처박자 강이 목이 조인 나머지 결국 화를 참지 못하고 아킬레우스에게 덤벼드는 것이다.

> 마치 무엇이든 잡히는 대로 집어삼키는 목구멍이 큰
> 돌고래 앞에서 다른 물고기들이 겁을 먹고 달아나
> 배 대기가 좋은 포구의 만을 가득 채우듯이,
> 꼭 그처럼 트로이인들은 무서운 강의 물줄기를 따라
> 가파른 강둑 밑에 웅크렸다.
>
> 『일리아드』 21권 25-29행

아킬레우스는 물고기를 사냥하는 한 마리 돌고래와 같다. 이런 해양학적 비유는 강물을 배경으로 전개되는 장면과 완벽하게 어울림으로써 호메로스의 독특한 면모를 과시한다.

아킬레우스가 트로이의 젊은 병사 12명을 파트로클로스 무덤에 제물로 바칠 요량으로 산 채로 끌어가는 것은 바로 이 대목에서다. 일종의 인신공희로 『일리아드』 특유의 극단적인 상황 설정을 용인한다 해도 너무 끔찍하다. 이처럼 호메로스의 묘사는 때로 우리를 미소 짓게 만들지만 때로는 공포에 떨게 한다. 창이나 화살이 사람 몸을 뚫고 들어가는 장면을 묘사하는 부분에서는 피가 얼어붙을 정도의 섬뜩함이 느껴진다(16권에서 파트로클로스가 낚시꾼이 낚시 바늘로 물고기를 낚듯이 창으로 트로이 병사를 낚는다는 표현이 나온다). 하지만 무한한 연민을 느끼게 하거나 한없는 아름다움에 감탄하게 되는 대목도 있다. 테우크로스가 쏜 화살에 트로이군의 고르귀티온이 맞아 죽는 장면의 비유가 유명한 것은 과연 이유가 있다.

> 마치 양귀비가 정원에서 붉은 꽃을 터뜨리고는
> 제 열매와 봄비의 무게를 이기지 못해
> 한쪽으로 고개를 숙이듯이, 꼭 그처럼
> 고르귀티온은 투구의 무게를 이기지 못해
> 한쪽으로 고개를 떨어뜨렸다.

『일리아드』 8권 349-353행

이 구절을 읽노라면 제1차 세계 대전 당시 일진일퇴를 거듭하던 병사들에게 절절하게 다가왔을 표현이라는 생각을 지울 수 없다. 당시 어느 쪽도 완전히 장악하지 못한 중간 지대 풀밭에는 여름이면 선홍색 양귀비가 지천으로 피어났다.

호메로스가 『일리아드』에서 구사하는 비유법이 특히 내 마음에 드는 이유는 소박하고 목가적인 평화로운 세계를 떠올리게 하기 때문이다. 그것은 지금은 유혈이 낭자한 전쟁 속에 사라져서 존재하지 않는 전원의 세계다. 『일리아드』 11권에서 아이아스가 트로이군에게 밀려 서서히 후퇴하는 상황에서 그는 고집 센 당나귀 같은 모습을 보인다. 옥수수밭에 뛰어든 당나귀를 아이들은 안간힘을 다해 몰아내려 하지만 당나귀는 끝까지 버틴다. 다음 권에서는 양쪽 군대가 이웃한 농부들이 밭의 경계를 가지고 다투는 것처럼 싸움을 벌인다. 13권에서는 화살이 날아와 메넬라오스의 방패에 맞고 툭 떨어지는 모습이 삽에 맞아 튕겨나가는 콩알로 묘사된다. 그 다음 권에서는 아이아스가 던진 큰 바위에 헥토르가 맞아 '팽이처럼' 빙글빙글 돌아가는 장면이 나온다. 그리고 15권에서는 아폴론이 그리스군의 방벽을 꼬마가 모래성을 발로 툭 차서 무너뜨리듯이 힘도 안 들이고 무너뜨린다. 16권에서는 제우스의 아들인 트로이의 동맹자 사르페돈이 죽자 전사들이 그의 시신을 에워싸는 장면이 등장한다. 우유 통 주변에 몰려든 벌레들 같다.

아이들은 깔깔거리며 놀고 농장은 평화로웠던 저 먼 과거의 세계를 잠시나마 연상하게 될 때 독자는 한없는 서글픔 같은 것을 느낀다. 비유법은 아니지만 호메로스는 22권에서 다시금 과거에 대한 향수에 젖게 하는 장면을 묘사한다. 아킬레우스가 헥토르를 죽어라고 추적한다. 마치 악몽 속에서 끝없이 펼쳐지는 경기처럼 트로이의 성벽을 돌고 또 돈다. 두 사람은 쫓고 쫓기며 한없이 돌아간다. 그러다가 갑자기 호메로스는 서술의 속도를 죽인다. 그러고는 여느 때와 달리 주변 풍경 묘사로 방향을 튼다. 헥토르와 아킬레우스는 야생 무화과나무를 돌아서 스카만드로스 강의 수원이 되는 두 샘물을 지나 천연석으로 된 빨래 통을 돈다.

> 그리고 그곳 샘물 바로 옆에는 돌로 만든 아름답고 널찍한
> 빨래 통들이 있었는데, 아카이아족(그리스인)의 아들들이 오기 전
> 그 옛날 평화로운 시절에는 트로이인들의 아내들과
> 고운 딸들이 그곳에서 번쩍이는 옷들을 빨곤 했다.
> 그 옆을 그들은 지나갔다.

『일리아드』 22권 183-187행

이런 빨래 통을 쓸 일은 다시는 없을 것이다. 빛나는 의상을 걸친 트로이의 아름다운 여인들의 앞날에는 가혹한 운명이 기다리고 있는 것이다. 아버지와 형제들은 살육당하고 본인들은 노예로 끌려가 온갖 수모를 당하고 외국으로 쫓겨나게 된다.

헤로도토스와 페르시아 전쟁

허구에서 사실로. 헤로도토스가 페르시아 전쟁을 기록할 당시에는 아마도 전쟁의 전후시말이 분명해 보였을 것이다. 페르시아 전쟁도 고대의 트로이 전쟁과 마찬가지로 동방의 이민족이 그리스 연합군에게 패주한 사건이었다. 얼핏 보아도 제2의 트로이 전쟁이라고 할 만하다. 그런데 페르시아 전쟁은 신화 내지 전설에 가까운 트로이 전쟁과 달리 실제였다. 헤로도토스의 연대기—우리가 역사라고 부르는 기록으로는 최초의 사례다—의 첫 대목은 『일리아드』의 도입부를 연상시킨다. 『일리아드』는 아킬레우스의 분노를 노래하라는 신에 대한 기도로 시작된다. 문제의 분노는 그리스군 진영에 닥친 온갖 재앙의 원인이었다. 말하자면 왜 이런 일들이 벌어졌는가에 대한 답을 제시하는 것이다. 헤로도토스도 왜를 묻는다. 다만 그의 경우에는 전쟁의 동기를 허구를 통해 설명하는 대신 인과관계를 역사적으로 더듬어 들어갈 뿐이다. 헤로도토스는 심지어 페르시아 전쟁의 원인(遠因)이 트로이의 헬레네의 경우처럼 유럽과 아시아 사이에 보복전을 하듯이 서로 여자를 납치해갔던 사건들 때문이라고 보는 페르시아 측 주장도 소개한다. 하지만 그는 이런 특이한 해석은 허구라며 받아들이지 않는다.

그렇다면 진실은 무엇이었나? BC 6세기 말의 '고대 그리스인들'은 그리스 본토와 에게 해 및 지중해의 여러 섬, 이탈리아 반도 끝자락과 지금의 터키 서부 연안 일대에 흩어져 살면서 서로 싸우곤 하던 다양한 족속들의 집합체였다. 공통의 언어와 공통의 신(神), 헬라스 전체를 하나로 묶어주는 행사들(특히 유명한 것이 올림픽이었다)로 하나가 돼 있는 상태이기는 하지만 '그리스'라고 하는 단일 공동체 의식은 별로 없었다.

이런 족속들이, 그중에서도 특히 아테네인들이 인류 역사에서 가장 인상적인 지적 혁명을 이룩하고, 위대한 건축가와 극작가, 철학자, 웅변가, 정치인, 역사가를 배출함으로써 서구 세계의 문화적 틀을 만드는 과정은 페르시아 전쟁을 빼놓고는 얘기가 안 된다. 이 전쟁을 통해서 그리스인들은 단일 연맹체를 결성해 외부 침략자들을 몰아냈다. 연맹체에 속한 폴리스는 30~40개에 불과할 정도로 규모도 작고 결속력도 탄탄하지 못했지만 온갖 어려움을 극복하고 승리한 것이다.

BC 6세기 중반 근동에서는 한 강력한 제국이 성장하고 있었다. 페르시아인들은 BC 550년 키루스 왕을 시작으로 후계자들인 캄비세스, 다리우스, 크세르크세스를 거치면서 급속히 영토를 넓혀갔다. 그들은 본거지인 지금의 이란에서 시작해 터키(이오니아로 불리던 터키 연안의 그리스계 도시들 포함)와 현재의 이라크에 해당하는 바빌로니아 제국으로, 그리고 다시 중앙아시아를 거쳐 북으로 아랄 해까지, 이어 인더스 강 유역과 이집트까지 진출했다. 페르시아는 당대의 슈퍼파워(초강대국)였다. 놀라울 정도로 부유하고 극도로 발전된 페르시아 제국은 200년을 존속하다가 BC 330년대 알렉산더 대왕의 전무후무한 정복을 통해 멸망했다.

BC 490~479년 페르시아는 그리스에 상당한 관심을 쏟았다. 하지만 막강한 페르시아 대군은 참으로 희한한 우여곡절 끝에 일단 저지당하고, 마라톤 전투, 아르테미시온 해전, 테르모필레 전투, 살라미스 해전, 플라타이아 전투 등 일련의 유명한 전투에서 고배를 마신다. 근동사를 연구하는 학자들은 그리스를 숭앙하는 사람들에게 수 세대 동안 인간이 알고 있는 세계의 상당 부분을 지배하는 강대국 페르시아에게 당시의 그리스는 그저 짜증나는 약소국에 불과했다는 사실을 잊지 말라고 강조한다. 맞는 지적이다. (헤로도토스의 『역사』에는 이런 사실을 강조하는 놀라운 대목이 나온다. 자신감 넘치는 스파르타인들이 키루스 대왕에게 사절을 보내 이오니아의 그리스계 도시들을 그만 괴롭히라고 말하자 왕 중 왕인 키루스는 옆에 있는 노예 시종에게 "스파르타인들이 누구냐?"고 물었다는 것이다.) 이 모든 얘기는 사실이지만 그리스인들이 페르시아를 격퇴한 사건은 이후 서구 문명에 엄청난 파급 효과를 미쳤다. 그리스 본토가 페르시아 제국에 편입됐다면 아테네는 강성해지지 못했을 것이다. 아테네가 그리스 세계에서 주도권을 잡지 못했다면 BC 5세기의 문화적, 지적, 예술적 풍요를 일궈낸 아테네의 정신적 각성은 분명 일어나지 않았을 것이다. 19세기 영국의 철학자이자 경제학자인 존 스튜어트 밀은 이렇게 말했다. "마라톤 전투는 영국사의 한 사건으로 봐도 헤이스팅스 전투보다 중요하다."〔마라톤 전투는 BC 490년 그리스의 마라톤에서 아테네군이 페르시아 대군을 격파한 전투이고, 헤이스팅스 전투는 AD 1066년 잉글랜드 군대가 침략자인 노르망디공(公) 부대에게 패한 전투다. ―옮긴이〕

페르시아 전쟁의 역사는 헤로도토스를 떼놓고는 생각할 수 없다. 헤로도토스는 당시 그리스계 도시였던 할리카르나소스(지금은 유명 휴양지인 터키의 보드룸이다)에서 BC 485년경 태어났다. 그는 자신의 기록 작업을 그리스어로 '히스토리아historia'라고 불렀다. 과거 사건들에 대한 '탐구enquiry'라는 뜻이다. 오늘날 우리가 이해하는 식의 세계사, 즉 학문 분과 내지는 서술 장르를 지칭하는 전문 용어로서의 세계사라는 개념은 당시에는 존재하지 않았고, 한참 뒤에 아리스토텔레스가 만든 표현이다. 그럼에도 불구하고 헤로도토스는 진정한 '역사의 아버지'(로마의 정치가이자 학자인 키케로가 헤로도토스를 가리켜 한 말)다. 동시에 그는 가장 흥미진진하면서도 지적 가르침을 많이 주는 책 가운데 하나를 쓴 사람이기도 하다. 그런 책을 아직도 읽을 수 있다는 것은 행운이다.

헤로도토스의 『역사Histories』는 흥미진진한 책이다. 후대의 문필가인 투키디데스는 사건을 서술하는 방식에 있어서 헤로도토스보다 훨씬 분석적이고 엄격하며 순수했다. 그리고 서구의 정치가와 군사 전략가들에게 훨씬 중요한 영향을 미쳤음이 분명하다. 하지만 많은 점에서 헤로도토스는 투키디데스보다 풍부하다. 그의 『역사』는 페르시아 제국의 성장과 그리스의 페르시아에 대한 저항 과정을 기록한 책이지만 단순한 역사 서술 이상의 것을 담고 있다. 헤로도토스는 역사의 아버지라는 평을 받고 있지만 민족지, 여행기, 심지어 저널리즘(언론)의 아버지라고 볼 수도 있다. (물론 헤로도토스에게도 선배들이 있었다는 사실을 잊어서는 안 된다. 특히 BC 6~5세기에 활동한 이오니아의 지리학자이자 신화편찬자인 밀레토스의 헤카타이오스Hecataeus of Miletus는 중요한 인물이다. 그의 저서는 지금은 전하지 않는다.)

헤로도토스의 『역사』에서 페르시아 전쟁을 본격적으로 다루는 것은 후반부에 가서다. 이 책은 9권으로 구성돼 있는데 5권부터 전쟁에 이르게 된 직접적인 정황을 서술한다. 특히 문제가 되는 사건은 페르시아의 일부로 이미 편입된 터키 서부 연안(이오니아) 그리스계 도시들이 독립을 되찾기 위해 시도한 '이오니아 반란Ionian revolt'이다. 이후 7권부터는 페르시아의 크세르크세스 대왕이 그리스 원정에 나섰다가 실패하는 과정에 대한 흥미로운 서술이 펼쳐진다.

『역사』의 전반부는 서술 대상의 범위가 훨씬 넓다. 첫머리에서 헤로도토스는 "그리스인과 비(非)그리스인들이 이룩한 중요하고도 괄목할 만한 성취를 기록으로 남겨 보전하고자 한다"고 선언하고, 특히 "그리스인과 비그리스인이 적대하게 된 이유"를 밝히겠다고 말한다. 이 작업을 위해 그는 우선 페르시아의 팽창주의에 대한 장황한 설명을 제시한다. 이것이야말로 페르시아 전쟁의 가장 근본적인 원인이라고 할 수 있는 부분이다. 헤로도토스는 전설적인 갑부인 크로이소스를 포함해 리디아 왕국의 왕들에 관한 이야기로 서두를 장식한다. 리디아는 흑해 연안에서 마르마라 해 남부 연안까지 지금의 터키의 상당 부분과 지중해 일대 그리스계 도시들까지를 망라하는 왕국이었다. 크로이소스는 페르시아를 침공하려다 대패하고, 리디아 왕국은 페르시아의 키루스 왕에게 합병된다. 키루스는 또 바빌론과 아시리아를 침공해 승리했다. 그러나 나중에는 원시적인 마사게타이족을 정복하려다가 예상치 못하게 대패하고 만다. (마사게타이족의 여왕 토미리스는 전쟁터에서 키루스의 시신을 끌어다가 핏물을 가득 담은 가죽 부대에 처넣었다. 키루스가 예전에 자기 아들을 술에 취하게 하는 속임수를 써서 죽인 것에 대한 복수였다.) 이후 대목부터는 키루스의 아들인 캄비세스 왕의 이집트 원정(캄비세스는 나중에 미치광이가 된다)과 다리우스 대왕이 권력투쟁과 쿠데타를 거쳐 집권하는 과정 및 사모스 섬, 스키타이, 리비아에 대한 원정을 다룬 뒤 그리스 세계와 이오니아 반란을 본격적으로 서술한다.

헤로도토스가 흥미진진한 읽을거리가 되는 이유는 이처럼 핵심 스토리 라인 주변에 수많은 재미난 일화와 가십 같은 소품, 심리학적인 통찰이 얽혀 있기 때문이다. 그리고 이 부분이야말로 민족지적 서술이라고 할 수 있는데, 페르시아인들이 새로운 종족을 정복하러 나설 때마다 헤로도토스는 핵심 내러티브를 잠시 끊고 이방인들의 역사와 관습에 대해 개략적으로 설명한다. 이런 설명은 때로 엄청나게 길어서 2권의 경우는 거의 전체가 이집트인의 관습과 도덕관을 다룬 내용이다. 이런 재미난 부분은 많다. 금을 사냥하는 아라비아의 거대한 개미가 있는데 그 크기가 여우보다는 크고 개보다는 작다는 얘기도 그렇고, 이집트인의 미라 제조법에 관한 설명이나(잘 아는 바와 같이, 코를 통해 두개골 속의 뇌를 파낸다는 얘기가 나온다) 리비아의 뒤로 걷는 소들에 관한 얘기도 그렇다. 이런 감칠맛 나는 사항들에 관해서는 6장에서 다시 살펴보기로 하자.

이처럼 끊임없이 샛길로 빠지고 핵심 주제를 잠시 멈춰놓는 서술 방식 때문에 헤로도토스를 읽는 일은 미로를 헤매는 것 같기도 하다. 하지만 일단 감을 잡으면 따라 읽기에 아무 문제가 없다. 어떤 작가는 『역사』의 구조를 빨랫줄에 비유했다. 중심이 되는 굵은 줄이 하나 있고, 그것을 따라 곳곳에 별건의 덩치 큰 이야깃감들이 빨래처럼 줄줄이 매달려 있다는 얘기다. 이런 장황한 서술 방식은 진지한 사상가들에게는 비아냥거림의 대상이 되기도 했다. 왜 핵심 논점에 집중하지 못하고 자꾸 옆길로 새느냐는 것이다. 하지만 그렇게 사물과 인간과 장소와 역사적 사건을 복합적으로 연결시켜서 촘촘하게 짜 나가는 스타일은 사실 대단히 세련되고, 어쩌면 결국 세계가 작동하는 방식에 훨씬 부합하는 방식일 수 있다. 반면에 대부분의 역사가들은 세계를 순전히 현실정치의 관점에서만 보는 경향이 있다. 그리고 헤로도토스에서 사람들이 어떤 행동을 하는 동기는 항상 합리적이지는 않은데(그가 소개하는 인물들은 냉철한 논리 못지않게 꿈이나 불길한 조짐, 아내와의 대화 같은 것에 마음이 움직여 행동에 나서는 경우가 많다) 오히려 그것이 더 심리적으로 설득력이 있다.

세상에 대한 헤로도토스의 이야기를 듣다 보면 눈썹이 치켜 올라갈 정도로 놀라운 대목이 많다. 그가 정리한 역사에는 민담이나 우화 같은 느낌이 드는 부분이 적지 않다. 예를 들어 페르시아의 키루스 대왕에 대한 얘기를 할 때는 키루스가 아기 때 죽음 일보직전까지 갔던 사건부터 시작한다. 메디아(고대 이란의 왕국—옮긴이)의 왕인 외할아버지 아스티아게스는 어느 날 잠을 자다가 딸(키루스의 어머니)이 오줌을 너무 많이 싸는 바람에 아시아 전체가 그 물에 잠기는 꿈을 꾸었다. 이 꿈의 상징적 의미는 딸이 낳은 아이가 막강한 힘을 가진 존재가 된다는 것이었다. 그런데 사위는 당시 메디아 왕국에 복속돼 있던 페르시아 사람이었으니 자칫하면 외손자가 페르시아인을 이끄는 지도자가 된다는 얘기다. 이에 불안을 느낀 아스티아게스는 외손자를 죽이기로 결심했다. 하지만 아기를 처리하라는 명을 받은 양치기의 아내가 키루스를 자신이 사산한 아이와 바꿔치기해서 몰래 키웠다. 이리하여 소년이 된 키루스는 후일 왕실에 다시 돌아오게 되고 나무랄 데 없는 행동거지를 통해 원래 왕자였음을 입증한다. 내버린 아이가 후일 큰 인물이 되는 경우는 많다. 유대민족의 지도자인 모세가 그랬고, 로마의 전설적인 건국자 로물루스와 레무스 형제가 그랬고, 오이디푸스 왕이 그랬다. 하지만 상황 전개가 너무 드라마틱해서 오히려 사실로 보기는 어렵다.

이처럼 헤로도토스가 전하는 이야기 중 일부는 사실에 근거한 것일 수도 있고 그렇지 않을 수도 있지만 선정적인 타블로이드 신문을 장식하는 기사들처럼 눈에 번쩍 뜨이는 것만은 분명하다. 예를 들어 『역사』 1권에 등장하는 아테네의 여사제는 놀랍게도 길고 무성한 수염이 난 것으로 전해진다. 3권에서 바빌론이 교착 상태를 오래 지속하다가 결국은 페르시아군에게 함락되는 이야기도 그렇다. 페르시아군 장군 조피로스는 바빌론에 귀순하는 것처럼 꾸며서 바빌론 사람들을 속였다. 그는 바빌론에 충성하는 '표시'로 스스로 두 귀와 코를 자른 다음 페르시아인들이 자기를 이 꼴로 만들었다고 주장한다. (헤로도토스는 그리스 세계 곳곳을 떠돌며 강연으로 먹고살았다고 한다. 이런 에피소드들을 읽노라면 그의 얘기에 귀 기울이며 가슴 졸였을 청중들의 눈빛이 손에 잡히는 듯하다.) 솔직히 말해서 헤로도토스의 책이 그토록 흥미진진한 이유는 이런 이야기들 때문이다. 또 그를 좀 옹호하자면, 사실 그는 이런 얘기를 하면서도 스스로 미심쩍어하는 태도를 보이는 경우가 많다(외눈박이 인간 이야기나 스키타이 땅 너머에 사는 금을 지키는 전설적인 새 그리핀 같은 이야기에 대해서는 굳이 사실로 믿을 필요는 없다는 경고까지 덧붙인다). 그리고 한 사건에 대해 서로 다른 출처로부터 들었다며 상반되는 버전을 모두 제시하는 경우도 종종 있다. 때로 그의 스토리텔링은 현대의 신문 보도와 흡사하게 느껴진다. 입장에 따라 동일한 사건에 대해 서로 다른 설명을 제시한 뒤 딱 부러지게 어느 쪽이 사실이라고 판단을 내리지는 않는 태도가 특히 그렇다.

페르시아 전쟁이 발발하기 직전에 가장 중요한 사건은 아마도 아테네인들의 대담한 도발이었을 것이다. 이오니아 도시 밀레토스의 지배자인 아리스타고라스는 그리스 본토의 스파르타와 아테네에 접근해 반란을 일으켜서 페르시아의 지배에서 벗어나려고 하니 도와달라고 청했다. 스파르타의 왕은 거절했다. 그러나 민주주의 체제를 새로 확립한 아테네는 설득이 한결 쉬웠다. "그는 3만 명의 아테네인을 설득하는 데 성공한 반면 단 한 명의 스파르타인을 설득하는 데는 실패했다"고 헤로도토스는 담담하게 지적한다. 이후 아테네인들은 바다 건너 아시아로 진격하기 위해 군대를 꾸렸다. 페르시아는 만만한 상대가 아니었지만 밀레토스는 아테네의 도움으로 반란을 일으켰다. 그들은 당시 리디아의 수도이자 페르시아 제국의 일부인 사르디스를 불태웠다. 잠자는 사자의 코털을 뽑은 격이었다.

헤로도토스에 따르면 이 사건은 페르시아 대왕 다리우스로서는 참을 수 없는 모욕이었다. 다리우스는 시중드는 노예에게 매일 "주인님, 아테네 놈들을 잊지 마십시오"라고 말하게 했다고 한다. BC 490년 다리우스는 아테네에 원정대를 파견했다. 원정대는 가는 길에 에우보이아 섬에 있는 도시 에레트리아를 점령한 뒤 그리스 본토의 마라톤에 상륙했다. 아테네인들도 마라톤을 향해 동쪽으로 진군했다. 특사 필리피데스는 이미 스파르타로 도움을 청하러 간 상태였다. 필리피데스는 스파르타까지 225킬로미터를 이틀 만에 주파했다고 한다. 그러나 필리피데스가 받은 스파르타의 답변은 "좋다, 하지만 지금은 아니다"라는 식의 다소 상투적인 것이었다. 종교 의식을 엄격히 지키는 스파르타는 새 달이 되어야 지원군을 파견할 수 있었다. 새 달까지는 아직 여러 날이 남은 상태였다. 그런데 놀랍게도 아테네군은 스파르타의 지원을 받지 못한 상태에서도 소도시 플라타이아의 소규모 병력의 도움만으로 페르시아군을 격퇴했다. 중장보병(重裝步兵)hoplite이라고 하는 전사들은 놀라울 정도로 효과적인 전투력을 입증했다. 이들은 창을 곧추세운 채 방패를 서로 맞대 물 샐 틈 없는 장벽을 이루었다. 전투는 바로 결판이 났고, 지친 아테네군은 다시 고향으로 달려가 수비에 전념했다. 적군이 바로 분견대를 보내 아테네로 다시 쳐들어오지 않을까 염려했기 때문이다. 마라톤 전투 현장에서 아테네까지의 거리는 42.195킬로미터였고, 이것이 바로 1896년 재개된 근대 올림픽에서 프랑스 언어학자 미셸 브레알의 제안에 따라 채택된 마라톤 경기의 연원이다. 전설에 따르면 필리피데스는 먼저 아테네까지 뛰어가 마라톤 전투의 승전보를 전하고 탈진한 나머지 그 자리에서 숨졌다고 한다.

치욕을 당한 페르시아인들은 고향으로 돌아갔다. 이어 BC 486년 다리우스 대왕이 사망하고 제국은 그의 아들 크세르크세스의 손으로 넘어갔다. 다리우스는 그리스를 완전히 소탕할 계획을 세웠었다. 이제 크세르크세스가 이집트 지역의 소규모 반란을 정리한 뒤 그 일을 떠맡아 추진하게 됐다. 헤로도토스에 따르면 크세르크세스는 아테네를 점령해 "불태워버릴" 생각이었다고.

크세르크세스는 거대한 배다리를 만들어 대군을 이끌고 헬레스폰트 해협을 건넜다. 배다리는 두 차례 시도 끝에 완공한 토목 공사의 위업이었다. 처음 만든 다리는 폭풍우로 완전히 망가졌다. 이후 크세르크세스는 바다에게 태형 300대를 치라고 명하고 족쇄 한 벌을 바다에 던졌다. 헤로도토스가 보기에는 크세르크세스의 과대망상을 상징적으로 보여주는 어리석은 행위였다. 이처럼 폭력적인 자부심 내지 오만은 후일 그의 몰락을 부채질하게 된다. 한편 페르시아군이 그리스 본토로 전진하자 그리스어를 사용하는 국가들은 하나둘씩 페르시아 쪽에 붙었다. 대왕에 대한 복종의 표시로 페르시아의 요구에 따라 대지와 물에 대한 제사를 지내기도 했다. (헤로도토스에 따르면 크세르크세스는 아테네나 스파르타에 군이 외교 사절을 보내지는 않았다. 아버지인 다리우스 대왕이 사절을 보냈을 때 그 자리에서 처형당한 전례가 있었던 것이다.) 아테네를 비롯한 일부 그리스 국가들은 안전을 도모하는 유일한 방법은 합심협력이라는 것을 절감했다. 그래서 한데 힘을 모았고, 그런 연합군의 지휘권은 자연스럽게 전쟁에 능한 스파르타의 최고 전사들에게 넘어갔다. 사상 처음으로 공통의 목적을 위해 하나로 뭉쳐 싸우는 그리스인이라는 관념이 탄생한 것이다. 공통의 목적이란 다름 아닌 자유였다.

하지만 아테네인들은 다소 혼란스러웠다. 그들에게는 '숲의 벽'을 믿으라는 델포이의 신탁이 떨어졌다. 하지만 신탁이라는 게 으레 그렇듯이 해석이 구구했다. 아크로폴리스에 방어용 장벽을 치라는 뜻이 아닐까? 아니면 새로 건조한 함대를 이번 기회에 시험해볼 때가 됐다는 뜻일까? 노회한 정치가 테미스토클레스는 신탁의 의미는 후자라는 식으로 동포들을 설득했다. 이에 앞서 그는 동포 시민들을 설득해 이미 200척의 함대를 건조해 놓은 상태였다. 건조 자금은 은광을 잘 운용해 올린 수입으로 충당했다.

한편 그리스인들은 테르모필레를 사수하기로 결정했다. 테르모필레는 산악과 말리아코스 만 사이에 난 고갯길로 일부 구간은 전차 한 대가 겨우 다닐 정도로 폭이 좁았다. 테르모필레는 역사상 가장 영광스러운 격전지 가운데 하나가 된다. 레오니다스 왕이 이끄는 스파르타군 300명과 지원군 약 6,000명이 크세르크세스가 이끄는 페르시아 보병 대군을 저지한 전투가 여기서 벌어지게 되는 것이다. 그러나 내부 배신으로 말미암아 스파르타군은 결국 거의 전사한다.

페르시아 보병은 테르모필레로 진격했다. 크세르크세스는 스파르타 진영을 염탐하기 위해 정찰병을 보냈다고 전해진다. 문제의 정찰병은 스파르타군이 벌거벗은 채 훈련을 하고 긴 머리를 빗는 것을 보고 그대로 전했다. 이 이야기를 들은 크세르크세스는 스파르타가 연약하다고 생각하고 코웃음을 쳤다. 하지만 그는 곧 끔찍한 충격을 맛보게 된다. 테르모필레에서 이틀간 치열한 전투가 벌어졌다. 하지만 이렇다 할 돌파구는 어느 쪽에도 열리지 않았다. 페르시아의 수적 우위는 고갯길이라고 하는 협소한 지형에서는 별로 쓸모가 없었다. 스파르타군은 직업군인 특유의 뛰어난 전투력을 발휘하면서 죽기 살기로 싸웠다. "분명한 것은 그들은 전문가였고, 상대는 아마추어였다는 것이다"라고 헤로도토스는 말했다. 크세르크세스는 메디아계 병사들을 빼고 '불사신(不死身) 부대**Immortals**'라고 일컬어지는 페르시아 정예부대를 투입했다. 이런 명칭이 붙은 것은 한 명이 전사하면 즉각 보충병을 투입했기 때문이다.

그래도 돌파구는 열리지 않았다. 그런데…… 스파르타군에게는 한 가지 약점이 있었다. 가파른 절벽을 오르내리면 스파르타군 수비 지점

뒤로 이어지는, 소수의 양치기들만 아는 산길이 있었던 것이다. 그리스 연합군의 결정적 패인은 배신이었다. 말리아코스 사람인 에피알테스라는 자가 크세르크세스가 주는 보상을 노리고 페르시아군을 이 산길로 인도한 것이다. 그리스군은 포위당했고, 재앙은 코앞에 닥쳤다. 그러자 레오니다스 왕은 지원군을 모두 돌려보냈다. 이제는 스파르타군만 남았다. 그들 홀로였다. 레오니다스는 부하들에게 이렇게 말했다고 한다. "아침을 잘 먹어둬라. 오늘 저녁은 저승에서 먹을 거니까."

†

중장보병과 삼단노선

그리스 연합군이 페르시아 대군을 맞아 놀라울 정도의 성공을 거둔 이유 중 하나는 고도로 효율적인 중장보병hoplite 시스템을 발전시켰기 때문이다. '호플리테스'라는 말은 무기와 장갑을 뜻하는 호플라hopla에서 파생된 것으로 추정된다. 무기와 장갑은 둥근 목제 방패와 금속제 투구, 정강이받이와 가슴받이, 창과 검으로 구성됐다. 중장보병의 효율성은 팔랑크스phalanx라고 하는 사각형 밀집 대형을 갖췄을 때 극대화된다. 팔랑크스는 8~16열 종대로 구성된 방진(方陣)으로 각 병사의 오른쪽은 옆 병사의 방패로 보호를 받는다. 팔랑크스를 제대로 갖추면 병사들은 방패들로 꽉 닫힌 '상자' 모양을 이루면서 창을 들고 전진한다. 아테네에서는 일정 정도의 재산이 있고 무기와 장갑을 장만할 능력이 있어야만 시민군 중장보병으로 복무할 수 있었다. (중장보병의 등장은 평민의 참정권 확대와 밀접한 관계가 있다.) 스파르타에서는 중장보병 전투 기법이 최고점에 달했다. 고도의 훈련을 거친 스파르타의 직업군인은 그리스 세계에서는 타의 추종을 불허했다. 중장보병 전투는 대열을 흐트러뜨리면 절대 안 되는 시스템이었기 때문에 철저한 충성심과 고도의 군기가 필요했다. 스파르타가 국가 정신의 핵심으로 삼는 이상이 바로 그런 것이었다.

그리스군이 페르시아군에 승리한 또 다른 핵심 요인은 아테네의 해군이었다. 아테네 해군은 다른 그리스 동맹군 전함들과 함께 살라미스 해협에서 적을 격퇴했다. 아테네는 BC 480년대에 국영 은광 운영 수익을 가지고 200척의 최신형 전함을 건조했다. 이 배들을 삼단노선(三段櫓船)**trireme**이라고 한다. 기동성이 뛰어난 삼단노선은 노가 층층이 3단으로 달려 있고, 뱃머리에는 적선을 들이받아 파괴할 수 있도록 쇠붙이(청동)로 만든 충각(衝角)이라고 하는 뾰족한 돌출부를 달았다. BC 5세기 초가 되면 아테네 해군은 상당한 규모의 해양 제국을 수호하는 역할을 한다. 삼단노선의 노꾼들은 주로 하층 계급 아테네인 내지는 노예였다. 해군의 중요성이 커진 것은 아테네 민주정의 강화와 밀접한 관련이 있다. 가난한 시민들도 군 복무를 함으로써 정치적 발언권이 커졌기 때문이다.

테르모필레 전투에서 싸운 스파르타군 300명 가운데 사흘 뒤까지 살아남은 사람은 단 두 명이었다. 아리스토데모스는 전투가 벌어지는 동안 몸이 아팠던 관계로 결국 스파르타로 귀환했다. 고향에 도착한 그는 무진 멸시를 받았다. 그는 플라타이아 전투에서 영웅적으로 싸워 겨우 불명예를 씻었다. 또 한 사람은 판티테스로 전투 와중에 테살리아로 급전을 전하러 가고 있었다. 그는 자기만 살아남았다는 수치심에 목을 매

자살했다. 헤로도토스가 활동하던 시기에도 다음과 같은 테르모필레 전투 전사자 추모사가 인구에 회자됐다.

> 낯선 이여, 가서 스파르타 동포들에게 전해주시오,
> 여기 누운 우리는 당신들의 명령에 복종했노라고.

테르모필레 전투 이후 페르시아는 육군은 그리스 중부로 진격하고, 해군은 뱃길로 그리스 본토로 향했다. 이번에는 바다가 전쟁터가 됐다. 그리스 연합군은 폭풍우로 고생하는 페르시아 함대를 아르테미시온 곶 인근에서 간신히 저지했다. 그러나 전투는 결판이 나지 않았다. 어디서 페르시아군과 최후의 결전을 벌일 것인가? 펠로폰네소스 반도(그리스 본토의 남부를 구성하는 반도—옮긴이)에 거주하는 그리스인들은 자기네 도시를 최우선적으로 수호하려고 했다. 하지만 아테네의 정치가 테미스토클레스는 그리스 연합 함대 사령관인 스파르타 제독 에우리비아데스에게 살라미스 섬 인근에서 총력전을 펴야 한다고 설득했다. 당시 살라미스 섬에는 아테네 피난민들이 모여 있었다. 테미스토클레스의 논리는 연합 함대가 쪼개져서 각기 고향으로 가 자기 도시만 지키도록 놓아두는 것은 자살행위나 마찬가지라는 것이었다.

한편 크세르크세스는 아티카를 유린하고 아테네를 잿더미로 만들었다. 같은 시각 펠로폰네소스 반도 주민들은 페르시아군의 육상 진격로를 차단하기 위해 코린트 지협(그리스 본토와 펠로폰네소스 반도를 연결하는 좁다란 '허리' 같은 곳이다)에 방어벽을 건설하려 하고 있었다. 테미스토클레스의 간곡한 설득에도 불구하고 펠로폰네소스 반도에서 온 해군

부대들은 여전히 따로 놀 궁리를 했다. '왜 아테네 땅을 지켜주기 위해 싸워야 한단 말인가?' 사정이 이렇게 되자 테미스토클레스는 노예를 전령으로 보내 페르시아 편에 붙을 것처럼 위장술을 폈고, 이를 호기로 본 크세르크세스의 해군은 전면 공격을 감행했다. 연합 해군을 움직이게 하기 위한 테미스토클레스의 작전이 맞아떨어진 것이다. 이제 다른 선택의 여지는 없었다. 전쟁은 이미 시작된 것이다.

살라미스 해전은 크세르크세스의 입장에서는 재앙이었다. 살라미스 섬과 그리스 본토 사이의 좁은 해협에서 그리스 연합군과 정면으로 충돌한 것은 전술적 실수였다. 협소한 공간은 그리스 연합 해군에게 매우 유리했다. 크세르크세스는 그리스 함대 일부가 달아나는 듯한 모습을 보인 것에 속는 실수도 저질렀다. 도망치는 것처럼 보였던 코린토스 함대는 정찰을 하다가 잠시 시야에서 사라졌지만 크세르크세스의 함대가 자신감에 넘쳐 해협으로 들어서려는 순간 곧 선회해 공격을 퍼부었다. 페르시아군 일부는 훌륭하게 싸웠다(적어도 버틸 만큼은 버텼다. 특히 할리카르나소스의 아르테미시아 여왕이 이끄는 동맹군은 잘 싸웠다. 이에 대해서는 4장 참조). 하지만 귀신같은 선박 조종술로 유명한 페르시아 해군의 최정예 페니키아 함대도 맥을 추지 못했다. 페니키아 함대는 좁은 공간에 한데 몰려 있다가 아테네 해군의 공격을 받고 해변으로 밀려났다.

이처럼 승리의 함성이 높아갔지만 전쟁은 아직 완전히 끝나지 않았다. 크세르크세스는 살아남은 함대와 함께 헬레스폰트 해협을 건너 본국으로 돌아갔지만 마르도니우스 장군에게 대군을 주어 현장 정리를 맡겼다. BC 479년 불편한 교착 상태가 계속되는 상황에서 마르도니우스는 페르시아의 속국인 마케도니아의 알렉산드로스 왕(알렉산더 대왕과는 다른 인물이다)을 폐허로 변한 아테네로 보내 페르시아 측의 강화 조건을 설명했다. 아테네인들이 크세르크세스에게 복종하면 최대한 호의를 베풀겠다는 얘기였다. 아테네인들은 이 제안을 거부했고, 일 년도 안 돼 다시금 짐을 꾸려 피난길에 올랐다. 마르도니우스가 이끄는 군대는 기다렸다는 듯이 다시 아테네 일대를 불태웠다. 아테네인들은 이처럼 절박한 상황에서 스파르타로 사절을 보내 원조를 청했다. 스파르타군은 북쪽으로 진군해 아테네 및 여타 동맹국들과 합류했다.

그리스 연합군과 페르시아군은 보이오티아의 플라타이아 인근에서 마주쳤다. 여기서 군기가 엄정하기로 유명한 스파르타의 막강 중장보병은 승리를 거뒀다. 마르도니우스는 전사했다. 이로써 기나긴 페르시아 전쟁은 대단원의 막을 내렸다. 그리스의 승리는 기적이나 다름없었다.

†

영화 〈300〉: 상상과 허구와 사실

잭 스나이더 감독의 2007년 작 〈300〉은 테르모필레 전투를 흥미진진하게 다룬 영화로 상상력을 많이 동원했다. 예를 들어 페르시아 대왕 크세르크세스는 박박 민 머리에 피어싱을 주렁주렁 달고 나오는데 사실이 아니다. 그리스 연합군이 마법의 코뿔소들과 싸운 것도 사실이 아니다. 스파르타군이 착 달라붙는 가죽 팬티 같은 옷을 입지도 않았다. 페르시아군을 산길을 통해 그리스군 수비 지점 배후로 인도한 배신자 에피알테스라는 자는 스파르타에서 쫓겨난 광인이 아니라 테르모필레 인근 말리아코스 사람으로 페르시아가 보상금으로 줄 금을 노리고 일을 저질렀다. 하지만 이런 과장과 왜

곡에도 불구하고 〈300〉에는 많은 부분 역사적 사실이 담겨 있다. 우선 영화에 나오는 대로 스파르타는 그리스 도시국가로는 유일하게 직업군인 체제를 운영했고, 그 전투력은 그 어떤 나라보다 탁월했다. 병사들이 붉은 외투를 걸치고 머리를 길게 기른 것도 사실이다. 그들은 아이를 오로지 훌륭한 전사로 키우는 데에만 신경을 썼다. 사내아이는 일곱 살이 되면 부모로부터 떼어내 극한에 가까운 훈련과 각종 의식을 치르게 했다. 심지어 먹을 것을 주지 않아 도둑질을 할 정도였다. 스파르타 여성들이 교육을 잘 받고 주관이 뚜렷한 것으로 유명했던 것도 사실이다. 하지만 이 영화에서는 병사들 간의 동성애는 언급되지 않았다. 동성애는 일종의 문화적 전통 내지는 공인된 관행이었다. 영화에서는 스파르타의 유명한 나체 훈련 장면도 나오지 않는다. 그래도 다행인 것은 고대 스파르타인들이 실제로 했던 유명한 말들이 대사로 많이 차용됐다는 점이다. 예를 들면 고르고 왕비의 대사 "방패를 들고 돌아오든지 방패에 실려 돌아와라" 같은 것이 대표적이다. 페르시아군이 화살을 폭우처럼 퍼부어 해를 가릴 것이라는 경고에 대해 "좋아, 그럼 우린 그늘에서 싸울 수 있겠네"라고 스파르타식 농담으로 받은 것도 그렇다.

투키디데스와 펠로폰네소스 전쟁

페르시아 전쟁이 끝나고 그리스는 자유를 되찾았다. 그 다음은? 페르시아 전쟁의 가장 중요한 결과는 아테네의 지배력이 비상할 정도로 강화됐다는 것이다. 아테네는 그리스 세계에서 지배력이 커지면서 일종의 제국으로 발전해갔는데(물론 광대한 페르시아 제국의 판도에 비하면 아주 작은 규모다) 이는 그리스는 물론이고 이후의 역사에도 심대한 영향을 미치게 된다.

페르시아 전쟁 종료 이후에도 그리스 동맹국들은 연합군 체제를 유지했다. 페르시아의 위협이 계속됐기 때문이다. 연합군 사령관은 스파르타의 왕 파우사니아스였다. 하지만 동맹 소속인 이오니아 도시들을 공격한 뒤 사령관 직을 박탈당하고, 그 자리는 신흥 강국 아테네가 차지했다. 아테네가 중심이 된 그리스 도시국가들의 동맹을 델로스 동맹 **Delian League**이라고 한다. 이런 명칭이 붙은 것은 동맹의 금고를 델로스 섬에 두었기 때문이다.

하지만 사태는 안 좋은 쪽으로 흘렀다. 동맹은 아테네가 완전히 지배했다. 아테네는 동맹 소속 국가들로부터 공물을 받아냈고, 그런 자금을 관리했다. BC 454년에는 금고를 아예 아테네로 옮겼다. 동맹에서 발을 빼려는 도시들에게는 나쁜 일이 닥쳤다. 예를 들어 낙소스 섬은 동맹에서 탈퇴하려다 아테네의 폭력에 무릎을 꿇고 말았다. 이런 긴장 상황이 결국 펠로폰네소스 전쟁으로 귀결됐다. 이 전쟁의 진짜 원인은 투키디데스에 따르면 "아테네 세력의 성장과 그에 대한 스파르타의 두려움"이었다.

펠로폰네소스 전쟁의 첫 단계는 BC 431년에 시작됐다. 사건의 발단은 코르푸 섬의 도시 코르키라와 그 식민지 에피담노스 간의 분쟁이었다. (BC 8~6세기는 '식민화의 시대'로 그리스의 수많은 폴리스들이 주민 집단을 내보내 지중해 일대 곳곳에 도시를 건설했다. 이런 정착촌들은 대개 모국인 도시와의 연계를 그대로 유지했다.) 코르키라도 그 자체로는 코린토스의 식민지였고, 에피담노스는 이제 코르키라와 맞서기 위해 '할머니' 나라 격인 코린토스에 도움을 청했다. 아테네는 코린토스가 코르키라를 진압하고 그 함대를 빼앗도록 내버려두려 하지 않았다. 일이 이렇게 되자 아테네도 분쟁에 휘말려 들어갔다. 펠로폰네소스 전쟁 첫 단계는 이로부터 10년을 끌다가 무승부 비슷하게 끝이 났다. 아테네는 일부 괄목할 만한 승리를 거뒀다. 특히 필로스에서는 스파르타군 120명을 포로로 생포했다. 이 사건은 모두에게 충격이었다. 아테네인들 역시 엄청 놀랐을 것이다. "항복은 없다"는 스파르타군의 지상명령이 지켜지지 못한 것이다. BC 422~421년 간신히 평화 체제가 수립되었고, 이로써 '아르키다모스 전쟁**Archidamian War**'(스파르타 왕 아르키다모스에서 딴 명칭이다)이라고 하는 10년간의 싸움은 끝이 났다.

그러나 BC 414년 아테네와 스파르타의 적대감은 다시 폭발했다. 아테네는 해로를 통해 스파르타 영토에 대한 직접 공격에 나섰다. 아테네는 지금의 이탈리아 반도 옆 시칠리아 섬에도 원정대를 파견했지만 참패한다. 원래는 시칠리아 섬의 세력이 커지는 것을 사전에 차단하기 위한 선제공격 차원이었다. 이에 대해서는 투키디데스의 『펠로폰네소스 전쟁사』 6~7권에 상세히 설명돼 있다. 시라쿠사 해전은 아테네의 참패로 끝이 난다.

한편 본국 아테네에서는 원정 참패의 여파로 정치적 소요가 일어 민주정 체제가 잠시 전복됐다. BC 411년에는 쿠데타가 일어나 이른바 '400인 체제'가 들어선다. 투키디데스의 역사 서술은 그해에 일어난 사건들을 설명하다가 문장 중간에서 갑자기 끝난다. 하지만 전쟁은 BC 404년까지 계속됐다. 아테네인들은 스파르타군의 포위망을 뚫지 못해 거리에 굶어죽는 자가 허다했다. 마침내 스파르타는 아테네 성벽을 부수고 해군도 무력화시켰다. 민주정—어떤 의미에서 이런 혼란을 야기한 원인이 되는 정치 체제였다—은 다시 전복되고 '30인 참주'라고 하는 공포정치 체제가 들어섰다. 이 시점을 아테네의 가장 화려한 시기가 끝나는 시점으로 보는 학자들도 있다. 하지만 BC 403년 민주주의 체제가 다시 회복된다. 펠로폰네소스 전쟁 이후의 아테네는 여전히 찬란한 지적 성취를 과시했다. 플라톤 같은 인물이 계속 등장한 것이다.

헤로도토스가 페르시아 전쟁을 총정리했다면 투키디데스는 펠로폰네소스 전쟁을 역사화했다. (본인이 쓴 책보다 더 위대한 역사가들이 일부 있는데 투키디데스는 바로 그런 인물이라고 할 수 있다.) 하지만 두 작가의 스타일은 너무도 달랐다. BC 460년경에 태어난 투키디데스는 철저하고 분석적인 반면, 헤로도토스는 흥미로운 소재들을 잡다하게 엮어서 재미나게 풀어나가는 스타일이다. 투키디데스는 세계를 권력 투쟁의 관점에서 서술했다(16세기 초 이탈리아 정치사상가 마키아벨리가 투키디데스를 좋아한 것은 다 이유가 있다). 그 핵심은 강자의 등장과 약자의 몰락이었다. 투키디데스는 펠로폰네소스 전쟁 전반기에 아테네 편에서 싸운 장군이었다. 그는 전투 장면들을 기록함에 있어 냉철한 전쟁 전문가의 시각으로 치밀한 객관성을 유지했다(트라키아에 있는 아테네 식민지 암피폴리스를 수호하려다가 실패한 본인의 체험도 객관적으로 서술했다. 암피폴리스를 스파르타에게 빼앗긴 실책으로 말미암아 투키디데스는 아테네에서 추방당한다). 그의 르포르타주 기법은 손에 땀을 쥐게 한다. 예를 들어 BC 430년 아테네를 괴롭힌 무시무시한 전염병에 대한 기록은 대단히 구체적이고 생생하다. "죽은 자들의 시체가 차곡차곡 층층이 쌓여갔다. 반쯤 죽은 자들이 길거리에서 흐느적거리고 돌아다니거나 갈증을 달래려

샘물 주위에서 우글거리는 모습도 흔히 볼 수 있었다. 그런 자들이 둥지를 튼 신전에는 이미 죽어 널브러진 시신들이 지천이었다." 투키디데스는 재앙의 실상을 꼼꼼하게 서술하면서(본인도 전염병에 걸렸다가 살아났다) 전염병의 정체는 앞으로 밝혀질 것이라고 말했다. 그러나 당시 아테네를 휩쓴 전염병의 정체가 무엇인지에 대해서는 아직도 이렇다 할 정설이 없다. 전투 장면들에 대한 묘사도 용의주도하다. 특히 아테네군이 시라쿠사에서 참패하는 장면은 압권이다. 한 대목을 보자.

> 함선이 공격해오면 갑판 위의 대원들은 창과 화살과 돌을 쉴 새 없이 던지거나 쏘아댔다. 그리고 일단 함선끼리 마주치면 병사들은 서로 상대편 함선에 오르려고 애쓰며 백병전을 벌였다. 공간이 좁은 까닭에 때로는 한 함선이 충각으로 다른 함선을 들이받으면서 또 다른 함선의 충각에 들이받히는가 하면, 함선 한 척이 두 척 또는 그 이상의 배들과 얽히고설키는 바람에 키잡이들이 그때그때 방어만 생각하거나 공격만 생각하는 것이 아니라 동시에 여러 가지 일을 처리해야 했다. 그리고 이렇게 서로 충돌하는 함선의 굉음은 그 자체가 무시무시하기도 하거니와 그 때문에 갑판장들의 명령이 들리지 않았다.

『펠로폰네소스 전쟁사』 7권 70장
영역: 렉스 워너

시라쿠사 해전의 여파는 참담하다. 아테네는 퇴각하면서 전사자들을 매장하지 않고 버려두었을 뿐 아니라 부상자와 병자도 내팽개쳤다. 이들은 "우리를 버리고 가지 말라"고 울부짖었다. 투키디데스는 "헬라스의 군대가 이런 반전을 경험한 적은 일찍이 없었다. 그들은 남들을 노예로 삼기 위해 왔다가 이제는 자신들이 노예가 되지 않을까 두려워 황급히 달아나는 처지가 되었다" 고 썼다.

투키디데스는 선배인 헤로도토스의 서술 방식("진실을 이야기하기보다는 관심을 끄는 데 주력했다")을 우습게 여겼다. 투키디데스는 "내가 쓴 역사는 낭만적인 요소가 없어서 읽기 쉽지 않다고 볼 수 있다" 고 말한다(어느 정도 맞는 말이다). 그가 "낭만적인 요소" 라고 하는 것은 헤로도토스가 먼 과거의 일을 신화적 요소를 가미해 재미난 이야기 풀듯이 설명한 것을 의미한다. 반면에 자신의 역사 서술은 진실이며, 미래에 인간이 어떻게 행동해야 할 것인지를 알려주는 지침이 될 것이라는 게 투키디데스의 주장이다. 그의 역사는 오락거리가 아니라 영구히 살아남을 저서로 의도한 것이다. 헤로도토스와 달리 투키디데스는 출처를 밝히지 않고 확고한 결론을 내리듯이 단정적으로 서술한다. 그러면서 자신이 현장에서 목격했거나 목격자에게 확인을 거쳤기 때문에 사건 서술과 해석은 정확하다고 주장한다.

그의 서술 기법에서 가장 놀라운 면 가운데 하나는 등장인물의 입을 통해 직접 말하게 하는 것이다. 그러면서 그런 발언들은 그들이 실제로 한 것이라기보다는 그렇게 했을 것으로 추정되는 또는 그렇게 해야만 했을 얘기라고 지적한다. 다소 특이한 이런 기법 덕분에 그리스어로 된 것 중에서 가장 감동적인 연설들이 탄생한다. 대표적인 예가 BC 431년 페리클레스가 했다는 유명한 전몰장병 추도 연설이다. 여기서 정치가 페리클레스는 전사한 아테네 시민들을 기리면서 아테네 국가 이데올로기의 본질을 훌륭하게 개진한다. 이 대목을 접하는 현대의 독자는 감동과 불길함을 동시에 느낄 것이다. 투키디데스는 저 유명한 '멜로스의 대화Melian Dialogue'도 대화식으로 소개한다. 아테네 사절은 그때까지 중립을 지키던 작은 섬나라 멜로스의 원로들과 대면한다. 멜로스 섬은 아테네 제국의 일원으로 복속되기를 거부한다. 아테네인들은 멜로스의 항복을 요구한다. 논거는 자기네가 더 힘이 센 강국이기 때문이라는 것이다. 이제 멜로스인들은 선택의 여지가 없다. 그들은 아테네의 요구를 거부한다. 이처럼 윤리도덕이 우스워지는 에피소드는 아테네가 멜로스 섬을 봉쇄하고 멜로스인들이 결국 항복하는 것으로 끝난다. 아테네는 이 나라 성인 남자 전원을 학살하고 여자와 아이들은 노예로 삼았다.

투키디데스는 정치인의 역사가이고 군인의 역사가다. 『일리아드』를 웨스트포인트에서 강독한다고 해도 투키디데스처럼 놀랍게 받아들여지지는 않을 것이다. 투키디데스는 군사 전략가들이 자기네 당대의 전쟁을 정당화하거나 설명하거나 비판하고자 할 때 전거(典據)로 자주 인용하는 역사가다. 1970년대에 미국 해군 제독 스탠스필드 터너는 투키디데스를 해군대학 필독서 목록에 넣고 저명한 미국 고전학자 버나드 녹스를 초빙해 강연을 들었다. 녹스는 투키디데스에 나타난 인간의 본성과 전쟁, 제국, 민주주의의 관계에 대해 이야기했다. 아테네의 성취와 가치관은 아테네의 제국화를 정당화해주었고, 아테네 제국의 몰락은 비극이었다. 나쁜 리더십은 시칠리아에서 아테네가 패배한 것처럼 위대한 민주주의 체제도 군사적 참패에 휘말릴 수 있다는 사실을 보여주었다. 또 베트남전의 미국처럼 수렁에서 발을 빼는 데는 특별한 천재가 필요치 않다는 것도 알 수 있다.

영국 총리 마거릿 대처가 아르헨티나와의 포클랜드 전쟁 위기 때 투키디데스를 읽었다는 이야기도 있다. 사실인지는 의문이지만 대처 총리의 평소 성향으로 볼 때 그럴듯한 얘기다(포클랜드 섬의 영국인 마을 구스그린을 필로스로 생각했다는 것은 너무나 그럴듯해서 오히려 사실이 아니다). 대처가 가끔 투키디데스를 인용한 것은 사실이다. "강자는 하고 싶은 일을 하고, 약자는 하기 싫은 일을 감내한다." 1985년 유엔 연설에서 대처는 이 구절을 상기시켰다. 지극히 대처다운 사고방식으로 아테네인들이 멜로스 섬에서 굴복을 강요할 때 한 말과 똑같다. 고든 브라운 총리도 나름으로 투키디데스 팬이다. 그는 어려서 아버지 손을 잡고 에든버러에 있는 전쟁기념관에 간 적이 있다. 페리클레스의 추도 연설 중 한 구절을 새긴 기념비가 특히 인상적이었다. 그래서 저서에서도 전쟁 영웅들에 관한 구절을 인용해놓고 있다. "온 땅덩어리는 영웅들의 무덤입니다. 그리고 그들의 이야기는 시신을 덮은 돌에 새겨져 있는 것이 아니라 어디에나 존재합니다. 눈에 보이는 상징물이 없어도 사람들의 삶 속에 뚜렷이 각인돼 있기 때문입니다." 고든은 이 구절을 특히 감명 깊게 생각했다.

조지 W. 부시 미국 대통령은 투키디데스를 잘 알았을 것 같지 않다. 하지만 미국의 한 관측통은 2004년 부시 대통령의 연설문 작성자는 투키디데스를 잘 알고 있다고 지적한 바 있다. 당시 부시가 했던 다음과 같은 연설은 투키디데스가 코린토스인들의 입을 통해 한 말과 너무도 흡사하다. "꾸물거리지 마십시오, 동맹자 여러분. 위기의 불가피성을, 우리의 조언이 지혜롭다는 것을 굳게 믿고 전쟁에 표를 던지십시오. 당장 끔찍한 일이 있더라도 굴하지 말고 저 멀리 다가올 영구한 평화를 내다보십시오. 전쟁은 평화를 더욱 확고하게 만들어줄 것입니다."

펠로폰네소스 전쟁은 30년 가까이 끌면서 당대의 아테네에서도 많은 논란을 일으켰고, 혐오의 대상이 되기도 했다. 이런 사실은 당대에 나온 각종 연극에도 반영돼 있다. BC 425년에 초연된 아리스토파네스의 희극 『아카르나이 사람들』은 펠로폰네소스 전쟁에 환멸을 느낀 평범한 아테네 농부 디카이오폴리스가 개인적으로 스파르타와 평화조약을 맺는다는 이야기다. 아리스토파네스의 BC 411년 작 『리시스트라타 Lysistrata』는 남편들로 하여금 전쟁을 멈추도록 하기 위해 섹스 파업을 벌이는 그리스 여자들 이야기다.

비극도 있었다. 에우리피데스의 『트로이의 여인들』이 대표적이다. 영국 여성 연출가 케이티 미첼이 2007년 이라크와 아프가니스탄에서 지루한 전쟁이 계속되고 있을 당시 런던 내셔널 시어터에서 이 작품을 상연한 것은 우연이 아니다. 트로이 성 함락 이후 트로이 여성들이 겪는 끔찍한 운명을 그림으로써 현대전에서 '부수적 피해collateral damage(전쟁에서 의도하지 않게 발생하는 민간인의 인적 · 물적 피해—옮긴이)'라고 일컬어지는 재앙의 문제를 제기한 것이다. 『트로이의 여인들』은 트로이 전쟁에서 가장 끔찍했던 순간을 과감하게 핵심 사건으로 올린다. 트로이 성을 점령한 그리스군이 헥토르와 안드로마케의 어린 아들 아스티아낙스를 성벽 위에서 내던져 죽이는 것이다. 이런 만행은 『일리아드』 초반부에 예고돼 있다. 드라마는 전쟁에서 일어나는 도덕의 타락, 정의롭지 못한 명령을 이행해야 하는 군인이란 무엇인가 같은 문제를 파고든다. 작품이 처음 상연된 것이 BC 415년으로 멜로스 섬 주민 학살 사건 발생 직후였기 때문에 에우리피데스가 문제의 참극을 비판하려는 의도였다고 보지 않기는 어렵다. 케이티 미첼이 1990년대에도 이 작품을 무대에 올려야 한다는 강박관념을 가졌던 것은 당시 유고슬라비아 내전이 막바지로 치닫는 상황이었기 때문이다. 이처럼 『트로이의 여인들』이 자주 시의적절한 드라마가 되는 것은 서글픈 일이 아닐 수 없다.

전쟁은 좋든 싫든 그리스인의 일상의 일부였다. 작은 독립국가로 조각조각 나뉜 상황에서 자원과 권력을 확보하기 위해 서로 싸우는 것은 불가피한 운명이었을 것이다. 그런데 페르시아 전쟁이라고 하는 특별한 경우에 있어서만은 그리스의 도시국가들이 공동의 적을 물리치기 위해 경쟁과 반목을 잠시 접었고, 기적적인 승리를 일궈냈다. 이 사건은 2,000여 년이 지난 지금까지도 생생하게 기억되고 있다. 호메로스, 헤로도토스, 투키디데스, 그리고 에우리피데스를 비롯한 극작가들을 통해 그리스인들은 다른 어느 문명권에서 산출된 것보다 훨씬 풍부한 전쟁 관련 작품들을 우리에게 물려주었다. 헤로도토스의 모험과 용맹에 관한 이야기에서부터 투키디데스의 감상을 배제한 현실정치 분석, 전시에 불거지는 참극에 대한 에우리피데스의 냉철한 묘사에 이르기까지 시각과 초점도 다양하다. 하지만 이 모든 책들 가운데에서도 『일리아드』는 단연 으뜸이다. 전쟁에서 벌어지는 동지애와 영광, 고통과 상실, 연민과 비통, 그리고 때로 허망함까지를 녹여내는 그 필치는 필적할 자가 없다.

6장 그리스인과 야만인

경계를 넘어서

『오디세이』 첫머리는 이렇게 시작된다.

> 들려주소서, 뮤즈 여신이여! 트로이의 신성한 도시를 파괴한 뒤
> 많이도 떠돌아다녔던 임기응변에 능한 그 사람의 이야기를.
> 수많은 사람들의 도시들을 그는 보았고, 그들의 마음을 알았으며
> 바다에서는 자신의 목숨을 구하고 전우들을 귀향시키려다
> 마음속으로 많은 고통을 당했습니다.
>
> 『오디세이』 1권 1–6행

"수많은 사람들의 도시들을 그는 보았고, 그들의 마음을 알았다." 가련한 늙은 오디세우스 얘기다. 그가 원하는 것은 오로지 고향에 돌아가 아내 페넬로페를 다시 보는 것이었다. 그러나 도중에 난파하는 바람에

온갖 미지의 위험한 장소로 표류하게 된다. 그 과정에서 음탕한 여신, 머리가 여럿 달린 굶주린 괴물, 태양신 헬리오스가 키우는 소 같은 특이한 존재들을 만나게 된다. 불운한 그의 부하 선원들은 어떤 경우에도 먹어서는 안 되는 헬리오스의 소를 잡아먹었으니 그 소들은 먹을거리로서는 그만큼 유혹적이었다. 이런저런 사건들을 겪으면서 그는 정말 많은 것을 보았다. 그래서 『오디세이』에는 바다 냄새 나는 여행자들의 체험담, 선원들의 이야기, 미지의 세계에서 들어온 기담괴설이 가득하다.

그리스 본토는 해안선이 톱날처럼 들쭉날쭉하고, 에게 해에는 물방울을 떨어뜨려놓은 것처럼 수많은 섬들이 흩어져 있다. 따라서 그리스인들이 배 타기를 업으로 하는 족속이라는 것은 놀라운 일도 아니다. 그들은 식민지 개척자이기도 했다. BC 8세기경부터 그리스인 정착촌이 프랑스 남부와 이탈리아 남부에서 지금의 터키 서부 연안(이오니아)에 이르기까지 지중해 일대에 건립됐다. 호메로스도 일부 고대 기록에 따르면 이오니아 쪽 섬 키오스 출신이라고 한다.

영어의 야만인barbarian에 해당하는 그리스어 바르바로스(복수형은 바르바로이barbaros/barbaroi)는 외국인을 뜻하는 단어로 바빌로니아 말 바르바루barbaru에서 파생된 듯하다(외국인을 뜻하는 말이 외국어 단어에서 유래된 것은 아이러니다). 바르바루는 '알아들을 수 없는 말'을 가리키는 의성어다. 바빌로니아 사람들 귀에 외국인들이 하는 말은 그저 '바르-바르-바르-바르' 하는 소리로 들렸던 것이다. 언어학자들은 바르바루를 아기라는 말과 연결시켰다. 아기들이 옹알옹알 하는 것은 인간의 말이기는 하지만 알아들을 수 없기 때문이다. 여기서 핵심은 그리스인이 아닌 족속의 본질이 그들이 거주하는 장소가 아니라 그들이 사용하는 말과 관련이 된다는 점이다. 그리스인들은 각지를 많이 돌아다니는 족속이었다. 그들은 여러 지역에 널리 퍼져 있었기 때문에 '해외' 같은 단어는 외국인을 서술하려 할 때 아무 소용이 없었을 것이다. 해외에는 그리스인도 많이 살기 때문에 거기 산다는 것만으로는 누구를 말하는지 명확하지 않기 때문이다.

호메로스는 트로이의 일부 동맹세력을 바르바로포노이**barbarophonoi**라고 칭한다. 말소리가 '바르-바르' 하는 족속이라는 뜻이다. 하지만 '바르바로스'라는 단어가 다소 독특한 의미를 갖기 시작한 것은 외국인들이 불길하고 해악을 끼치는 존재로 변모한 뒤의 일이다. 그 대표적인 사례가 페르시아의 위협이었다. 페르시아를 격퇴한 사건은 그리스인에게 같은 민족으로서의 자의식 같은 것을 심어주었다. 경우에 따라 공동의 적에 맞서 한데 뭉칠 수 있는 한 민족이 된 것이다. 물론 여기서 말하는 같은 민족이라는 개념은 후대의 희망이 투사된 측면이 좀 있다. 페르시아 전쟁에서 승리한 그리스 연맹체는 불과 40개 정도의 도시국가로 구성된 취약한 조직이었다. 당시 그리스 세계의 전체 폴리스 수는 1,000여 개였다. BC 472년에 초연된 아이스킬로스의 사극 『페르시아인들』에서 우리는 그리스인들이 '야만인들'을 어떻게 희화화했는지 엿볼 수 있다. 야만인의 모습은 자유를 혐오하고, 비굴하며, 퇴폐적이고, 사치스럽고, 잔인한 겁쟁이다. 이런 야만인의 전형은 이후 오랜 세월 부정적인 영향을 미쳤다. 동양을 열등시하는 오리엔탈리즘의 뿌리라고도 할 수 있겠다. 말하자면 '동양'을 위험한 쾌락이 넘실대고 전제정치가 횡행하는 이상한 동네로 본 것이다. 존 버컨(1875~1940. 영국의 모험소설가, 정치인—옮긴이)은 "나태한" 동양이라는 표현을 썼다.

말소리가 우습다는 것 외에 야만인의 또 다른 특징은 그리스인을 제외한 모든 외국인을 지칭하는 표현이라는 것이다. 아무리 오래 알고 지냈어도 외국인들은 도매금으로 타자(他者)가 된다. 그리스인들은 대조 내지는 정반대가 되는 대립쌍 개념을 좋아했다. 예를 들어 남자는 여자의 반대다(그리고 여자보다 우월하다). 자유민은 노예의 반대다(그리고 노예보다 우월하다). 그리스적인 것은 야만적인 것의 반대다(그리고 야만적인 것보다 우월하다). 이런 차원에서 그리스어도 적잖이 기여했다. 고대 그리스어에서 가장 자주 쓰이는 단어 두 개를 꼽으라면 멘men과 데de를 들 수 있다. 대충 번역하면 '한편으로는'과 '다른 한편으로는'으로 옮길 수 있겠다. 이런 통명스러운 단음절어를 활용해서 그리스인들은 대조와 반대 관계가 되는 개념들을 수없이 만들어냈다. 야만인들은 그리스인들을 제외한 모든 것이다. 『히포크라테스 전집Hippocratic Corpus』에 들어 있는 논문 「공기, 물, 장소에 관하여Airs, Waters, Places」의 다음 구절을 보자. 물리적 거주지가 건강에 영향을 미친다는 내용이다. 우스운 것은 그리스가 가장 훌륭한 인간 족속을 만들어낼 수 있는 장소로 돼 있다는 점이다. 무명씨 저자에 따르면 그렇다.

> 일반적으로 한 종족의 체질과 기질은 그들이 사는 땅의 자연을 따르게 돼 있다. 토양이 비옥하고 부드럽고 물이 잘 드는 곳, 여름엔 뜨듯하고 겨울엔 차가운 지표수를 음용하는 곳, 그리고 사계절이 양호한 곳에 사는 사람들은 통통하고 관절이 분명히 드러나 보이지 않고, 수분이 많은 체질이다. 그런 종족은 큰 힘 드는 일은 못한다. 더구나 그런 종족은 대개 겁쟁이다. 그들은 매사 무사태평하고 나른하며, 장인들도 손이 서툴

고 일을 열심히 하거나 섬세하게 하는 법이 없다. 반면에 땅이 거칠고 메마르며, 겨울이면 강풍에 휩쓸리고 여름이면 햇볕에 타는 곳에서는 강인하고 깡마른 사람들을 보게 된다. 그들은 관절은 울퉁불퉁 드러나고 말랐어도 힘이 세고 털이 많다. 그들은 천성적으로 매사에 열심이고 일을 좋아한다. 그들은 빠릿빠릿하고, 의지력이 강하며, 고집이 세고, 유순하기보다는 사나운 편이다. 그들은 다른 종족들보다 맡은 일을 열심히 하고, 전사(戰士)로서도 더 똑똑하고 훌륭하다.

「공기, 물, 장소에 관하여」

영역: J. 채드윅, W. N. 맨

어쨌든 이 정도 이론은 호메로스보다는 훨씬 발전된 수준이다. 호메로스의 경우에는 이처럼 정형화된 논리가 아직 없다. 오히려 호메로스의 서사시 구성에 깊은 영향을 미친 것은 식민화 시대였다. 키클롭스가 사는 섬에 대한 오디세우스의 묘사에서 우리는 그 시절 괜찮아 보이는 거주지를 찾아낸 정착민이 현지에 대해 개략적인 품평을 하던 모습 같은 것을 느낄 수 있다.

그 섬은 쓸모없는 곳이 아니고
철 따라 안 나는 것이 없었지요.
그 섬에는 잿빛 바닷물의 기슭에 물기 많은 부드러운 풀밭이 있고,
포도나무들도 시들 줄 모르며, 땅은 쟁기질하기 좋게 평평하더군요.
그러니 거기서는 깊숙이 뿌리내리는 곡식을 철 따라 계속
거둘 수 있을 것이오. 그만큼 땅 밑이 기름지니까요.

『오디세이』 9권 143-149행

이 대목은 과거를 회상하며 하는 얘기다. 지금 오디세우스는 예전에 겪었던 모험들을 자신에게 우호적인 파이아케스 사람들에게 이야기해주고 있다. 파이아키아는 그가 마지막으로 고향을 향해 떠나기 직전에 머물렀던 곳이다.

파이아케스 사람들은 어떤 면에서는 교활하지만 오디세우스에게는 손님 대접을 참 잘 해줬다. 배와 선원들을 내주고, 보물까지 잔뜩 실어 그를 고향으로 데려다준다. 하지만 오디세우스는 (테네시 윌리엄스의 희곡 『욕망이라는 이름의 전차』에 나오는 망가져가는 여주인공 블랑슈 뒤부아처럼) 낯선 존재들의 친절에 목을 맨 신세다. 난파를 당해 미지의 해변에 도착할 때마다 만나는 대상이 친구냐 적이냐에 따라 운명이 갈린다. 파이아키아 해변에 떠밀려 갔을 때처럼 상냥하고 매력적인 젊은 공주가 기다리고 있을 수도 있고, 키클롭스 폴리페모스의 동굴에 갇혔을 때처럼 괴물의 저녁거리로 전락할 위기를 맞을 수도 있다.

> "아아, 괴롭구나! 나는 또 어떤 인간들의 나라에 온 것일까?
> 저들은 오만하고 야만스럽고 옳지 못한 자들일까,
> 아니면 나그네에게 친절하고 신을 두려워하는 마음씨를 가진
> 자들일까?"

『오디세이』 6권 131-133행

파이아키아에 도착한 오이디푸스가 신음처럼 내뱉는 혼잣말이다.

그는 분노한 포세이돈이 보낸 거센 바람과 풍랑을 이제 간신히 모면한 처지다. 따라서 그의 목소리에서 지푸라기라도 잡고 싶은 심정 같은 게 느껴지는 것은 놀라운 일이 아니다. 지금까지 그는 온갖 좋고 나쁜 주인들을 만나 이런저런 대우를 받아왔다. 물론 대부분은 나쁜 주인이었지만……. 호메로스에서 등장하는 주인과 손님의 관계는 이후 고전 그리스 시기까지 대단히 중요한 하나의 관습이었다. 제우스 자신이 주인과 손님의 신성한 유대 관계를 보호했다. 따라서 낯선 사람이 문간에 나타나면 주인은 그를 잘 대접해야 했다. 먹이고 재우고 떠날 때는 많은 선물을 딸려 보내는 것이 관례였다(이런 얘기가 지금 우리에게 아주 이상하게 들리는 것은 우리 관습에서는 선물을 주는 것은 주인이 아니라 손님이기 때문이다). 이동성은 높지만 지금 같은 여행 인프라(호텔 등등)가 없던 사회에서 주객 관계가 강조된 것은 아주 현실적인 이유가 있다. 하지만 그보다 더 중요한 것은 이처럼 우정을 정형화한 형태의 유대 관계는 현실적인 힘을 발휘할 수 있다는 것이다. 경우에 따라서는 거의 정치적 동맹과 같은 효과를 낼 수도 있다. 『일리아드』 6권에서 트로이 전쟁의 적으로 만난 디오메데스와 글라우코스는 싸우지 않기로 하고, 갑옷을 교환한다. 두 사람의 조상이 손님으로서 친구가 된 사이였기 때문이다.

여행담 비중이 큰 『오디세이』에서 한 인물의 주인으로서의 처신은 그의 도덕적 품성을 판단할 수 있는 확실한 잣대가 된다. 도입부에서 텔레마코스는 아버지 소식을 알아보러 이타카를 떠난 뒤 필로스와 스파르타로 가서 아버지의 전우였던 네스토르와 메넬라오스를 방문한다. 메넬라오스는 관대한 주인이다. 열정이 지나친 것이 다소 흠이라고 할 정도다. 그는 텔레마코스를 스파르타에 일 년 정도 잡아둘 요량으로 말과 마차까지 선물하려고 한다. 그러나 텔레마코스는 일 년씩 머물기는 어렵고 바위가 많은 고향 이타카 섬에서는 말이 쓸모가 없다며 공손하게 사양한다. 그러자 메넬라오스는 정중하게 제안을 거두고 대신 헤파이스토스 신이 만들고 시돈 왕이 자신에게 선물한 희석용 동이(포도주에 물을 탈 때 쓰는 작은 항아리—옮긴이)를 선물한다(선물 받은 물건을 다시 선물하는 행위는 호메로스의 세계에서는 결례가 아니다). 어떤 인물이 손님을 대접하는 행태는 그의 삶의 자세와 똑같다. 메넬라오스의 경우 손님한테 지나치게 잘해주고, 어찌 보면 생각이 없는 사람처럼 보이기도 한다. 텔레마코스가 어색해질 수도 있는 주인과의 관계를 무리 없이 끌고 갔다는 것은 인간적으로 성숙해지고 있다는 표시다.

오디세우스도 전혀 다른 차원에서 부담스러운 호의를 베푸는 주인을 잘 구슬려야 할 형편이다. 님프 칼립소 얘기다. 칼립소는 오디세우스가 자기 섬을 떠나는 것을 허용하지 않는다. 그래서 그는 칼립소의 섬에서 7년을 붙잡혀 있게 된다. 『오디세이』 도입부에서 그는 이 섬에 억류돼 있는 것으로 나오는데 아테나 여신은 이제 그를 도와줄 때가 됐다고 판단한다. 사실 섬을 떠나면 상황은 더 나빠질 수도 있었다. 칼립소의 동굴은 5성급 호텔 수준이고 온갖 산해진미가 넘친다. 게다가 그녀는 오디세우스를 영원히 죽지 않는 존재로 만들어주겠다는 제안까지 한다. 쉽게 받을 수 없는 대접이다. 그러나 오디세우스는 고향 이타카로, 아내 페넬로페에게로 돌아가고 싶은 마음이 간절하다. 결국 헤르메스가 제우스의 명을 받고 잽싸게 달려가 전한 메시지 덕분에 칼립소는 오랜 손님을 풀어주게 된다〔솔직히 말해서 칼립소가 그토록 상냥하고 사랑스러운 여자가 아니었다면 영화 〈미저리Misery〉의 여주인공 캐시 베이츠(인기

소설가를 붙잡아두고 엽기적인 애정 공세를 퍼붓는 여자 역을 맡았다—옮긴이) 처럼 느껴졌을 것이다〕.

칼립소의 손아귀를 벗어난 오디세우스는 또다시 만만찮은 마녀와 힘겨운 싸움을 해야 한다. 이번에는 아이아이아Aeaea(모음만으로 구성된 지명으로 앞으로 읽으나 뒤로 읽으나 발음이 같다)라고 하는 섬이 무대다. 아이아이아 섬에 도착한 오디세우스는 다른 생명체가 있는지 알아보기 위해 먼저 수하들을 선발대로 보낸다. 선발대가 집 한 채를 발견하고 문을 두드리자 무서운 마녀 키르케가 나타나 그들을 돌연 돼지로 만들어 버린다(매너 있는 행동이라고 하기는 어렵겠다). 오디세우스는 마법의 약초를 먹고 칼로 마녀를 위협해 부하들과 같은 운명이 되는 것을 면한다. 이후 키르케는 손님에게 최선을 다하는 여주인으로 변신한다. 오디세우스와 선원들은 한껏 즐거움을 누리며 그렇게 일 년을 아이아이아 섬에서 보낸다.

사실 이런 예측 불가의 여성들은 극악한 존재는 아니다. 거인족 라이스트리고네스는 식인종으로 『오디세이』 10권에서 오디세우스 함대를 통째로 잡아먹는다. 오디세우스가 탄 배만이 간신히 잡아먹히지 않고 위기를 벗어난다. 이어 등장하는 것이 폴리페모스로 외눈박이 거인 키클롭스의 우두머리다. 오디세우스와 동료들은 미지의 해변에 도착하자 섬 안쪽으로 탐사를 갔다가 폴리페모스의 동굴에 갇히게 된다. 오디세우스는 괴물에게 제우스의 손님 우대법을 존중하라고 요구하지만 폴리페모스는 콧방귀만 뀐다. 그러면서 오디세우스에게는 "손님에 대한 선물로 맨 나중에 잡아먹어주겠다" 고 말한다.

마침내 오디세우스는 이타카에 도착했지만 고향 섬에서도 이방인

취급을 받는다. 늙은 거지로 변신한 그는 일부러 이방인 노릇을 계속하면서 아내 페넬로페에게 찝쩍거려온 구혼자들에게 정체를 드러낼 때를 기다린다. 변신하고 정체를 감추는 것은 그가 알던 사람들의 품성을 시험해보는 아주 좋은 방법이다. 이렇게 해서 아무런 제재나 간섭이 없을 경우 그들이 낯선 사람들을 어떻게 대하는지, 그리고 장기간 자리를 비운 왕(오디세우스)에 대해 진짜로 어떻게 생각하는지 알게 된다. 늙은 돼지치기 에우마이오스가 가장 높은 점수를 받는다. 그는 매우 가난하지만 꾀죄죄한 이방인이 어떤 사람인지도 모른 채 그를 왕처럼 대접한다. 극진히 환영하고 음식을 대접하고 외투를 벗어 나그네에게 덮어주고 자신은 차게 잔다. 그의 행동은 오디세우스의 궁전에 진을 치고 있는 구혼자들과 완전히 대조된다. 구혼자들은 손님으로서의 지위를 악용할 뿐 아니라—텔레마코스와 페넬로페 모자는 이들을 대접하다가 먹을 것이 바닥 날 정도다—주인을 겁주고 거지 오디세우스를 신나게 조롱한다.

"수많은 사람들의 도시들을 보았고, 그들의 마음을 알았다." 진짜로 이렇게 한 가장 유명한 그리스인은 당연히 헤로도토스다. 존경 받아 마땅한 그는 역사의 아버지이자 해외 특파원의 원조였다. 그의 『역사』에는 그리스인들의 경계 너머에 있는 온갖 세상과 종족에 관한 흥미진진한 이야기가 무궁무진하다. 이집트, 리비아, 에티오피아, 아라비아, 그리고 리디아, 아시리아, 페르시아까지……. 스키타이와 트라키아도 빼놓을 수 없다. 그는 언급한 지역을 모두 가보지는 않았지만 놀라울 정도로 많이 돌아다녔던 것 같다. 예를 들어 러시아의 드네프르 강에서 직접 본 것들에 대한 서술도 있다. 이탈리아 남부, 흑해 해변, 리비아에서 이것저것 알아본 내용들을 넌지시 언급하는 대목도 나오고, 이집트에서 심혈을 기울여 조사한 내용을 상세히 기록한 부분도 있다.

헤로도토스는 여행 중에 만난 현지인들에게 물어봤다고 말한다. 그러나 그는 그리스어밖에 몰랐고, 그래서 통역에 의존했다. 따라서 그가 전해 들은 모든 것을 그리스 중심적인 세계관을 통해 걸러서 해석한 것은 놀라운 일도 아니다. 사정이 이렇다 보니 그의 기사에는 대단히 흥미롭지만 말이 안 되는 얘기가 많다. 하지만 상식에 부합하고 적확한 내용도 엄청나게 많다. 나일 강 일대의 지리와 자연 조건에 관해 날카로운 시각으로 언급한 부분이나 스키타이인들의 관습을 설명한 대목 같은 것이 그렇다. 스키타이인 얘기는 얼핏 사실과는 동떨어진 얘기처럼 들리지만 현대 고고학의 연구 결과 사실에 부합하는 것으로 평가 받고 있다. 그는 또 공정하고 냉철하려고 노력했다. 물론 그 역시 특히 좋아하는 족속과 지역들이 있다(이집트가 아주 높은 평가를 받는다. 그는 복잡하고 독창적인 고대 이집트 문명에 대해 감탄을 금치 못한다). 아마도 가장 이국적이고 우스꽝스러운 얘기는 금을 모으는 거대한 개미 얘기일 것이다(이 다음으로 우스운 일화는 아마도 꼬리가 너무 길어서 꼬리를 말아 담는 작은 상자를 끌고 다녔던 아라비아의 양에 관한 얘기일 것이다). 인도에 있는 이 놀라운 개미는 "여우보다는 크고 개보다는 작다." 거인 개미는 지하에 구멍을 파서 집을 만들고 땅속에 있던 귀금속을 지표면으로 배출한다. 뻥인 것 같지만 2007년 유명한 과학 잡지 『뉴 사이언티스트New Scientist』에 실린 한 학술 논문에 따르면 흰개미는 지하 30미터까지 굴을 파는데 지상에 쌓인 개미탑에는 귀한 광물류가 들어 있다. 헤로도토스가 묘사한 것과 동일하다. 나아가서 이 논문은 호주 지질학자들이 현재 이런 흰

개미를 "다이아몬드, 금, 기타 지하자원의 새로운 보고"로 보고 있다고 소개했다. 『뉴 사이언티스트』 그 다음호의 독자 편지 난에는 헤로도토스의 선견지명을 지적하는 글이 실리기도 했다. 물론 흰개미는 여우만 하지 않다. 아마도 통역 과정에서 뭔가 착오가 있었기 때문일 것이다.

또 하나 헤로도토스에서 중요한 측면은 '그리스인은 훌륭하고, 외국인은 악당'이라는 단순 논리에 빠질 만큼 엉성한 사상가가 아니라는 점이다. 물론 그가 소개하는 외국인들의 모습에는 앞에서 우리가 언급한 희화화된 측면이 있다. 하지만 그의 『역사』에는 현명하고 합리적인 외국인이 많이 등장한다. 그리고 헬라스중심주의적 성향이 강하기는 하지만 외국인들의 예절과 관습을 놀라울 정도로 상대적인 관점에서 서술한다. "모든 인간에게 세상에서 가장 훌륭한 행동규범을 선택하라고 명하면 각 집단은 한참 따져본 뒤에 자신들의 관습을 가장 훌륭한 것으로 선택할 것이다. 각 집단은 자기네 관습이 단연 최고라고 생각한다." 헤로도토스의 지적이다. 이어 그는 자신의 주장에 대한 근거로 페르시아 궁정에서 있었던 일화(진짜 기이하다)를 상세히 소개한다.

> 예컨대 다리우스가 왕이 되었을 때, 자신의 궁전에 와 있던 헬라스인들을 불러놓고 돈을 얼마나 주면 죽은 아버지의 시신을 먹겠느냐고 물었다. 그러자 헬라스인들은 돈을 아무리 많이 주어도 그런 짓은 할 수 없다고 대답했다. 이어 다리우스는 부모의 시신을 먹는 칼라티아이족이라는 인도 부족을 불러놓고, 그들이 하는 말을 입회한 헬라스인들도 통역을 통해 알아들을 수 있게 조치한 다음, 돈을 얼마나 주면 부모의 시신을 화장하겠느냐 물었다. 그러자 칼라티아이족은 비명을 지르며 그런 불경한

말씀은 제발 삼가달라고 했다.

『역사』 3권 38장

영역: 로빈 워터필드

헤로도토스는 시인 핀다로스의 "관습이 왕이다"라는 말을 인용하는 것으로 결론을 대신한다. 헤로도토스의 경우 여행이 진실로 정신적 시야를 넓혀준 것이 아닌가 싶다.

그의 얘기를 듣다 보면 가끔 여행가이드 같은 느낌이 든다. 그것도 현지 유명 건축물의 규모를 설명하는 것은 기본이고 혁명이 일어나던 날 밤 침대에서 왕과 왕비가 주고받은 얘기까지 시시콜콜 전해주는, 마음에 꼭 드는 가이드다. 헤로도토스가 에게 해 크루즈로 유명한 해운회사 '스완 헬레닉Swan Hellenic'을 운영한다면 아마도 다음과 같은 코스를 집중 공략했을 것이다.

이집트와 나일 강 코스

피라미드를 살펴보겠습니다. 이집트 하면 꼭 둘러봐야 할 유적이죠. (여기서 알아두셔야 할 점은 이 나라는 특이한 기후와 지리 조건 때문에 거의 모든 관습이 다른 지역과는 정반대라는 것입니다. 예를 들어 여자들은 밖에 나가 시장에서 물건을 팝니다. 남자들은 집에서 길쌈을 하지요. 여자들은 서서 오줌을 눕니다. 남자들은 앉아서 갈기고요.) 자연을 사랑하시는 분이라면 나일 강을 따라가면서 악어와 하마를 구경하는 게 딱입니다. 새 관찰을 즐기는 분들은 불사조를 볼 수 있는 기회도 있습니다. 그런데, 어떡하죠? 불사조는 500년에 한 번씩 나타나니까 장담은 못 드리겠네요. 그 대신 아라비아의 날아다니는 뱀을 구경하실 수 있습니다. 녀석들이 이집트로 이동하는 과정에서 따오기류 포식자들한테 잡아먹히지 않는다면 말입니다.
옵션도 있습니다. 미라 제조 작업장 견학입니다. 현지인들이 죽은 자들의 내세 생활을 어떻게 준비하는지가 볼 만합니다.

에티오피아 코스

태양의 식탁을 방문합니다. 상상할 수 있는 모든 동물 고기가 하룻밤 사이에 땅에서 바로 생산돼 나오는 곳입니다. 정말이랍니다.

흑해 코스

험악한 유목민 스키타이족을 만나보실 수 있습니다. 첫날 저녁엔 현지를 대표하는 고기 요리를 맛볼 겁니다. 쓰레기가 전혀 남지 않는 스키타이 특유의 요리법이 흥미롭습니다. 동물의 살코기를 그 동물의 가죽으로 만든 용기에 담아 삶고, 그 뼈로 만든 불로 굽는 겁니다.
스키타이인 특유의 현지 의상을 보고 감탄하실 기회도 있습니다. 사람 머리가죽으로 만든 외투가 압권이지요.
쇼핑 목록: 다른 데서는 볼 수 없는 기념품이 많습니다. 사람 팔 가죽으로 만든 화살집 덮개 같은 것도 괜찮지요.
옵션으로 스키타이 사원 방문이 있습니다. 〔인신공희(人身供犧)라고 해서 사람을 신에게 제물로 바치는 의식이 진행될 수도 있다는 점을 염두에 두시기 바랍니다. 본사는 할리카르나소스호에 탑승하신 여행자 개인의 안전은 전혀 책임지지 않습니다.〕

이렇게 설명을 하고 보니 휴가를 만끽하고 있는 기분이다.

헤로도토스(페르시아 전쟁을 기록한 역사가보다는 이국적이고 신기한 에피소드를 소개하는 작가로서의 헤로도토스)는 1996년 앤서니 밍겔라 감독이 마이클 온다치의 소설을 영화화한 〈잉글리시 페이션트〉가 개봉된 이후 모처럼 다시 인기를 누렸다. 영화에서 영국인 환자 알마시(분노를 감춘 듯한 표정의 랠프 파인즈가 알마시 역을 맡았다)는 늘 헤로도토스의 책을 끼고 다닌다. 사하라 사막을 탐사하면서 지도 만드는 작업을 하는 그는 "지형지물을 확인하기 위해 가끔 헤로도토스의 책을 펴본다." 신혼인 캐서린과 조프리 커플이 알마시의 탐사팀에 합류한다. 어느 날 밤 캠프파이어를 하면서 캐서린(매혹적인 크리스틴 스콧 토머스가 캐서린 역을 맡았다)은 칸다울레스의 부인 이야기를 한다. 헤로도토스의 『역사』 1권에 나오는 이야기다.

이런 내용이다. 리디아의 왕 칸다울레스는 아내를 너무도 사랑했다. 그는 총애하는 시종 기게스에게 아내가 얼마나 아름다운지에 대해 온갖 얘기를 다해줬다. 나중에는 이렇게 말했다. "기게스, 자넨 내 말을 믿지 않는 것 같아. 그녀의 벗은 몸을 직접 보여줘야겠군." 그러다가는 일이 곤란해질 것이라며 기게스는 왕을 말렸다. 하지만 칸다울레스는 왕비가 그런 작전을 알아채지 못하게 잘 할 것이라며 고집을 부렸다. "침실 열린 문 뒤에 숨어 있기만 하면 돼. 내가 미리 가 있을 테니까. 그럼 아내가 옷을 벗는 동안 등 뒤에서 보다가 살짝 나가면 되지." 기게스는 왕의 얘기를 들으면서 걱정이 태산이었다. 아닌 게 아니라 칸다울레스의 아내는 기게스가 문 뒤로 방을 빠져나가는 것을 간파했다. 그러나 비명을 지르는 대신 아무것도 못 본 척했다. 복수는 냉철하게 조직적으로 해야 제맛이기 때문이다.

다음 날 아침 왕비는 기게스를 불러 말했다. "칸다울레스를 죽이고 그의 왕국과 왕비를 차지하든지, 아니면 지금 이 자리에서 죽든지 택일하라. 그래야 그대가 어젯밤 한 것과 같은 짓을 다시는 내게 하지 못할 테니까. 선택하라. 그런 짓을 도모한 자를 죽일 것인지, 감히 내 알몸을 엿본 자가 죽을 것인지." 기게스는 제발 선택을 강요하지 말아달라고 애원했지만 왕비는 막무가내였다. 그래서 하는 수 없이 자신이 사는 쪽을 택했다. 그렇게 해서 기게스는 리디아의 왕이 됐다.

〈잉글리시 페이션트〉에서 캐서린이 이 이야기를 하면서 알마시와의 분위기는 묘하게 달아오른다. 두 사람은 깊은 사랑에 빠진다. 헤로도토스에서 빌려온 이야기가 앞으로 벌어질 사건을 예고하는 역할을 하는 것이다. 원작 소설에서는 이 에피소드가 개인적인 것과 정치적인 것이 어떻게 얽히고설키는지, 인간사가 어떻게 역사를 형성하는지를 되새기게 하는 역할도 한다.

그러니 사막에서 캠프파이어를 하며 추운 밤을 보내야 하는 사람들은 헤로도토스의 이국적인 이야기를 미리 준비해두는 것도 나쁘지 않을 것 같다. 그런데 어떤 이야기를 골라야 할까? 폭군 폴리크라테스 이야기는 어떨까? 그는 동맹 관계인 다른 왕의 충고를 받고 애지중지하는 반지를 바다에 던져버렸다. 그런데 다음 날 어부들이 저녁거리로 잡아서 바친 거대한 물고기의 뱃속에서 그 반지가 나왔다. 이게 아니면 위대한 음유시인 아리온이 해적들에 의해 바다에 던져졌다가 돌고래 등을 타고 살아난 이야기는 어떨까? 다리우스 대왕이 특정 시각에 자신의 말을 울게 함으로써 페르시아 왕위를 차지했다는 이야기는 또 어떨까? 태어나자마자 버려졌지만 기적적으로 정체가 밝혀지고 결국에는 거대한 제국을 세운다는 키루스 대왕 이야기는 또 어떨까? 나 개인적으로는 현자 솔론이 리디아 왕국의 크로이소스 왕을 찾아간 얘기가 제일 마음에 든다. 솔론은 아테네 민주주의의 할아버지격인 인물이고, 크로이소스는 기게스의 먼 후예이며 리디아는 그리스계와는 다른 소아시아 서부의 왕국이다.

크로이소스 이야기는 이렇다. 리디아의 왕 크로이소스는 엄청난 부자였고, 주인으로서 손님 대접을 거창하게 하는 인물이었다. 솔론이 찾아오자 그는 이 아테네인을 위해 가지고 있는 수많은 금은보화와 예술품을 보여줬다. 눈이 어지러울 정도의 보물을 다 구경하고 나자 크로이소스는 손님에게 물었다. "존경하는 솔론 선생, 우리는 선생의 양식과 지혜에 대해 많이 들어 알고 있습니다. 묻고 싶은 게 있습니다. 세상의 그 누구보다도 행복하고 운이 좋은 사람을 만나보신 적이 있는지요?" 크로이소스는 아테네인 솔론에게 이렇게 말하면서 만면에 미소를 띠고 산더미처럼 쌓인 금화와 미술품을 건너다보았다. 솔론이 당신이야말로 세상에서 가장 운 좋은 사람이라고 말할 것이라고 자신했던 것이다. 그런데 솔론은 이렇게 답했다. "그럼요, 전하. 그런 사람을 봤습니다. 아테네의 텔로스입니다."

크로이소스는 약간 짜증이 났다. 리디아의 왕인 자신이 듣도 보도 못한 그 그리스인보다 훨씬 부자인 것이 분명했기 때문이다. 솔론은 설명을 해줬다. "전하, 아주 간단한 얘기입니다. 텔로스는 선량한 사람이고 우리의 보잘것없는 기준으로 보면 꽤 부자였습니다. 아들 다섯을 두었는데 장성할 때까지 잘 키웠지요. 그리고 아테네가 이웃 나라들과 전쟁을 하게 됐을 때 그는 혈혈단신으로 적을 물리치러 나섰습니다. 그러다가 영광스럽게 전사했지요. 이후 아테네인들은 그에게 성대한 장례식을 치러주었습니다."

"네, 그렇군요." 크로이소스는 말은 이렇게 했지만 여전히 짜증스러웠다. 그는 또 물었다. "그래도 궁금한 게 있는데요, 솔론 선생……. 그렇다면 세상에서 두 번째로 행복한 사람은 누구라고 보십니까? 특별히 생각나는 인물이 없을 것 같은데 그렇지 않습니까?" 솔론은 바로 대답했다. "그것도 의심의 여지가 없습니다. 세상에서 두 번째로 행복한 사람은 클레오비스와 비톤입니다."

"누구요?" 크로이소스가 퉁명스럽게 반문했다. "또 그리스인은 아니겠지요?"

"아니요, 그리스인입니다." 솔론이 말했다. "클레오비스와 비톤 형제는 아르고스의 유명한 운동선수로 상도 많이 탔습니다. 하지만 제가 형제를 거론한 이유는 그 때문이 아닙니다. 한번은 형제의 어머니를 급히 헤라 여신 신전으로 모셔 가야 하는데 수레를 끌 소가 없었습니다. 그래서 클레오비스와 비톤은 수레에 몸을 묶고 신전까지 8킬로미터를 넘게 끌고 갔습니다. 놀라운 일이지요. 그들이 도착하자 사람들은 깜짝 놀랐습니다. 어머니는 곧바로 여신상으로 올라가 두 아들에게 무엇이든 인간이 가질 수 있는 최고의 것으로 보상을 해주십사 하고 기도를 올렸습니다. 나중에 신전에 있던 두 형제는 피곤한 나머지 잠이 들었고, 다시는 깨어나지 않았습니다. 잠을 자다 죽은 것이지요. 아르고스 사람들은 형제의 상을 만들어 델포이 신탁소에 바쳤습니다."

"저런!" 크로이소스가 말했다. "그런 보통 사람들의 행복을 왕 같은 인물의 행복보다 더 높게 평가하는 거요? 선생이 지혜롭다는 말은 다소 과찬인 것 같군요."

"제 말씀을 들어보십시오." 솔론이 답했다. "전하의 부가 엄청나다는 것은 저도 알고 있습니다. 전하의 예술 감식안은 완벽하고 왕국의 판도도 엄청납니다. 하지만 인간의 삶에는 많은 날이 있습니다. 제가 계산한 바로는 70까지 산다고 치면 2만 6,250일이 됩니다. 그 많은 매일 매일이 행운을 가져다주지는 않을 겁니다. 솔직히 말해서 저는 전하를 운 좋은 분이라고 생각합니다. 하지만 언제 무슨 일이 닥칠지는 알 수 없지요. 내일 왕위를 잃으실 수도 있습니다. 제 생각에는 잘 죽기 전까지는 누구도 진정으로 행복한 사람이라고 말할 수 없을 것 같습니다."

크로이소스는 솔론의 말에 극도로 화가 났고, 그가 현자라는 명성은 터무니없는 낭설이라는 결론을 내렸다. 그가 솔론의 조언에 귀를 기울였더라면 운명이 달라졌을지 모르겠다. 결국 크로이소스는 왕국을 페르시아인들에게 빼앗기게 된다. 세상에서 가장 행복한 사람이라고 자부한 데 대한 신의 징벌이었을까? 그거야 알 수 없는 노릇이지만 그는 왕국을 잃었고, 덕분에 페르시아인들은 제국을 건설하게 됐다. 이렇게 해서 페르시아의 힘이 커진 결과 마침내 그리스까지 화가 미치게 된다.

7장 신들의 황혼

과학의 태동, 탈레스에서 아리스토텔레스까지

BC 6세기 초 이오니아 지방의 도시 밀레토스에 탈레스라는 사람이 살고 있었다. 플라톤의 대화편 『테아이테토스Theaetetus』에 따르면 탈레스는 천체를 관찰하다가 발을 헛디뎌 우물에 빠져 죽었다. 불쌍한 사람……. 초기 그리스 과학은 경우에 따라 경험적 토대가 불충분하다거나 우주론 관련 주장과 반론에 너무 매달린다는 비판을 받을 소지가 있기는 하지만, 최소한 전설에 따르면 그리스의 과학(과 철학)을 정초했다고 하는 탈레스는 자연현상 관찰에 비상한 관심을 쏟았다. 별을 보느라 어디로 가는지조차 깜빡한 탈레스는 일상사는 팽개친 채 이론 작업에 몰두하는 사상가의 모습을 처음으로 정형화한 에피소드라고 할 수 있겠다.

고대 그리스에는 우리가 지금 과학science이라고 부르는 단어에 해당하는 말이 없었다. 최초의 사상가들은 지금 '소크라테스 이전 철학자들

pre-Socratic philosophers' 이라는 포괄적인 용어로 뭉뚱그려지고 있지만 본인들은 자신들이 하는 작업을 '탐구enquiries' 라고 불렀을 가능성이 높다. 탐구는 차원은 좀 다르지만 역사가 헤로도토스가 했던 바로 그 작업이다. 탈레스와 그 일파가 헤로도토스와 공통된 점이 있다면 자연현상(헤로도토스의 경우에는 역사현상)을 탐구하되 신이나 초자연적 존재의 관점에서 설명하지 않는다는 것이다. 세계를 합리적으로 이해 가능한 사태들의 연속으로 설명하려고 처음 시도했다는 것, 즉 바다의 폭풍은 포세이돈 신이 보낸 것이 아니고 번개도 제우스가 내린 것이 아니라고 말한 것이야말로 지적 혁명이고, 이는 후일 엄청난 파급력을 발휘하게 된다. 유럽사를 기준으로 보면 종교개혁이나 계몽주의를 불러온 지적 혁명만큼은 아니더라도 그에 못지않게 중요한 사건이다. 세계에 대한 합리적인 접근은 이후 BC 5세기에 풍요롭게 꽃피는 철학, 문학, 정치 분야의 발전의 토대가 되었고, 신이 아니라 인간을 우주의 중심에 놓는 길을 열었다.

그러나 고대 이집트와 바빌로니아를 숭앙하는 사람들은 그리스인들이 앞서 나가기 훨씬 전에 수학과 천문학 분야에서 엄청난 발전이 있었다고 주장할 것이다. 타당한 지적이다. 플라톤도 그런 성취에 힘입었다고 인정한 바 있다. 예를 들어 바빌로니아인들은 그리스인들보다 훨씬 정확한 달력을 가지고 있었다. 그리스계 폴리스들은 각기 사용하는 달력이 있었는데 대단히 혼란스러웠고, 동일한 달(월)에 대한 명칭도 서로 달랐다. 특히 태음력 체계였기 때문에 태양력 시스템과는 맞지 않았다. 태음력을 기준으로 일 년을 계산하면 매년 10일 정도가 남게 된다. 따라서 몇 년마다 계절과 아귀가 맞지 않아서 한여름에도 한여름 날씨가 아닌 경우가 생긴다. 그래서 윤달을 두어 불균형을 바로잡으려고 했다.

초기 과학자들의 작업은 작은 단편 같은 기록에 보존돼 있거나 다소 모호하고 잠언 같은 어구로 표현돼 있다. 후대의 작가들이 인용 또는 요약한 내용으로 전하는 경우도 있다. 그들의 이론을 짜 맞춰서 체계를 세워주는 일은 미묘하고도 논란의 소지가 많은 작업이다. 탈레스는 '세계는 물에 의해 지탱된다' 는 이론을 제시했다. 그리고 지진은 포세이돈의 역사(役事)와는 무관한, 땅 밑에서 파동이 일어난 결과라고 주장했다. 역시 밀레토스인으로 탈레스의 제자로 추정되는 아낙시만드로스는 『사물의 본질에 관하여**On the Nature of Things**』라는 산문 논문을 썼다. 이로써 그는 그리스어로 보전된 최초의 산문 문장 가운데 하나를 쓴 사람으로 평가된다. (그리스어로 산문을 쓴 최초의 작가로 유명한 인물은 키클라데스 제도의 일부인 시로스 섬 출신의 페레키데스로 BC 6세기 중엽에 신들과 우주 창조에 관한 글을 썼다.) 아낙시만드로스에게 세계를 주재하는 원리, 즉 '세계를 지탱하는 것' 은 무한자(無限者)**the Boundless/the Infinite**였다(이는 탈레스가 해결하지 못한 문제, 즉 세계를 지탱하는 것이 물이라면 물을 지탱하는 것은 무엇이냐 하는 문제에 답하려는 시도다). 아낙시만드로스는 그리스 천문학에서 천체에 대한 기계적 모델을 최초로 설정하려고 했다. 지구는 꼭대기 부분이 납작한 실린더와 같은 모양이라고 그는 주장했다. 반면에 해와 달과 별들은 감춰진 불의 수레바퀴에 의해 형성된다. (다른 말로 하면 그는 우리가 별이라고 하는 것을 "자전거 바퀴와 같은 거대한 천체에 난 작은 구멍과 같은 것" 으로 봤다고 저명한 그리스 과학 전문가는 평한 바 있다.) 대칭은 아낙시만드로스의 핵심 개념이다. 정반대되는 존재가 각기 뜨겁고 찬 것, 건조하고 습한 것을 낳았다. 아낙시만드로스의 제자인 아낙시메네스는 BC 6세기의 삼사분기에 활동한 인물로 스승과 달리 공기가 우주를 형성하는 기본물질이라는 주장을 제시했다. 숨이 인간을 지배하듯이 공기가 세계를 주재한다는 얘기다. 만물의 변화와 세계의 형성을 설명하기 위해 그는 공기가 농축되고 희박해진다는 관념을 제시했다. 공기는 희박해지면 불로 변하고, 농축되면 물로 변하며, 거기서 더 농축되면 돌이 된다는 것이다.

또 다른 이오니아인인 피타고라스—사모스 섬 출신으로 나중에 이탈리아의 크로톤으로 이주했다—는 그의 이름이 붙은 유명한 정리 때문에 그리스 초기 사상가들 중에서 가장 유명한 인물로 꼽힌다. 그는 신비주의 신앙을 공유하는 무리의 중심인물이었으며, 영혼 윤회설을 주창했다. 영혼은 육신이 죽으면 다른 깃들 곳을 찾아간다는 관념이다. 피타고라스학파는 채식주의자들이기도 했다(영혼 윤회설 신앙의 결과이다). 사실 나로서는 그들이 단백질 섭취를 어떻게 했을지 좀 염려가 된다. 분명하지 않은 이유로 콩도 먹지 않았기 때문이다. (이에 대해서는, 콩을 먹으면 방귀가 나와서? 콩이 영혼의 윤회에 모종의 특별한 역할을 하기 때문에? 등등 학문적인 논쟁이 무성하다.) 피타고라스와 그의 추종자들은 수를 우주를 조직화하는 원리로 봤고, 그래서 수학에서 빛나는 성과를 이뤘다. 이후 BC 3세기 유클리드가 등장할 때까지 피타고라스는 수학의 최고봉으로 평가됐다. 대표적인 것이 '직각삼각형에서 빗변의 제곱은 다른 두 변의 제곱의 합과 같다' 는 피타고라스의 정리다. 피타고라스학파는 음악 분야에서도 중요한 발견을 이뤘다. 한 옥타브의 음정, 즉 5도와 4도는 단순 비율(1 : 2, 2 : 3, 3 : 4)로 표현할 수 있다는 것이다. 하지만 수에 대한 집착은 음악 분야를 훨씬 넘어섰다. 피타고라스학파 입장에서는 세계가 어떤 근본적인 차원에서 수로 만들어졌다. '천체의 음악'이라는 관념도 피타고라스학파에서 나왔다. 천체의 운동이 들을 수 없는 소리를 만들어냈다는 것이다(피타고라스 자신을 제외하고는 누구도 들을 수 없는 소리다). 후대의 피타고라스학파는 우주가 중앙의 불덩어리와 그 주변을 도는 달, 별, 행성 등으로 구성돼 있다고 생각했다. 여기에 다소 혼란스러운 개념이지만 눈에 보이지 않는 '대립 지구**counter earth**'가 존재한다. 우리 인간이 살고 있는 지구 아래 자체 시스템으로 돌아가는 또 다른 지구가 존재한다는 것이다. 터무니없는 소리로 들리지만 특이하게도 지구를 우주의 중심에서 제외하는 관점이라는 점에서 흥미롭다.

이탈리아 나폴리 남쪽의 엘레아(그리스 식민도시—옮긴이)에서 활동한 사람으로 파르메니데스가 있었다. 그가 BC 5세기 초에 쓴 시를 보면 화자가 대립물이 분리되지 않는(이 말이 무슨 의미인지는 확실치 않다) 신비한 지역으로 여행을 했다는 얘기가 나온다. 여기서 그는 한 여신을 만나는데 여신은 그에게 다음과 같은 관념을 계시해준다. 생각이나 발언은 대상이 있어야 하는 것이므로 무(無)는 우리의 생각이나 발언에 포함될 수 없다는 것이다. 어떤 사물이 말할 수 있거나 생각할 수 있는 것이라면 그것은 존재해야만 한다. 따라서 무는 우리의 발언에 포함될 수 없고, 복수(複數)나 변화도 마찬가지다. 그런 것들에 대해 말한다는 것은 비교하고 부정하는 언어를 사용하는 결과가 되기 때문이라는 것이다.

제논은 파르메니데스의 동료였고, 그의 유명한 역설들은 세계 속에 변화란 존재하지 않는다는 파르메니데스의 입장을 뒷받침하는 것이었다. 가장 유명한 예가 거북이와 경주하는 아킬레우스의 역설이다. "달리기 경주에서 가장 빠른 주자는 가장 느린 주자를 결코 따라잡을 수 없다. 왜냐하면 뒤쫓아 가는 사람은 일단 상대가 출발한 지점까지 가야 하는데 그 사이 느린 상대는 이미 어느 정도 항상 앞서 있기 때문이다." (아리스토텔레스가 인용한 '아킬레우스의 역설' 이다.) 좀 더 자세히 설명해 보자. 거북이가 아킬레우스보다 100걸음 앞에서 먼저 출발했다고 하자. 어느 정도 시간이 지나면 아킬레우스는 거북이가 출발한 지점에 도달할 것이다. 하지만 그때 거북이는 이미 그 지점을 지났을 것이다. 이런 식으로 아킬레우스가 거북이가 있었던 지점에 도달하면 항상 거북이는 그보다 조금 앞서 있다. 따라서 (상식과 달리) 아킬레우스는 거북이를 결코 따라잡을 수 없다. 이 역설에 대한 반박을 독자들께 숙제로 내드리고 싶다. 미적분 지식이 얼마간 문제 해결에 도움이 될 수 있을 것이다.

파르메니데스가 변화는 존재하지 않는다는 관점에서 세계를 해석하고 있을 때 지중해 건너편 에페소스에서 헤라클레이토스는 정반대 주장을 펴고 있었다. 변화야말로 역동적인 힘이라는 것이다. '만물유전(萬物流轉)' 은 그가 한 가장 유명한 발언이다. 물론 '모든 것은 흘러간다' 는 이 말에 대한 해석은 극히 다양하다. 그는 불이 만물의 기본이 되는 물질이라고 했고, 자연은 시위를 당긴 활과 같다고 주장했다. 이처럼 자연은 안정된 상태인 것처럼 보일 때에도 서로 반대 방향으로 잡아당기는 힘의 긴장 관계에 있다는 것이다.

파르메니데스와 헤라클레이토스는 서로 다른 방식으로 변화의 문제를 제시했다. 변화의 문제는 사실 '물질이란 무엇인가' 라는 문제와 긴밀히 연관돼 있다. (사물은 어디서 유래하는가? 사물이 존재하기를 멈춘다는 것은 어떤 의미인가?) 그런데 BC 492년경 태어난 엠페도클레스는 4원소, 즉 흙, 공기, 불, 물이 사물의 '뿌리(근원)'라는 이론을 제시했다. 다른 모든 것은 이들 4원소가 일정한 비율로 결합해서 만들어진 것이다(그가 제시한 원소들의 종류는 부정확하지만 물질이 기본 원소들이 특정 비율로 결합해서 형성된 것이라는 관념은 대단히 정확하다). '사랑'과 '다툼'이 실체를 결합시키거나 서로 떨어뜨려놓는 근본적인 힘이었다. 이 문제를 열정적으로 해결하려고 시도한 또 다른 인물이 이오니아인 아낙사고라스다(아낙시만드로스나 아낙시메네스와 헷갈리지 않길 바란다). 아낙사고라스는 모든 사물에는 다른 모든 사물의 일부가 들어 있다고 주장했다. "만물은 만물 속에 일정한 자기 몫을 가지고 있다." 따라서 예를 들어 정자에는 아이를 구성하는 모든 살과 피와 손톱과 뼈 등등의 일부가 포함돼 있다. 그럴 수밖에 없는 것이 (예를 들어) 살은 살 아닌 것으로부터 나올 수 없기 때문이다(라고 그는 생각했다). 아낙사고라스는 BC 500년경 태어나 나중에 아테네로 이주해서 거기서 페리클레스의 가정교사가 되었다. BC 5세기 중엽에 활동한 레우키포스와 데모크리토스는 물질이 어떻게 형성되는지에 관해 아낙사고라스와는 전혀 다른 생각을 하고 있었다. 이들은 물질이 눈에 보이지 않고 더 쪼갤 수도 없는 작은 입자들로 구성된다는 주장을 폈다. 이를 원자론이라고 하는데 당대에는 별로 인기가 없는 주장이었다.

천문학 분야에서는 플라톤이 천문학을 관찰에만 의존하지 않는, 엄밀한 수학적 학문으로 정립하는 데 큰 역할을 했다. 물론 관찰이 핵심 문제를 설정하는 데는 결정적이었다. 운문으로 쓴 농사 교본 『노동과 나날』 같은 극히 초기 문헌을 봐도 별들의 움직임을 관찰한 것을 농사에 활용한 것은 분명하다. 예를 들어 저자인 헤시오도스는 오리온자리와 시리우스가 중천(中天)에 들어갈 때 포도를 수확하라고 조언한다. 따라서 이미 별자리는 보는 위치에 따라 서로 다른 계절에 관측된다는 사실이 알려져 있었음을 알 수 있다. 대부분의 별은 동쪽에서 떠서 서쪽으로 진다는 것도 알려진 사실이었다. 다른 별들과의 관계에서 본 태양의 위치는 정기적으로 변하며, 대략 일 년을 주기로 황도대를 따라 서쪽에서 동쪽으로 움직인다는 것도 고대인들은 알고 있었다. 행성들도 황도대를 따라 이동하지만 움직이는 속도는 서로 달랐다. 금성과 수성은 황도대를 한 번 도는 데 대략 1년이 걸리지만 토성은 30년이나 걸린다. 별들이 황도대를 따라 운행할 때 경우에 따라 정지해 있거나 역행하는 것으로 보이는 현상도 관찰됐다. 별의 역행을 놓고 점성술사들은 온갖 점괘를 떠들어댔다. 수성이 물병자리에서 역행할 때는 비행기나 기차를 타지 말라 등등.

BC 4세기에 활동한 에우독소스는 이런 역행 운동을 설명하기 위해 놀라울 정도로 복잡하고 독창적인 수학 이론을 제시했다. 특히 지구를 중심에 둔 동심천구설(同心天球說)을 제시하면서 역행 현상을 설명하기 위해 8자를 옆으로 뉜 모양(∞)의 히포페데**hippopede**(그리스어로 '말에게 채우는 족쇄'라는 뜻이다) 모델을 제안했다. 〔행성들이 역행하는 진짜 이유는 지구가 아니라 태양이 천체의 중심이라는 것을 알면 훨씬 설명하기 쉽다. 태양이 중심이 되고 그 주위를 지구가 돌고, 태양 중심으로부터 지구보다 더 떨어진 위치에서 화성이 도는 모습을 상상해보라. 특정 시점에 지구는 화성을 '따라잡는다.' 이 과정은 지구에서 볼 때 화성이 정지해 있거나 역행(후진)하는 것으로 보인다. 이 모든 현상은 AD 16세기 코페르니쿠스에 이르러서야 제대로 설명된다.〕

에우독소스의 이론들은 그 독창성에도 불구하고 사실적인 데이터를 임의로 재단한다는 비판을 받아왔다. 하지만 다른 과학 분야, 즉 의학에서는 관찰이 여전히 중요한 역할을 하고 있었다. 고대 그리스의 기록은 어떤 질병과 그 질병을 치료하려는 노력에 관한 이야기로 시작된다. 『일리아드』에서 아폴론 신이 보낸 전염병은 그리스군에게 엄청난 재앙을 안겨준다. 성난 아폴론 신을 달래기 위해 아가멤논은 전쟁포로로 잡은 여자를 아버지인 아폴론 신을 모시는 트로이의 사제에게 돌려준다. 이후 전염병은 잦아든다. 문헌에 최초로 등장하는 의사들도 그리스인이다. 마카온과 포달레이리오스 형제는 의술의 신 아스클레피오스의 아들로 세 부자 모두 의술로 유명했다. 〔마카온과 포달레이리오스 형제는 지금까지도 영국 왕립외과대학**Royal College of Surgeons** 문장(紋章)에 모습을 뽐내고 있으며, 교수진 특별회원이기도 하다.〕『일리아드』 11권 끝부분에서 파트로클로스는 친구 에우리필로스가 부상한 것을 발견한다. 그런데 마카온과 포달레이리오스는 자리에 없다. 마카온은 부상을 당해 본인도 의사가 필요한 지경이다. 그래서 파트로클로스가 직접 소매를 걷어붙이고 응급처치에 나선다.

> 파트로클로스는 그 위에 에우리필로스를 뉘고
> 그의 넓적다리에서 날카롭고 쓰라린 화살을 칼로 파내고는
> 더운물로 상처에서 검은 피를 씻어냈다. 그런 다음 그가
> 고통을 멎게 하는 쓰라린 풀뿌리를 손으로 비벼 그 위에 붙이자
> 통증이 말끔히 가시며 상처도 아물고 피도 멎었다.

『일리아드』 11권 1008–1015행

이런 식으로 『일리아드』에서는 의술이 신이 내린 재앙과 전쟁터에서의 응급처치라고 하는 실용적 측면 두 가지가 결합된 관념으로 나타난다. 『오디세이』에서는 헬레네가 남편 메넬라오스와 손님들에게 트로이 전쟁의 트라우마를 잊게 만드는 약을 타 먹이는 흥미로운 장면이 나온다. 고대판 항우울제라고 볼 수 있을 것이다.

BC 500년경 그리스의 여러 도시국가에서는 새로운 종교집단이 번성하기 시작했다. 신화에 켄타우로스인 케이론으로부터 의술을 전수 받은 것으로 나오는 아스클레피오스를 숭배하는 집단이 점점 커진 것이다. 아스클레피오스는 건강 문제를 해결하려는 사람들에게는 신이었다. 그를 모시는 사원에서 잠을 자면 꿈에 그가 나타나 치료법을 말해준다고 했다. 아스클레피오스는 의료업을 수호하는 일종의 후원자이기도 했다. 그리스 의사들은 조직적인 동업자 집단은 아니었다. 요즘 같은 공인 자격증 같은 것도 없었다. (다만 코스 섬과 크니도스 섬이 의사들을 배출하는 곳으로 유명했다. 20세기의 스코틀랜드나 지금의 쿠바 같은 곳이라고 할 수 있다.) 당시의 의사들은 여러 곳을 떠돌면서 치료비를 받고 환자를 돌봤던 것으로 추정된다. 헤로도토스의 작품에는 그리스 의사 데모케데스 이야기가 나온다. 그는 사모스 섬의 폭군 폴리크라테스에게 고용돼 고정된 급료를 받고 일종의 공중보건의로 일했다. 나중에는 페르시아 왕비 아토사의 가슴에 난 종기를 치료하게 되고, 이후 그녀를 통해 다리우스 왕에게 그리스 정복이라는 흥미로운 제안을 한다. 데모케데스는 페르시아 측 사전 정찰대의 안내원이 된다. 하지만 그리스 의사들 가운데 가장 유명한 사람은 역시 '의학의 아버지'로 일컬어지는 코스의 히포크라테스였다.

히포크라테스는 생전에(BC 5세기 후반) 이미 유명했다. 30년쯤 어린 플라톤도 대화편 『파이드로스Phaedrus』에서 히포크라테스를 언급하고 있다. 그의 생애나 업적에 관해서는 알려진 것이 거의 없지만 BC 420년에서 370년 사이에 나온 엄청난 양의 의학 관련 문헌 자료를 통해 그의 면모를 엿볼 수 있다. 『히포크라테스 전집』이라는 제목으로 정리된 이들 문헌 가운데 일부는 히포크라테스가 직접 썼겠지만 대부분은 다른 사람들의 저작으로 추정된다. 전집에 들어 있는 개별 저술들은 특정한 의과학적 입장을 변론을 통해 옹호하는 것에서부터 병력에 대한 상세한 설명, 외과적 치료법 모음까지 명칭만으로도 흥미롭다. 예를 들면 「호흡론Breaths」, 「전염병론Epidemics」, 「금언Aphorisms」, 「행동규범Precepts」, 「애정론Affections」, 「공기, 물, 장소에 관하여」 등등. 펭귄 클래식 영역본 찾아보기에 실린 표제어들은 마치 아르헨티나 소설가 호르헤 루이스 보르헤스의 표현처럼 재미나다. "치즈, 그에 관한 꿈", "손가락들의 조화", "호색한, 간질 조심", "여성의 통풍" 등등.

이들 텍스트에 등장하는 의학적 관념들은 중세 이후까지도 정설로 통용됐다. 예를 들어 중세의 4체액설(우리 몸이 황담즙, 흑담즙, 혈액, 점액으로 구성돼 있다는 주장)은 「인간의 본질에 관하여On the Nature of Man」라는 논문에 벌써 나온 얘기다. 『히포크라테스 전집』에 들어 있는 글들은 조금씩 입장이 다르다. 하지만 건강은 뜨거운 것과 찬 것, 습한 것과 건조한 것의 균형을 이루는 데서 비롯된다는 관념은 일관된다. 거주지의 지리적 특성도 건강에 큰 영향을 미칠 수 있다. 「공기, 물, 장소에 관하여」의 저자에 따르면 남풍에 노출되면 두뇌가 점액으로 가득해져 습해지고 치질에 걸릴 수 있으며, 여성의 경우는 질 분비물이 많아질 수 있다. 반면에 북풍에 노출되면 변비나 종기, 늑막염이 생길 수 있다. 이런 식의 설명이 계속 이어진다.

히포크라테스 시대의 의사들은 시체 해부를 하지는 않았기 때문에(해부를 학문적으로 처음 한 학자는 아리스토텔레스다) 발열, 분비물, 오줌, 점액 등등과 같은 인체의 표면적인 문제에 집중하는 경향이 있었던 것 같다. 때로 대변에 대해 지나칠 정도로 관심을 보인다. 식이요법에 초점을 맞춘 논문도 있다. 신문에서 오메가 3나 몸에 좋다는 온갖 먹을거리 얘기를 자주 찾아보는 사람이라면 매우 친숙하게 느껴질 것이다. 여성 건강은 별도 항목으로 분류해 다루고 있다. 월경주기와 자궁(몸속에서 항상 오르락내리락 하기 때문에 성가신 기관이다), 임신에 대한 관심이 매우 높다. 다소 특이한 주장도 있다. 예를 들면 혀 짧은 소리를 하는 사람은 설사를 잘 한다, 정액은 두뇌에서 만들어져서 골수를 타고 내려가 우리가 잘 아는 경로로 배출된다(정액이 허옇고 끈적끈적하다는 점에서 이런 주장을 할 만하다), 스키타이인들은 말을 너무 많이 타서 발기불능이 된다 등등. 이처럼 『히포크라테스 전집』은 내용이 천차만별이다.

그러나 거기 실린 텍스트들의 공통점은 '질병은 자연적인 관계로 설명이 가능하며, 성난 신들이 내린 징벌의 결과가 아니다' 라고 하는 발상이다. 당시의 의사들은 주문이나 기도를 권하기도 했지만 극히 드문 경우다.

「신성한 질병에 관하여**On the Sacred Disease**」의 저자는 간질 사례를 논하면서 이렇게 주장한다(당시의 상식과는 배치되는 주장이었을 것이다). "나는 '신성한 질병'이 다른 질병보다 더 신과 관계가 있거나 신성하다고 생각지 않는다. 반대로 그런 질병도 특성이 있고 어떤 분명한 원인이 있다고 본다…….” 물론 간질을 체내 점액 분비와 관련이 있는 현상이라며 ‘자연적 관계로’ 설명하는 부분은 간질이 신의 징벌이라는 주장만큼이나 증거가 불충분한 낭설이라고 비판할 수 있겠다.

『히포크라테스 전집』에서 가장 흥미로운 부분이 7권으로 된 「전염병론」이다. 환자를 괴롭히는 질병의 내력을 정리한 저술이다. 19세기가 될 때까지는 이처럼 상세한 의사의 임상일지는 다시 찾아볼 수 없다. 한 예를 보자(이것은 짧은 경우고 40일간 관찰한 사례도 있다).

> 판티미데스 가문의 한 여자는 유산한 다음 날 열병에 걸렸다. 혀가 바짝 말랐다. 갈증, 메스꺼움, 불면증이 왔고, 장이 고르지 못했고, 대변은 물기가 많고 양도 많았으며 거칠었다.
>
> 둘째 날: 오한, 고열, 설사제로 대변을 많이 촉진했음. 잠을 이루지 못했음.
>
> 셋째 날: 통증이 더 심해짐.
>
> 넷째 날: 고열로 정신이 오락가락함.
>
> 일곱째 날: 사망. 장이 완전히 이완됐음. 대변이 묽고 거칠고 양이 많음. 오줌은 멀겋고 양은 아주 적음.
>
> 「전염병론」 3권 10장
>
> 영역: J. 채드윅, W. N. 맨

똥오줌 얘기가 많이 나온다는 경고를 미리 하지 못해서 죄송하다. 어쨌든 여기서 확실히 느낄 수 있는 것은 환자에 대한 간호와 관찰 수준이 보통이 아니라는 점이다. 실제로 『소크라테스 전집』은 치료나 환자, 의료 윤리에 대한 의사의 태도 및 치료에 임하는 자세 등에 대해 놀라울 정도로 상세하게 언급하고 있다. 예를 들어 「예후론(豫後論)Prognosis」의 저자는 서두를 이렇게 시작한다.

의사는 예후에 많은 관심을 기울여야 할 것이다. 찾아온 환자에게 과거와 현재의 증상에 대해 이야기해주고, 앞으로 어떻게 될 것인지에 대해, 그리고 환자가 빠뜨린 병증에 대한 상세한 설명까지 이야기해줄 수 있다면 의사로서 그의 명성은 높아질 것이고 사람들은 그의 치료를 받는 것에 대해 불안해하지 않을 것이다.

「예후론」 1권

영역: J. 채드윅, W. N. 맨

요즘 의사들도 환자의 의사에 대한 신뢰는 절대적으로 중요하다고 말한다. 이는 2,500년 전 못지않게 중요한 사안이다. 현대의 의사들은 아마도 「전염병론」의 저자가 하는 다음과 같은 충고에 대해서도 충분히 공감할 것이다.

질병을 치료함에 있어 두 가지를 실천해야 한다. 도움을 주거나 최소한 환자에게 해를 끼치지는 말아야 한다. 의술에는 세 가지 요소가 있다. 질병, 환자, 의사다. 의사는 의학의 일꾼이다. 환자도 의사의 도움을 받아 질병과 싸우기 위해 최대한 노력해야 한다.

「전염병론」 1권

영역: J. 채드윅, W. N. 맨

그리고 당연히 '히포크라테스 선서**Hippocratic Oath**' 얘기를 하지 않을 수 없다. 우리 아버지는 외과 의사였는데 의사들이 히포크라테스 선서를 하는 것은 완전히 사기라는 말을 자주 하셨다(요즘 의대에서 하는 히포크라테스 선서는 원래 것을 1964년 현대에 맞게 수정한 것이다). 그래 봐야 크게 달라질 것은 없지만. 그럼에도 불구하고 의술의 윤리적 규준을 최초로 언급한 히포크라테스 선서는 매혹적인 문건이다. 환자 비밀 보호 등등 우리가 지금 당연시하는 원칙들을 가장 이른 시기에 명문화한 내용이다. 낙태처럼 지금도 논쟁이 많은 주제들에 관해서도 명시적으로 언급하고 있다.

경험주의의 진정한 승리는 사상가이자 과학자인 아리스토텔레스가 이룩한 경이로운 성취를 통해서 비로소 가능해졌다. 아리스토텔레스는 BC 384년 마케도니아 인근 칼키디케의 스타기로스에서 태어났다. 칼키디케는 마케도니아에서 지중해 쪽으로 튀어나온 삼지창 모양의 반도다. 이후 아리스토텔레스는 아테네로 가서 플라톤이 운영하는 학원(아카데메이아)에 들어가 BC 348년 위대한 철학자인 스승이 사망할 때까지 머물렀다. 이어 레스보스 섬 바로 북쪽 터키 연안 아소스로 가서 현지의 지배자 헤르메이아스의 초빙을 받았다. 헤르메이아스는 아카데메이아 시절 학우였다. 아소스에서, 그리고 나중에는 레스보스에서 아리스토텔레스는 동물학을 연구했다. 동물학 분야는 그가 이룬 가장 인상적인 성취 가운데 하나다. BC 342년에는 머지않아 알렉산더 대왕이 되는 마케도니아 청년의 가정교사가 되었고, 이후 다시 아테네로 돌아가 철학 학교 리케이온**Lyceum**을 세웠다. (리케이온의 별칭은 페리파토스**peripatos**였다. 페리파토스는 학교에 늘어선 기둥을 말하며 '여기저기를 거닐다**peripatein**'

라는 동사와도 관련이 있다. 그래서 아리스토텔레스학파 철학자들을 영어로는 종종 Peripatetics, 즉 소요학파(逍遙學派)라고 부른다. 아리스토텔레스가 주랑(柱廊)을 거닐면서(소요하며) 학생들을 가르쳤다는 데에서 유래한 명칭이다.]

아리스토텔레스는 정보를 챙기는 데 있어서는 게걸스럽다고 할 정도로 욕심이 많았다. 천문학, 기상학, 심리학은 물론이고 국가의 정치 체제 문제에 이르기까지 걸치지 않는 분야가 없었다. 지금 우리가 아리스토텔레스의 저작으로 간주하는 것은 사실 제자들이 받아 적은 강의 노트다. 그가 다룬 분야는 기가 질릴 정도로 방대하다. 물론 서구 사상에서 아리스토텔레스가 가장 큰 영향을 미친 것은 논리학, 형이상학, 도덕철학 분야의 타의 추종을 불허하는 저술들이다. 이 저술들은 오늘날에도 철학자들이 도전해야 할 의제가 되고 있다. 과학자로서 그의 연구는 오늘날 우리가 물리학과 화학으로 알고 있는 분야를 자유자재로 넘나든다. 하지만 가장 인상적인 연구 분야는 역시 생물학이다.

†

히포크라테스 선서

나는 의술의 신 아폴론과 아스클레피오스, 휘기에이아, 파나케이아, 그리고 모든 남신과 여신의 이름으로 나의 능력과 판단에 따라 이 선서와 계약을 이행할 것을 맹세합니다.

나는 이 의술을 가르쳐 준 스승을 부모처럼 여기고 나의 삶을 스승과 함께하여, 그가 경제적으로 어려울 때 나의 것을 그와 나누며, 그의 자손들을 나의 형제로 여겨 그들이 의술을 배우기를 원하면 그들에게 보수나 계약 없이 의술을 가르칠 것이며, 내 아들들과 스승의 아들들, 그리고 의료 관습에 따라 선서하고 계약한 학생들에게만 교범과 강의와 다른 모든 가르침을 전하고, 다른 사람들에게는 전하지 않겠습니다.

나는 나의 능력과 판단에 따라 환자를 돕기 위해 섭생법을 처방할 것이며, 환자들을 위해나 비행으로부터 보호하겠습니다.

나는 어떤 요청을 받아도 치명적인 약을 누구에게도 주지 않을 것이며, 그 효과에 대해서도 말하지 않을 것입니다. 마찬가지로 나는 어떤 여성에게도 낙태용 페서리를 주지 않겠습니다.

나는 나의 삶과 의술을 순수하고 경건하게 지켜가겠습니다.

나는 칼을 사용하지 않을 것이며, 심지어 결석 환자도 그 일에 종사하는 사람에게 맡기겠습니다.

나는 어느 집을 방문하든지 환자를 돕기 위해 갈 것이며, 고의적인 비행과 상해를 삼가고, 특히 노예든 자유민이든 여자들이나 남자들과 성적 접촉을 삼가겠습니다.

내가 환자를 진료하는 동안, 또는 진료 과정 외에 그들의 삶에 관해 보고 들은 것이 무엇이든지, 그것이 외부로 알려져서는 안 되는 것이라면, 그것들을 비밀로 지키고 누설하지 않겠습니다.

> 이제 내가 이 선서를 지키고 어기지 않는다면, 내가 나의 삶과 나의 의술에 대해 모든 사람들로부터 영원한 명예를 얻게 하시고, 만약 내가 선서를 어기고 위증한다면 나에게 그 반대를 주소서.

영역: J. 채드윅, W. N. 맨

(한국어 번역문은 반덕진 우석대 교수의 번역문을 따랐다—옮긴이)

『동물에 관한 탐구**The Enquiry Concerning Animals**』, 『동물의 신체 부위에 관하여**The Parts of Animals**』, 『동물의 발생에 관하여**The Generation of Animals**』를 비롯한 여러 책에서 아리스토텔레스는 어류 120종, 곤충 약 60종을 포함해 500종 정도의 동물에 대해 분류하고 기술했다. 선행 연구가 없는 동물학 초기에 이런 성과가 나왔다는 것은 놀랍기 그지없다. 물론 어부와 사냥꾼들은 포획 대상인 동물들에 대해 실용적인 지식을 가지고 있었을 것이다. 그러나 아리스토텔레스는 체계적이고 합리적으로 동물들의 외형과 행태, 서식처 등을 최초로 상세히 서술했고, 그 과정에서 해부를 통해 얻은 관찰 결과를 활용했다. 두루미, 논병아리, 메추라기류는 물론이고 숭어, 쏨뱅이, 붕장어에 관한 기록도 나온다. 다람쥐꼬리겨울잠쥐, 거북, 도마뱀, 민물가재, 바다가재, 가리비, 게에 관한 서술도 나온다. 포유류 가축의 질병에 관한 항목도 있다(말은 등불이 꺼질 때 나는 냄새를 맡으면 유산할 가능성이 높고, 코끼리는 장에 가스가 잘 찬다고 주장한다). 아리스토텔레스는 두더지가 보이오티아의 오르코메노스 일대에서는 관찰되는 반면 그 옆의 레바데이아에는 없다고 지적한다. 그는 털갈이로 생기는 겨울깃과 제비와 뻐꾸기의 둥지 트는 행태에 대해서도 관찰한다. 앞서 3장에서 살펴본 것처럼 동물의 행태와 인간의 정치 체제를 비교하는 대목은 특히 흥미롭다. 『동물에 관한 탐구』에서 그는 인간, 벌, 말벌, 개미, 두루미류를 모두 폴리티코이, 즉 폴리스와 같은 공동체를 이루어 사는 동물이라고 규정하고 있다. "그런 동물 가운데에는 지배자가 있는 것도 있고, 지배자가 없는 것도 있다. 개미 등등은 지배자가 없다." 그리스 세계의 다양한 공동체와 흡사하다. 인간과 동물이 구분되는 지점은 인간은 이성과 신념이 있다는 것이다. 그리고 앵무새처럼 어떤 기술(技術)을 기억하거나 말을 반복할 수 있는 동물이 있기는 하지만 의지에 따라 과거의 기억을 떠올릴 수 있는 동물은 인간밖에 없다고 그는 말한다.

물론 아리스토텔레스의 책에는 오류가 수도 없이 많다. 예를 들어 『동물에 관한 탐구』에는 들소가 쫓아오는 사냥개들에게 똥을 찍찍 싸대며 공격한다고 서술한 우스꽝스러운 대목이 나온다. 늙은 사냥꾼이 아리스토텔레스를 놀려주려고 농담한 것을 그대로 옮긴 것 같다. 자연 현상을 논거로 해서 여성의 열등성을 주장하는 대목(철없는 남자들은 아직도 이런 놀이를 하고 있다)도 미심쩍다. 그의 말을 직접 들어보자. "남자는 여자보다 동맹자로서 훨씬 믿음직하고 용감하다. 두족류도 오징어의 경우 작살 공격을 받으면 수컷은 암컷을 도우러 달려가는 반면 암컷은 수컷이 공격 받았을 때 그냥 내뺀다." 아리스토텔레스 선생의 특이한 이론이다.

이처럼 사실무근인 서술도 있지만 오랜 세월 틀렸다고 간주돼오다가 후대에 와서(특히 최근에) 정확한 설명으로 판명된 내용도 있다. 포유류가 아닌데도 태생(胎生)을 하는 특이한 곱상어 종류에 대한 기술이 그러하다. 이 곱상어는 자궁 안에 있는 태아가 탯줄 같은 끈에 의해 태반 비슷한 조직에 붙어 있다가 어미 몸 밖으로 나온다. 이에 대해 후대인들은 사실이 아니라고 봤다. 그러다가 1842년 독일의 어류학자(어류학자를 뜻하는 영어 ichthyologist도 '물고기'를 뜻하는 그리스어 ichthus에서 파생된 단어다) 요하네스 뮐러가 아리스토텔레스의 관찰이 옳았다는 것을 입증했다. 가장 핵심적인 면에서 아리스토텔레스의 『동물에 관한 탐구』는 놀라운 통찰력과 더불어 방대한 면모를 자랑한다. 흥미진진한 읽을거리임은 더 말할 나위도 없다.

그리스 과학에서 가장 중요한 측면은 아마도 그리스의 지적 혁명의 물결과 긴밀하게 연관돼 있다는 점일 것이다. 최초의 과학자이자 철학자로 일컬어지는 탈레스는 아테네의 법률을 혁신해서 모든 시민이 볼 수 있도록 나무기둥에 새긴 개혁가 솔론과 동시대 인물이었다. 고대 그리스 과학자들은 바로 그런 시대정신 속에서 작업했다. 공개적인 토론은 지식과 지적 발전을 그 자체로 평가하는 무대였다. 그런 토론을 통해 학자들은 야심적인 세계관을 제시하고 논쟁하고 반론하면서 이론을 발전시켰다. 제기된 의문은 찍어 누르기보다 공개적으로 드러내서 뒤집어 생각하고 모든 각도에서 새롭게 조명했다. 과학자들의 당당한 지적 에너지와 세계에 대한 넘치는 호기심은 계몽주의적 사고방식의 기초가 되었다. 이런 자세는 지금 우리에게 더더욱 절실하다.

8장 소크라테스의 죽음과 철학의 탄생

플라톤의 『국가』의 문제 제기

서구 철학의 탄생은 한 죽음과 더불어 시작됐다. BC 399년 소크라테스가 처형됐다. 이 사건은 거의 그리스도의 순교처럼 여겨져 왔다. 무지하고 잔인한 국가에 맞서 영웅적인 자기희생을 보여준 사건이라는 것이다. 실제로 초기 기독교인들은 소크라테스를 명예 회원처럼 여기며 긍정적으로 평가했다. 다만 예수가 태어나기 400년 전에 너무도 일찍 세상을 떠났기 때문에 복음을 듣지 못한 것이 애석할 따름이었다. 이후 다사다난한 세월의 흐름 속에서 소크라테스는 정치적 순교자로, 대담한 사상가이자 언론 자유와 합리적 반대를 수호하는 인물로 부활하곤 했다. 소크라테스를 이렇게 보는 사람은 철학자, 사회운동가, 예술가 등등 매우 많다. 철학자 존 스튜어트 밀이 그랬고, 인권운동가 마틴 루터 킹 목사가 그랬고, 프랑스 화가 자크 다비드(대가다운 필치의 1787년 작 유화 〈소크라테스의 죽음**The Death of Socrates**〉을 보라)가 그랬다.

그러나 소크라테스의 처형은 지금도 깊은 상처로 남아 있다. 민주주의에 반대하는 사람이라면, 고대 그리스의 민주주의는 어리석은 군중이 지배하는 최악의 형태라고 생각한다면(이런 평가가 적어도 19세기 중반까지 현대 정치사상에서는 지배적이었다), 그의 죽음은 간단히 애도하고 끝낼 일이다. 하지만 민주주의를 믿는다면 그의 죽음은 지금도 어떤 현실적인 문제로 다가온다. 어떻게 자유와 평등을 부르짖은 아테네인들이 자신들의 가장 중요한 사상가를 처형하게 되었는가? 민주주의 체제가 실제로 70 노인을 죽인 것인가? 소크라테스는 누구한테 해를 끼친 적도 없고 그저 아테네 일대를 어슬렁거리며 사람들과 대화를 나눴을 뿐인데……. 아니면 아테네인들이 소크라테스를 죽인 것은 정당한 행위였을까? 그는 사실은 민주정치에 심각한 위협이 되기 때문에 시급히 제거해야 할 인물이었을까? 자유가 점점 더 위협받고 있는 현대 민주주의 상황에서 이런 질문들은 특히 심도 있는 토론을 요하는 문제다.

철학의 시원으로 간주되는 소크라테스가 일체의 저술을 남기지 않고, 공개 강의도 하지 않았으며, 학원도 세우지 않았다는 것은 여전히 불가사의다. 그는 BC 470년 내지 469년에 태어났고, 아버지는 석공이었다고 한다. 크산티페라는 아내가 있었고, 아들 삼형제를 두었다. 그는 장사를 하지도 않았고, 돈 버는 일에는 관심도 없었다. 성인이 된 이후로는 대부분의 시간을 대화를 나누고 사색을 하는 데 보냈다. 그를 우러르는 젊은이들이 무리를 지어 뒤따르기도 했다. 그가 기소를 당한 것은 BC 399년으로 혐의는 아테네가 숭배하는 신들을 존경하고 경배하지 않았으며, 새로운 신들을 끌어들이고, 청년들을 타락시켰다는 것이었다(이런 혐의의 정확한 의미와 성격은 학자들 사이에 아직도 논란거리다). 그는 유죄로 인정되어 사형 선고를 받았다. 부유한 친구들이 힘을 써주지 않았다면 처형은 독미나리 즙으로 만든 사약을 마시고 조용히 눈을 감는 대신 훨씬 험악하게 집행됐을 것이다. 당시 아테네에서 일반적인 사형 집행 방식은 죄인을 나무판에 가죽 끈으로 묶은 다음 목에 금속으로 만든 테를 씌워 서서히 조임으로써 질식사시키는 것이었다.

소크라테스는 자신에 대한 기록을 남긴 것이 없다. 우리가 알고 있는 그에 관한 내용은 모두 남들이 기록하거나 전한 것들이다. 소크라테스가 생존해 있을 당시인 BC 423년에 초연된 아리스토파네스의 희극 『구름』에서는 철학자인 소크라테스가 하늘에서 바구니를 타고 돌아다니며 자신이 떠받드는 신들, 즉 구름과 대화를 나누는 모습으로 나온다. 그는 주인공인 농부 스트레프시아데스에게 약한 논리를 강한 논리처럼 보이게 만들어 빚쟁이들을 쫓아낼 수 있는 방법을 가르치고, 전통적인 신들을 내팽개치도록 유도한다. 나중에는 농부의 아들인 페이디피데스를 감언이설로 꼬여 부모를 패게 만든다. 이런 설정을 보면 적어도 일부 아테네인들은 소크라테스를 해악이 큰 인물로 보고 있었던 것 같다. BC 4~5세기에 활동한 그리스 작가 크세노폰도 소크라테스에 관한 회고록을 남겼다. 하지만 지금 우리가 알고 있는 소크라테스의 전체적인 모습은 그의 제자인 플라톤(BC 427~347년으로 추정)이 남긴 저술에 전하는 것이다. 그중에는 소크라테스의 죽음을 감동적으로 묘사한 대화편 『파이돈**Phaedo**』도 있다.

거의 모두 대화 형식으로 된 플라톤의 철학 저술에서 소크라테스는 곳곳에 등장한다. 그는 대화를 나누고, 상대방으로부터 주장을 이끌어내고, 친구들을 의문에 빠뜨리는가 하면, 버지니아 울프의 표현을 빌리면 "의견이 축소되고 변화하다가 다시 탄탄해지면서 진리로 힘차게 나아가게" 만든다. 플라톤이 죽은 스승을 줄기차게 되살려내는 것은 소크라테스의 죽음에 대한 충격이 그만큼 커서 국가가 사형을 명했다고 하는 추악한 사실을 아예 지워버리고 싶었기 때문이라는 생각도 든다.

자신이 영웅으로 떠받드는 인물에 대한 플라톤의 묘사가 얼마나 정확한지는 논란의 소지가 크다. 플라톤의 초기 작품들은 소크라테스가 죽고 나서 한참 뒤에 나왔다. 어디까지가 기억이나 메모에 따른 서술이고 어디까지가 상상력에 의한 재구성 내지는 순전한 창작인지 분명치 않다. 대화편에 등장하는 '소크라테스'는 편마다 캐릭터가 다르다. 일부 학자들은 『소크라테스의 변명**Apology**』(흔히 '변명'으로 번역되지만 소크라테스가 재판정에서 자기 방어를 위해 한 '변론'을 뜻한다. 보통 영어에서 쓰이는 '변명' 내지 '사과'의 의미가 아니다)과 같은 초기 대화편들이 좀 더 '소크라테스' 본연의 모습에 가까운 것으로 본다. 반면에 후기 저작인 『국가』 같은 것은 '플라톤적' 색채가 농후하다. '소크라테스'라는 인물은 플라톤 자신의 사상을 전개하기 위한 도구로 사용했다는 얘기다. 심지어 플라톤이 소크라테스의 사상을 배신했다고 보는 학자들도 있다. 고대 그리스 연구로 유명한 19세기 영국 역사학자 조지 그로트는 『플라톤과 소크라테스의 다른 동료들**Plato and the Other Companions of Sokrates**』(1865)에서 이렇게 썼다.

> 플라톤의 『소크라테스의 변명』에서 우리는 소크라테스가 자신의 무지를 토로하는 장면을 보게 된다. …… 하지만 『국가』에 등장하는 소크라테스는 새로운 캐릭터다. 그는 더 이상 인습과 고정관념으로 얼룩진 공동

체에 맞서 이의를 제기하는 인물이 아니다. 그 자신이 기성 체제의 왕좌에 앉아 있는 것으로 나온다. 영적으로나 세속적으로 무오류의 권위로서 공동체의 모든 감성은 거기서 비롯되고 정통도 그것을 기준으로 결정된다. …… 『소크라테스의 변명』에 등장하는 소크라테스나 그의 부정 변증법은 같은 작가의 『국가』에서는 존립이 허용되지 않는다.

『국가』 얘기는 나중에 다시 하기로 하자. 소크라테스의 지적 시도의 본질은 무엇이었던가? 『소크라테스의 변명』에서 플라톤은 소크라테스로 하여금 배심원들 앞에서 탐구로 일관해온 자신의 일생에 대해 말하게 한다. 그 모든 사태는 친구인 카이레폰이 델포이의 신탁소에 가서 "소크라테스보다 더 현명한 사람이 있느냐?" 고 물은 데서 비롯됐다고 소크라테스는 말했다. 신탁의 답은 "없다" 였다. 여기에 흥미를 느낀 소크라테스는 신탁 내용을 시험해볼 요량으로 지혜롭기로 유명한 한 사람을 찾아갔다.

그런데 그 사람과 이야기를 나누면서 나는 이런 느낌을 받았습니다. 즉 많은 사람들이 그를 지혜롭다고 생각하고 그 자신도 그렇게 믿고 있는 것처럼 보였지만 사실상 그는 지혜롭지 않다는 것입니다. 그래서 나는 그가 지혜롭다는 것이 그 자신의 생각일 뿐 실제로는 지혜롭지 않다는 것을 깨우쳐 주려고 했습니다. 그리고 그 때문에 그 사람뿐만 아니라 그 자리에 있던 다른 많은 사람들한테까지 미움을 사게 되었습니다. 하지만 그곳을 나오면서 나는 이렇게 생각했습니다.

'내가 이 사람보다는 지혜롭다. 이 사람도 나도 진정으로 아름다운 것이나 진정으로 좋은 것이 무엇인지 모른다는 점에서는 똑같다. 하지만 그는 자신이 모르는 것을 안다고 생각하지만 나는 내가 모른다는 것을 잘 알고 있다. 비록 작은 차이이긴 하지만 나는 내가 모르는 것을 안다고 생각하지 않는다는 점에서 그보다 지혜로운 것 같다.'

『소크라테스의 변명』 21c-d

영역: 휴 트레데닉, 해럴드 타런트

과제를 완수하기 위해 소크라테스는 현인이라고 이름난 인사들로부터 시인, 극작가, 장인에 이르기까지 각계각층의 사람들을 만나 물어봤다. 그의 결론은 매번 똑같았다. 자신이 만난 사람들 중에서 진짜로 현명한 사람은 없다는 것이었다. 이런 일이 일반적인 정치인의 무지를 확인하기 위한 것이라면 재미있고 쓸모 있는 작업일 것이다. 하지만 아테네 사람 모두가 바보라는 것을 입증하려는 소크라테스의 시도는 시간이 가면서 대중을 화나게 했을 것이라고 짐작해볼 수 있다. 영국의 고전학자 에밀리 윌슨은 나중에 재판 과정에서 나타나는 소크라테스의 행태를 "완고한 자만심"이라고 평할 정도다. 다시 『소크라테스의 변명』에 따르면, 유죄 판결을 받은 뒤 소크라테스는 사형을 면할 해법을 제시해보라는 권유를 받는다. 그런데 소크라테스는 겸손과는 전혀 거리가 먼 태도로 자신은 사실은 상을 받아야 한다며 국가 영빈관 프리타네이온에서 공짜 식사를 대접 받아 마땅하다고 주장했다. 이는 대개 올림픽에서 우승한 사람에게 국가가 베푸는 명예다. 이런 태도가 본의 아니게 사람들을 화나게 했으리라는 것은 충분히 짐작할 수 있다. 실제로 그의 변론을 다 듣고 난 뒤 이루어진 2심 최종 공판에서는 1심 유죄 선고 때보다 사형 평결을 내린 배심원 수가 더 늘었다.

†

소크라테스의 죽음 장면

잔을 입술에 대고 흔쾌히 침착하게 단숨에 비웠습니다. 그때까지 우리들 대부분은 울음을 애써 참을 수 있었습니다. 하지만 선생님이 독약을 마시는 모습을, 아니 이미 다 마신 것을 보자 더는 참을 수가 없었습니다. 저 자신만 해도 눈물이 억수같이 쏟아져 얼굴을 가리고 상실감에 비탄에 빠졌습니다. 제가 비통해한 것은 선생님 때문이 아니라 그분과 같은 동지를 빼앗겼다는 저 자신의 불행 때문이었습니다. 크리톤은 눈물을 참을 수가 없어서 저보다도 먼저 일어나 나가셨습니다. 그런데 줄곧 울음을 참지 못하던 아폴로도로스가 바로 그 순간에 대성통곡을 했고, 그 바람에 함께 있던 사람들도 모두 울음을 터뜨렸습니다. 소크라테스 선생님만은 예외였습니다.

선생님은 이렇게 말씀하셨지요. "이 친구들아, 뭘 하고 있는 게야? 이래서 내가 여자들을 보낸 거야. 이런 엉뚱한 짓을 못하도록 말이야. 고요히 죽음을 맞는 것이 더 좋다는 말을 들었네. 조용히들 하고 의연하게 있게나."

이 말을 듣고 우리는 부끄러운 마음이 들어 울음을 참았습니다. 선생님은 이리저리 거닐다가 다리가 무거워졌다고 하고는 반듯하게 누우셨습니다. 선생님께 약을 준 사람이 그렇게 하라고 지시한 자세였습니다. 그 사람은 선생님을 붙잡고 잠시 후에 발과 다리를 살펴보기 시작했고 선생님 발을 세게 누르면서 감각이 느껴지느냐고 물었습니다. 선생님은 안 느껴진다고 했습니다. 다시 잠시 후에는 정강이를 눌렀습니다. 이런 식으로 위로 올라가면서, 그 사람은 선생님의 몸이 식으면서 굳어가는 것을 우리에게 보여주었습니다. 이어 선생님을 만져보고는 심장까지 차갑게 굳어지면 그때가 마지막이 될 거라고 말했습니다.

아랫배 부분이 차가워졌을 때 선생님이 얼굴에 덮고 있던 것을 걷으면서 마지막으로 한 말씀은 이것이었습니다. "크리톤! 우리는 아스클레피오스께 닭 한 마리 빚이 있네. 빚을 갚아 주게, 잊지 말고."

"그럼, 그러겠네." 크리톤이 말했습니다. "그 밖에 달리 할 말은 없나?"

이 물음에 소크라테스 선생님은 아무 대답이 없었습니다. 그리고 잠시 후 몸이 흔들렸습니다. 마침내 그 사람이 선생님을 덮고 있던 것을 걷으니 선생님의 눈동자는 고정돼 있었습니다. 이를 보고 크리톤은 선생님의 입을 다물리고 눈을 감겨 드렸습니다. 에케크라테스여! 이것이 우리 친구의 마지막이었습니다. 그는 우리 시대에 우리가 알고 있는 모든 사람 중에서 가장 용감하고 지혜로우며 올바른 사람이었다고 말해야 마땅할 것입니다.

『파이돈』 117d-끝

영역: 휴 트레데닉, 해럴드 타런트

소크라테스가 단지 사람들을 화나게 했다는 이유로 사형을 당한 것은 아니지 않을까? 전통적인 신을 경배하지 않고 새로운 신들을 끌어들였다는 게 정확히 무슨 의미일까? 소크라테스가 다이모니온daimonion이라고 부른 것에 대해 많은 이야기를 하고 있는 것은 사실이다. 다이모니온은 그의 결정을 인도해주었다고 하는 일종의 인격신이다. 유일신론 같은 느낌을 주는 이 개념 때문에 소크라테스는 초기 기독교인들에게 호의적인 평가를 받았다. 다이모니온은 당연히 아테네적 의미의 '전통적인' 신과는 거리가 멀다. 아테네에서는 종교가 인격신과의 관계 맺기라기보다는 공동체의 집단생활과 밀접한 관계를 가지고 있었다. 그럼에도 불구하고 소크라테스에게 적용된 혐의는 특이해 보인다. 아테네인들은 대개 새로운 신을 섬기는 것에 대해 너그러운 편이라는 점에서 특히 그렇다. 예를 들어 의술의 신 아스클레피오스 숭배는 BC 500년경 아테네에서 틀이 잡혔다.

이런 종교적인 문제들은 아테네의 문화적 맥락에서 살펴볼 필요가 있다. BC 5세기의 지적 혁명으로 말미암아 소피스트로 알려진 많은 사상가들이 아테네로 몰려들었다. 그들 중 다수는 부잣집 청년들에게 철학, 자연과학, 수사학 등을 가르치는 일에 종사했다. 수사학은 새롭게 확립된 민주정 체제에서 특히 중요한 기술이었다. 아리스토파네스의 『구름』에서 조롱의 대상이 되고 있는 것은 소피스트인 소크라테스다. 소크라테스는 약한 논리로 강한 논리를 물리치는 신종 사상가다. (같은 선상에서, 많이 배운 부유한 청년들이 노련한 화술로 의회에서 여론을 좌지우지하는 광경에 불안을 느낀 사람도 많았을 것이다.) 소피스트들은 과학적인 사고방식을 가지고 자연계의 현상에 대해 좀 더 합리적으로 접근했다. 그들은 현상의 배후에는 신이 아닌 자연으로 설명할 수 있는 원인이 있다고 믿었다. 이에 대해서는 앞서 7장에서 살펴본 바 있다. 소크라테스는 자신은 소피스트가 아니라고 주장했다. 그는 아무것도 가르치지 않았다고 말했으며, 소피스트들과 달리 청년 추종자들에게 수업료를 받지도 않았다. 그러나 대부분의 사람들에게는 그 역시 소피스트의 한 사람으로 비쳤을 것이 분명하다. 신종 사상가들에 대한 대중의 의혹 탓에 어느 정도 손해를 보기도 했을 것이다.

그러나 결국 가장 중요한 혐의는 젊은이들을 타락시켰다는 것이다. 아테네가 BC 404년 펠로폰네소스 전쟁에서 최종 참패를 당하자 민주정은 이른바 30인 참주라고 하는 집단에 의해 전복됐다. 이어 엽기적인 공포정치가 행해졌고, 이 기간에 살해된 아테네인만 1,500명이나 됐다. 민주정은 곧바로 회복됐지만 스파르타에게 패하고 30인 참주들이 나라를 거덜 내는 바람에 아테네는 유혈이 낭자한 폐허가 됐다. 그런데 문제의 30인 참주 가운데 한 사람이 플라톤의 삼촌으로 소크라테스 밑에서 배운 바 있는 크리티아스였다. 반세기 후 아테네의 웅변가 아이스키네스가 쓴 연설문은 소크라테스와 크리티아스의 관계를 보여주는 증거다. "아테네 시민들이여, 여러분이 소피스트 소크라테스를 처형한 것은 그가 분명히 반민주적인 지도자 30인 가운데 하나인 크리티아스를 가르친 책임이 있기 때문입니다." 이는 소크라테스에게 문제가 있었다는 정황증거로서 복원된 민주정이 짜증나는 소크라테스를 희생양으로 삼아 제거했을 것이라는 점을 시사한다.

소크라테스의 죽음은 여러 가지 방식으로 조명해볼 수 있다. 어쩌면 위험한 반민주적 인사를 합리적으로 처리하는 방식이었을 수도 있다(친구의 권유대로 아테네에서 탈출했다면 사형을 면할 수도 있었는데 그러지 않았다는 점에서 특히 위험하게 비쳤을 것이다). 아니면 억압적이고 무지한 다

수 세력에 맞서 언론의 자유와 사상의 자유를 옹호한 한 영웅에 대한 사법살인이라고 볼 수도 있다. 또는 평범한 착오 내지는 오심으로 볼 수도 있다. 근본적으로 정치 상황이 공정하다고 해도 현실세계에서는 그런 일이 종종 벌어진다. 이에 대한 플라톤의 반응은 줄기차게 철학을 추구하는 것이다. 소크라테스가 남긴, 소크라테스의 죽음이 남긴 미해결 문제들을 끝까지 파고들어 해결하려는 자세다. 미해결 문제란 '좋은 삶이란 무엇인가?' '덕이란 무엇인가?' 그리고 아마도 가장 중요한 것으로 '정의(올바름)란 무엇인가?' 등이다.

플라톤의 『국가』—서양에서 가장 중요한 철학자로 꼽히는 인물의 가장 유명한 저술이다—는 맨 마지막 문제에 대한 답변이다. 이 책은 내가 보기에 오만하고, 일관성이 없으며, 섬뜩하고, 우습고, 화가 나고, 아름답고, 영감을 주며, 치명적이고, 혼란스럽다. 가장 중요한 것은 이 책이 일종의 도전 내지는 도발이라는 점이다. 생각을 해보라는 도발, 같이 머리를 맞대고 논쟁해보자는 도발 말이다. 『국가』를 모르는 사람은 없지만 읽어본 사람도 별로 없다는 사실은 좀 창피한 일이다. 플라톤의 논의를 따라가는 것이 쉬운 일이라고 말한 사람은 없다. 하지만 『국가』는 충격을 던지면서 야심찬 논리를 전개해나가기 때문에 읽을거리로서 흥미만점이다. 『국가』는 유토피아 문제를 다룬 최초의 텍스트로서 영국의 토머스 모어가 쓴 『유토피아**Utopia**』(1516)나 새뮤얼 버틀러의 『에레혼**Erewhon**』(1872)의 선구다. 동시에 조지 오웰의 『1984년**Nineteen Eighty-Four**』(1949)에서 마거릿 애트우드의 『시녀 이야기**The Handmaid's Tale**』(1985. 생식의 정치학을 다뤘다는 점에서 『국가』와 공통점이 있다)에 이르는 디스토피아 소설(암울한 미래상을 주제로 한 소설—옮긴이)의 고조할아버지쯤 되는 책이다. 오스트리아 태생의 영국 철학자 칼 포퍼는 1945년에 발표한 저서 『열린사회와 그 적들The Open Society and its Enemies』에서 플라톤의 『국가』를 모든 전체주의 국가의 어머니라고 규정했다. 조지 그로트는 소크라테스처럼 이의를 제기하는 정신의 소유자는 플라톤의 『국가』에서는 결코 존립할 수 없을 것이라고 주장했다. 반면에 『국가』는 소크라테스 같은 인물을 사형에 처하지 않을 유일한 국가라고 할 수 있다. 『국가』라고 하는 가상의 폴리스를 통치하는 인물이 철인왕(哲人王)philosopher-king이기 때문이다.

그렇다면 플라톤의 『국가Republic』란 무엇인가? 먼저 오해의 소지를 없애야 하겠다. 여기서 Republic은 국가 내지 정부 형태로서의 공화정 체제를 말하는 것이 아니다(이런 착각 때문에 한국어 번역본 제목이 『공화국』인 경우도 있었다—옮긴이). 그리스어 원 제목 폴리테이아Politeia는 번역이 매우 어려운 단어 가운데 하나다. 국가나 사회 같은 공동체를 일컫는 정치체polity 내지는 정치체제constitution 정도로 옮길 수 있겠다. 이런 번역어도 본래 의미에 가까울 뿐 꼭 들어맞는 표현은 아니다. 대개 폴리테이아의 라틴어 번역어는 레스 푸블리카res publica인데 이 역시 약간의 오해를 부를 수 있는 표현이다. '공적인 문제', 즉 '정치'를 의미하는 말이기 때문이다. 어쨌든 라틴어 res publica에서 영어 republic이 나왔고, 그래서 Republic이 불가피하게 폴리테이아의 번역어로 자리를 굳힌 것이다.

거의 모든 플라톤의 저술이 그렇듯이 『국가』도 대화 형식으로 전개된다. 그리고 그 첫머리에는 대화가 진행되는 무대에 대한 생생한 묘사가 길게 제시된다. (플라톤은 "드라마에 천재적인 재능을 가졌다"고 버지니아 울프는 말한 바 있다.) 소크라테스는 친구인 글라우콘과 피라이우스 항구에서 열리는 축제 구경을 갔다. 구경을 마치고 아테네로 돌아오는 길에 두 사람은 부자인 케팔로스와 그의 두 아들(폴레마르코스와 리시아스)로부터 집으로 초청을 받는다. 소피스트인 트라시마코스도 합류한다. 대화는 정의(올바름)의 본질에 관한 논의로 이어진다. (여기서 정의justice로 번역된 그리스어 원어는 디카이오수네dikaiosune로 종종 '도덕성'으로 번역되기도 한다. 여기서 '정의'는 넓은 의미의 용어로 생각해야 한다.) 트라시마코스는 정의롭지 못한(올바르지 못한) 삶이 정의로운(올바른) 삶보다 더 쓸모 있고 이득이 많다고 주장한다. (속담처럼 쓰이는 영어 표현에 이런 말이 있다. "비는 올바른 사람에게 떨어지지만 올바르지 못한 자에게도 떨어진다. 하지만 대개 올바른 사람에게 떨어진다. 올바르지 못한 자가 올바른 사람의 우산을 훔쳐갔기 때문이다.") 케팔로스는 정의가 거짓말을 하지 않거나 도둑질을 하지 않는 것과 같은 기본 원칙의 문제라고 주장한다. 그런데 대화가 점점 치열해지고 깊어지자 케팔로스는 토론에서 슬그머니 빠진다. 폴레마르코스는 정의란 "빚진 사람 모두에게 빚을 갚는 것"이라고 주장한다. 그러자 소크라테스는 폴레마르코스가 정의를 영혼의 상태에 관계된 좀 더 깊은 차원의 개념이 아니라 단순히 기술적인 문제로 보고 있다고 지적함으로써 잘못을 깨닫게 만든다. 트라시마코스는 "힘이 곧 정의"라는 식으로 정의를 규정한다(투키디데스의 멜로스의 대화에 나오는 아테네인들이 들었으면 흡족해했을 정의다. 5장 참조). 글라우콘은 소크라테스를 채근해 불의한 행동을 해도 벌을 받지 않는다는 보장이 있을 경우(예를 들어 다른 사람들 눈에 나의 모습이 보이지 않게 해주는 반지를 가지고 있다고 치자. 그러면 잘못을 저질러도 발각되지 않을 것이므로 '불의한 행동을 해도 벌을 받지 않는다는 보장이 되는 경우' 다)에도 불의는 쓸모가 없다는 주장을 펴달라고 요구한다. 소크라테스는 정의는 그 자체로 쓸모가 있으며, 개인에게 좋은 결과를 가져다준다고 주장한다. 정의는 결국 행복에 이르는 길이라고 그는 말한다. 소크라테스는 글라우콘의 도발적인 질문에 대해 대단히 넓고 깊고 야심찬(경우에 따라 너무 모호해서 위험한) 답변을 제시하려고 시도한다. 상상력을 동원해 이상적인 국가를 만들어낸 다음 그것을 가지고 논의를 전개하는 방식이다.

『국가』는 소크라테스가 핵심 골격만으로 구성된 가상의 공동체를 설정하고 각 구성원이 어떻게 하면 전체(국가)에 가장 잘 기여할 수 있는가를 따져보는 것으로 시작된다. 이후 대화를 통해 각 구성원은 "자신이 할 일"을 해야 한다는 결론이 금세 합의된다. 하지만 이는 시민들이 자유롭게 자기 일을 선택해서 해나간다는 의미가 아니다. 그보다는 구두장이가 맞는 사람은 항상 구두 만드는 일에 전념해야 하고, 의사가 맞는 사람은 항상 의술에 전념해야 한다는 식이다. 어떻게 생각하면 무서운 사회다. 그런 국가에서는 개인의 욕망이나 자유를 인정하지 않기 때문이다. 실제로 농사를 좀 지어볼까 했던 구두장이는 국가에 의해 금지당한다. 이 나라에서는 취미 삼아 무슨 일을 할 수 있는 여지가 없다. 훨씬 더 섬뜩한 것은 소크라테스가 예컨대 목수가 만성병에 걸려서 목수로서 일을 완수할 수 없다면 그의 삶은 살 가치가 없다고 주장한다는 것이다. 죽는 게 낫다는 얘기다. 더더욱 기괴한 것은 이 국가에서는 장애인 어린이들은 내다 버린다는 것이다. 이유는 정상적으로 건강한 생활을 할 수 없는 사람은 "덕을 발휘하지" 못하기 때문이다.

이 공동체를 안전하게 보호하고 지키는 사람은 누구일까? 소크라테스는 수호자라는 개념을 제시한다. 수호자들은 "지식에 대한 철학자의 사랑을 가진" 존재들이다. 수호자들('철인왕', 즉 철학자 통치자들)은 도시국가에서 가장 훌륭하고 똑똑한 사람들, 즉 엘리트다. 철인왕과 다른 주민들 사이의 계급 분리는 절대적이다. 철인왕들은 이런 계급 분리를 나머지 주민들에게 '어떤 사람은 영혼에 금이 들어가 있고, 어떤 사람은 은, 또 어떤 사람은 청동이나 철이 들어가 있다'는 신화를 주입함으로써 정당화한다. (헤시오도스의 『노동과 나날』에 나오는 신화적인 시대 구분—황금 시대, 은의 시대, 청동 시대, 철의 시대—을 차용한 것이다.) 여기서 플라톤은 통치자들이 주민에게 거짓말을 하는 것을 당연시한다. 진리를 열정적으로 추구하는 인물이 그런 입장을 갖고 있다는 것이 흥미롭다. 더 뒤로 가면 수호자들에 대한 얘기가 자세하게 나온다. 수호자들은 사유 재산을 가져서는 안 된다. 그 아이들은 국가가 공동으로 보육한다. 놀라운 것은 소크라테스가 여자들도 수호자가 될 수 있다고 주장한다는 점이다. 여자를 남자와 동등하게(또는 거의 동등하게) 통치자가 되지 못하게 해야 할 근본적인 이유는 없다는 것이다. 이런 주장이 BC 4세기 당시에 얼마나 황당하고 도발적으로 느껴졌을지 상상하기는 쉽지 않다(20세기 들어서도 상당한 기간까지는 여자가 지도자가 된다는 것은 상상하기 어려웠다). 플라톤은 돼지도 철인왕이 될 수 있다고 주장해도 별로 놀랍지 않을 사람이다.

이런 수호자들을 어떻게 교육해야 하는가 하는 문제가 플라톤에게는 매우 중요했다. 그들은 완벽하게 공정한 국가의 중추여야 하기 때문이다. 『국가』에서 제시하는 교육이론들은 후대에 깊은 영향을 미쳤다. 특히 교육을 단순히 기술을 습득하는 것이 아니라 인격을 형성하는 것으로 봤다는 점에서 그렇다. 『국가』의 교육이론은 소크라테스의 입을 빌려 예술을 공격했기 때문에 악평을 받기도 한다. 책 끝에 가면 예술에 대한 공격은 더 극심해진다.

여기서 플라톤이 천착하는 핵심은 시가 미치는 효과다. 그는 호메로스의 잘못은 영웅과 신들을 모범으로 묘사하지 않고 거짓말쟁이, 조롱거리, 정서적 파탄자 등으로 묘사했다는 데 있다면서 '모방'을 공격한다. 여기서 말하는 모방은 시 문학의 원리로서의 모방이라기보다는 문학에 들어 있는 직접 인용문이 미치는 영향을 말한다. 당연히 드라마 일반도 포함하는 얘기다. 플라톤의 발상은 배우가 악독한 등장인물 역을 맡으면 나쁜 영향을 받는다는 것이다. 얼핏 보기에는 터무니없는 소리처럼 들린다. 자신이 맡은 역에 푹 빠지는 극단적인 사례가 없지는 않다. 영국 배우 다니엘 데이루이스는 햄릿 역에 푹 빠져서 연기를 하는 동안 친아버지인 시인 세실 데이루이스의 혼령과 대화를 하고 있다고 생각했다. 보통 때는 상냥하기로 이름난 포레스트 휘태커는 아카데미 남우주연상을 수상한 작품 〈라스트 킹**The Last King of Scotland**〉(2006)에서 우간다의 독재자 이디 아민 역에 어찌나 몰두했던지 카메라가 돌아가지 않을 때에도 동료 연기자가 그를 두려워했다고 한다. 하지만 두 명배우가 나중에 햄릿이나 이디 아민 같은 성격으로 변했다는 보고는 없다(다행이다). 우리가 아는 한, 아무리 사실주의적인 연기를 한다고 해도 살인자나 도둑 같은 역할을 잘 하기 위해 살인과 도둑질을 해보는 배우는 없다.

그렇지만 고대 그리스는 읽는 문화가 아니라 구전 전통이 강한 문화라는 점을 염두에 두어야 한다. 교육도 호메로스의 위대한 작품을 중심으로 이루어졌다. 그런 작품을 배우면서 낭송하는 문화였다. 그런데 호메로스의 작품은 직접 대화 형식으로 된 부분이 많다(그를 "비극 작가의 원조"라고 한 플라톤의 평은 옳다). 따라서 작품에 나오는 인물을 흉내 내어 말하는 것은 교양 있는 그리스인들에게는 우리가 지금 생각하는 것보다 훨씬 친숙한 일이었을 것이다. 우리가 머릿속으로 조용히 읽는 것과 달리 그리스인들은 큰 소리로 낭송을 했을 것이다. 하기야 우리 문화에서도 예를 들어 어린이가 폭력 영화에서 본 것들을 그대로 모방하느냐, 또는 랩 음악이 총기 사용을 부추기느냐에 관한 논쟁이 계속되고 있다. 예술은 반드시 유용하고 긍정적인 감정만을 증가시키지 않는다. 어떤 예술은 그야말로 해악이 심하다고 말할 수도 있다.

『국가』 끝부분에 가면 예술에 대한 입장이 더욱 비판적으로 변한다. 앞부분의 교육 관련 논의에서는 '모방적인' 시 문학과 일부 음악만을 배척했는데(도리아나 프리기아식 음계처럼 감정을 격발시키는 군가 양식의 음악은 예외다) 뒤에서는 회화와 시 문학 자체에 대한 개탄을 한참 늘어놓는다. 애증이 엇갈리는 비난이라고 할 수 있는데 플라톤은 결국 자신이 가상한 이상적인 국가에서 시 문학을 완전히 추방해버린다. 호메로스에 대해 플라톤은 이렇게 말한다. "우리는 어떤 사람을 사랑할 때 그로 인해 자신에게 안 좋은 일이 생긴다면 어쩔 수 없이 택해야 하는 선택을 해야 할 것이다. 내키지 않지만 그를 멀리할 수밖에 없는 것이다." 이런 말을 하는 플라톤이 『국가』에서 문학을 추방하기 위해 문학적인 수단을 사용하는 것은 아이러니라 아니 할 수 없다. 『국가』는 명쾌하면서도 유창한 언어로 대화 형식(직접 화법!)으로 전개되는 작품이다. 아이스킬로스와 호메로스를 비롯한 시인들의 말을 많이 인용하고 있고, 생생한 시적 이미지를 구사한다. 기가 막힌 비유도 나온다. 예를 들어 소크라테스는 인간의 몸속에 있는 영혼이 육체와의 교섭으로 인해 오염된 상황을 조가비와 해조류로 뒤덮인 바다의 신 글라우코스의 몸에 비유한다. 이상한 것은 『국가』에는 불쾌한 대목이 아주 많은데도 나로서는 시를 배척하는 대목이 유독 불쾌하고 당혹스럽다는 점이다. "신에 대한 찬가와 훌륭한 인간에 대한 찬미만" 허용되는 국가이기 때문일 것이다. 섬뜩한 사회다.

내가 보는 플라톤의 『국가』는 이처럼 그로테스크하면서도 경이롭다. 이 책의 핵심에는 유명한 비유가 세 가지 등장한다. 태양의 비유, 선분의 비유, 동굴의 비유가 그것이다. 태양의 비유는 국가의 수호자들에게 선(善)의 이데아idea를 철학적으로 탐구하는 일이 매우 중요하다는 것을 보여주기 위한 것이다. 여기서 우리는 플라톤의 '이데아론(論)'과 맞닥뜨리게 된다. (이데아에 관한 이론은 논리 정연하게 이론의 형태로 제시되는 것이 아니라 플라톤의 여러 대화편에서 각기 다양한 방식으로 개진된다는 사실을 유념해야 한다.) 이 미묘한 개념을 대충 간단히 정리하면 어떤 속성들(또는 대상들)의 이상적인 '형상(이데아)'은 인간의 감각기관이 아니라 순수한 지성을 통해서만 도달할 수 있는 영역에 존재한다는 것이다. 『국가』의 핵심을 이루는 관점은 아름다움, 작음, 큼 또는 정의 같은 개념의 특수한 사례는 다른 맥락에서는 그 반대의 예로 여겨질 수 있다는 것이다. 예를 들면 신장이 188센티미터인 매튜는 "키가 크다"고 말할 수 있다. 그러나 자유의 여신상에 비교하면 작다는 결론을 내릴 수밖에 없다. 이처럼 크다, 작다 같은 용어가 의미가 있으려면, 상대적인 요소가 포함돼 있지 않고 따라서 물리적인 세계 바깥에 존재할 수밖에 없는

큼이나 작음 자체의 절대적인 특성—큼 또는 작음의 형상(이데아)—을 파악해야 한다. (상대적인 요소를 포함하지 않는 개념이라는 것은 논란의 소지가 크지만 나중에 『국가』에서 플라톤은 이상적인 형상과 관련해 탁자 같은 대상들에 대해 이야기한다.)

이데아론은 이 정도로 하고 다시 태양의 비유로 돌아가 보자. 소크라테스는 눈으로 보이는 세계에서 태양은 사유의 영역에서의 선과 같다고 말한다. 태양이 눈으로 하여금 물체들을 볼 수 있게 해주는 것처럼, 선은 정신으로 하여금 지식의 대상들을 알 수 있게 해준다. 이런 특수한 역할을 선이 어떻게 수행하는지는 매우 불확실하지만 깊은 영감을 주는 대목인 것은 분명하다. 지성에 대해 진리를 탐구하는 행동에 적극 나서라는 촉구다. 이어 지식과 신념의 위계(이데아에 대한 지성의 인식이 맨 윗자리를 차지한다)를 논한 다소 어려운 선분의 비유를 넘어가면 드디어 동굴의 비유가 나온다.

동굴의 비유는 플라톤이 제시한 문학적 설명 가운데 가장 뛰어나고 후대에 큰 영향을 미친 것이라고 할 수 있다. 비유는 이렇게 시작된다.

> "다음으로……." 소크라테스가 말했다. "충분히 교육을 받은 사람과 그렇지 못한 사람의 상태를 비유를 들어 살펴보세. 지하의 한 동굴에 죄수들이 살고 있다고 상상해 보게. 거기서 한참 떨어진 동굴 저 끝에는 바깥세상으로 통하는 입구가 나 있어. 죄수들은 어려서부터 거기 살았고, 두 발과 목이 묶인 채로 지냈기 때문에 머리를 돌릴 수 없고 앞만 바라볼 수밖에 없는 형편이지. 그런데 그들 뒤로 저 위쪽 동굴 입구에는 횃불이 타오르고 있네. 그리고 횃불과 죄수들 사이에는 길이 나 있고, 그 가장자

리에 담이 세워져 있다고 상상해 보게. 마치 인형극을 공연하는 사람들이 관객 앞에 야트막한 휘장을 치고, 휘장 위로 인형들을 보여주듯이 말이야."

"상상하고 있습니다." 글라우콘이 말했다.

"좀 더 상상해 보세. 담 너머로 사람들이 온갖 물건을 들고 지나가는 것을 말이야. 물건 중에는 돌이나 나무에 새긴 인물상과 동물상들도 있지. 그런 물건들이 담 위로 모습을 드러내고 있네. 그렇게 물건을 들고 지나가는 사람들 가운데 얘기를 하는 사람도 있고 아무 말 없는 사람도 있네."

『국가』 514a-515a

영역: 로빈 워터필드

이런 장면(아주 이상하면서도 멋진 장면이다)을 잠시 상상해보면 소크라테스가 노리는 바를 알 수 있다. 죄수들이 보는 세계는 입구의 불꽃에 비쳐서 가물거리는 그림자들이다. 특정한 의미나 내러티브가 없는 인도네시아의 전통 그림자극 같은 것이다. (죄수들은 세계를 "뿌연 유리를 통해서 보는 것처럼 몽롱하게" 본다고 말할 수 있겠다.) 이제 소크라테스는 글라우콘에게 죄수들 중 하나가 동굴을 탈출해서 우리가 보는 것과 같은 눈에 보이는 세계를 보게 되면 어떤 일이 벌어질지 상상해보라고 말한다. 세상을 봤을 때의 그 충격은 아마도 정신이 이데아의 세계에 도달했을 때와 같을 것이라고 소크라테스는 말한다. 여기서 플라톤이 제시하는 것은 흥미진진한 철학적 탐구가 보여주는 가장 감동적인 장면이다. 정신이 인습적인 사고의 족쇄를 벗어던지고 각성과 진리를 향해 나아가는 양상을 보여주는 것이다. 〔이 대목은 당연히 후대에 엄청난 영향을 미쳤다. 한 가지만 예를 들면 멋진 영화 〈매트릭스The Matrix〉는 동굴의 비유를 변주한 것이다. 여기서 주인공 네오(키아누 리브스가 열연했다)는 그림자극과 같은 허상의 세계('매트릭스')를 떨치고 나와 사물의 진정한 본질을 통찰하게 된다.〕

우리는 아직 지식의 본질이나 정신의 3분법 등등에 관한 플라톤의 중요한 논의들은 다루지도 않았다(그럴 생각도 없다). 내가 말하고 싶은 것은 미와 추가 공존하는, 그래서 더더욱 읽을 가치가 있는 『국가』의 충격적이고 역설적인 면모다. 플라톤이 제시한 그런 도시국가가 현실화된다면 상상을 절하는 악몽과 같은 국가가 될 것이라는 생각을 지울 수 없다. 그러나 내가 볼 때 다행인 것은 『국가』가 '진짜' 국가를 위한 청사진은 (분명히) 아니라는 사실이다. 플라톤은 법률체계나 정치체제를 제시하고 설명하는 것이 아니다. 『국가』는 가정으로 하는 얘기, 즉 생각을 풀어나가기 위한 방편이다. 중요한 것은 이 책이 논문이 아니라는 점이다. 그것은 대화다. 우리는 이 책에서 전개되는 대화를 따라가다 보면 끼어들어서 소크라테스와 논쟁하고 싶은 유혹을 느낀다. 간단히 말하면 반론을 하고 싶어진다는 얘기다. 『국가』는 사유에 대한 촉구다. 내가 보기에 『국가』에서 가장 의미심장한 부분 가운데 하나는 케팔로스의 행동이다. 초반에 정의라는 개념에 대해 별로 지적이지 않은 전통적 시각을 제시했던 케팔로스는 "희생 의식에 가봐야" 한다면서(변명치고는 어설프다. 앞에서 소크라테스가 구경 갔던 종교 축제는 이미 끝이 난 것으로 나온다) 슬그머니 대화에서 빠진다. 이런 대화에서 내가 케팔로스였다면 난감했을 것 같다. 대화에 참여하고 싶은 마음은 별로 없고, 기존의 관념에 의문을 제기하기도 내키지 않고, 반론을 펴기도 마땅치 않기 때문이다. 문제는 케팔로스처럼 될 수 있느냐이다. 지금 우리가 BC 4세기의 케팔로스처럼 정의와 도덕의 본질을 당연시할 수 있을 만큼 안온할까?

9장 사랑과 상실, 그리고 욕망

호메로스, 사포, 플라톤의 경우

사랑은 우리를 에워싸고 있다. 우리의 분별력을 앗아가고, 욕망으로 인해 어리석은 존재가 되게 만드는 에로스는 신들 중에서 가장 오래된 사랑의 신이며, 모든 것이 존재하는 이유다. 그러나 에로스는 아프로디테 여신의 자식이기도 하다. 그것도 못된 자식이다. 에로스는 활과 화살을 들고 아프로디테를 따라다니면서 공범 노릇을 한다. 사랑과 욕망을 노래한 위대한 시인 사포의 단편에 이런 구절이 있다.

> 회오리바람이 참나무를 후려치듯이, 에로스는
> 나의 마음을 뒤흔들었다…….

에로스는 단순하고 논리가 없다. 튼튼한 참나무도 에로스 앞에서는 버텨내지 못한다. 에로스는 (사포의 또 다른 단편에서) 달콤 씁쓸하고, 의

지로 물리칠 수 없는 존재로 등장한다.

고대 그리스 신들은 사랑도 어지간히 한다. 질투심 많고 깐깐한 부인님이 계신데도 제우스는 걸핏하면 딴 여자들과 사랑에 빠진다. 대상도 여신에서부터 인간 여자, 미소년(제우스는 트로이의 미소년 가니메데스를 신들이 연회를 할 때 술 따르는 일을 시키기 위해 올림포스 산으로 납치한다)까지 가리지 않는다. 제우스는 부왕이 탑에 가둔 공주 다나에와도 사랑을 나눴다. 황금 비로 변신해 그녀를 임신시킨 것이다. 그 결과 태어난 것이(신들은 생산력에 있어서는 타의 추종을 불허한다) 괴물 메두사의 머리를 잘라버린 영웅 페르세우스다. 제우스는 테베의 공주 세멜레도 사랑했다. 세멜레는 바보같이 제우스에게 변신하지 않은 원래 모습 그대로를 보여 달라고 했다. 그 바람에 제우스의 번개에 타 죽었지만 둘 사이에 태어난 아들 디오니소스 신은 살아남았다. 제우스는 알크메네에게 그녀의 남편으로 변신하고 다가가 유혹했고, 그 사이에서 영웅 헤라클레스가 태어났다. 제우스는 또 백조로 변신해 레다와 사랑을 나눴고, 레다는 입이 쩍 벌어질 만한 미인 헬레네와 클리템네스트라 자매, 카스토르와 폴리데우케스 형제를 낳았다. 레다의 자녀들이 거대한 알에서 툭 튀어나오는 동안 하얀 백조 모습을 한 아버지 제우스가 목에 화환을 두른 채 애인에게 기대어 행복한 표정으로 잠을 자고 있는 장면을 그린 레오나르도 다빈치의 그림은 유명하다. 이 그림은 원본은 전하지 않지만 다른 화가의 모작이 남아 있다.

신들은 자기들끼리도 연애를 많이 한다. 아프로디테와 전쟁의 신 아레스는 시쳇말로 서로에게 완전 꽂혔다. 당시 아프로디테는 절름발이인 헤파이스토스 신과 결혼을 한 상태였다. 헤파이스토스는 불과 대장간의 신으로 올림포스 산에서 가장 뛰어난 장인이었다. 세 신의 이야기는 『오디세이』 8권에서 음유시인 데모도코스의 노래를 통해 소개된다. 태양신 헬리오스는 아프로디테와 아레스의 관계를 알아채고 헤파이스토스에게 귀띔해주었다. 그러자 헤파이스토스는 함정을 만들었다. 섬세한 금사슬로 멋진 그물을 짠 것이다. 이 그물은 신이라고 해도 맨눈으로는 볼 수 없었다. 헤파이스토스는 그물을 아프로디테의 침대에 매달아놓고, 평소 자주 가는 렘노스 섬에 가는 척하다가 헬리오스의 신호를 받고는 잽싸게 돌아왔다. 당연히 아레스는 절호의 찬스를 놓치지 않고 아프로디테와 낮거리를 하고 있었다. 그러니 아차차, 그물에 딱 걸리고 만 것이다. 신들이 모두 나와 간통 커플을 보고 놀려댔고, 분노에 치를 떠는 불쌍한 헤파이스토스도 부실한 남편이라는 비웃음을 면치 못했다. 사랑에 빠진 아프로디테와 아레스는 르네상스 미술에서 군신 마르스(아레스에 해당하는 로마신화의 신—옮긴이)가 사랑에 눈이 멀어 무장을 다 풀어버린 모습으로 변형돼 나타난다. 15세기 이탈리아 화가 보티첼리가 그린 〈비너스와 마르스Venus and Mars〉는 지금도 런던 내셔널 갤러리에 소장돼 있다.

호메로스가 사랑에 대해 이야기하는 방식은 후대 사람들의 기준을 훌쩍 넘어선다. 그가 욕망과 애정을 취급하는 방식은 후대의 그 어떤 작품 못지않게 날카롭고 우습고 서글프다. 『일리아드』 중반부 14권에는 두 신이 벌이는 또 하나의 멋진 연애 장면이 나온다. 이번에는 헤라가 남편 제우스를 유혹하는데 유머러스한 부분이 없지 않다. 헤라는 제우스와 동침해 곯아떨어지게 만든 다음 잠시 그리스군을 거들어 전쟁터를 좌지우지한다. 헤라는 최대한 아름답게 보이기 위해(4장 참조) 사랑과 욕망으로 짠 아프로디테의 마법의 가슴걸이를 빌린다. 그런 다음 잽싸게 제우스가 머물고 있는 트로이 인근 이다 산으로 달려가 다소곳한 어조로 "신들의 아버지 오케아노스(큰 바다의 신)와 어머니 테티스의 불화를 중재하러 해저로 가도 되겠느냐" 고 물어보러 잠깐 들렀다고 둘러댄다. (그럴듯한 핑계다! 하지만 원래 헤라는 누구 허락 받고 일하는 스타일이 아니다.) 그러자 제우스는 갑자기 욕망에 사로잡혀 헤라에게 이렇게 말한다. "일찍이 여신이나 여인에 대한 애욕이 이렇듯 강렬하게 내 마음을 사로잡은 적은 한 번도 없었소. 다나에나 세멜레나 알크메네와 사랑을 나눌 때도 이렇지는 않았소."

> 이렇게 말하고 크로노스의 아들(제우스)은 아내를 품에 안았다.
> 그러자 그들 밑에서 신성한 대지가 이슬을 머금은 클로버며
> 크로커스며 히아신스 같은 싱그러운 새 풀들을 두껍고 부드럽게
> 돋아나게 하니, 이것이 그들을 땅 위로 높이 들어 올려 주었다.
> 그 속에 그들이 누워 아름다운 황금 구름을 두르니
> 그 구름에서 반짝이는 이슬이 방울방울 떨어졌다.
>
> 『일리아드』 14권 413-418행

둘이 사랑을 나누는 자리에서 꽃들이 솟아올랐다는 부분이 특히 마음에 든다. 꽃들조차 반응을 보였다는 얘기다. 히아신스는 뭐니 뭐니 해도 사랑에서 피어난 꽃이다. 비극으로 끝나는 사랑이긴 하지만…….
아폴론 신은 히아킨토스라고 하는 젊은이를 사랑했다. 어느 날 둘은 원반 던지기 놀이를 했다. 아폴론은 무지막지한 신의 힘으로 원반을 던졌

다. 둘 사이를 시기한 서풍(西風)의 신 제피로스가 원반의 방향을 틀었다는 사람도 있다. 이유가 어쨌든 간에 원반은 힘차게 날아가 히아킨토스를 맞혔고, 히아킨토스는 즉사했다. 히아킨토스가 흘린 핏방울에서 히아신스가 솟아나왔는데 꽃잎마다 'Y' 자가 새겨져 있었다고 한다. 히아킨토스의 첫 자를 나타내는 그리스 문자다(눈을 가늘게 뜨고 상상력을 조금 보태면 히아신스 꽃잎에서 Y자가 보인다). 『오디세이』에서 오디세우스가 아내 페넬로페에게 정체를 드러내는 결정적인 순간에도 아테나 여신은 그의 머리털을 구불구불 물결치면서 광채가 나게 변신시킨다. 향기가 코를 찌르는 풍성한 꽃다발 같다.

『오디세이』의 구조를 주인공이 다양한 여성들과의 만남을 거쳐 결국은 최후의 일전을 치르고 진정한 영혼의 반려자인 페넬로페와 사랑으로 재결합하는 과정으로 볼 수도 있다. 작품 초입에 우리는 오디세우스가 집으로 돌아가 아내를 만나기 위해 노심초사하는 장면을 접한다. 하지만 요정 칼립소는 그에게 동침을 요구하며 섬에서 놓아주지 않는다. 헤르메스가 섬에 도착해 칼립소에게 이제 방랑자를 놓아줘야 할 때라고 말하자 칼립소는 오디세우스에게 불멸을 주겠다고까지 말한다. 하지만 항상 적절하게 처신하는 오디세우스는 그럴듯한 핑계를 대며 거절한다.

"존경스런 여신이여,
그 때문이라면 화내지 마시오.
사려 깊은 페넬로페가 생김새와 키에서
그대만 못하다는 것은 나도 잘 알고 있소.

그녀는 죽을 수밖에 없지만 그대는 늙지도 죽지도 않으시니까요.

하지만 그럼에도 나는 집에 돌아가서 귀향의 날을 보기를 날마다 원하고 바란다오."

『오디세이』 5권 236-243행

오디세우스는 마녀 키르케와 야릇한 말다툼을 벌이기도 한다. 어찌어찌하여 오디세우스가 키르케의 못된 마법을 중단시킨 뒤 키르케는 다소 호의적으로 변한다. 키르케는 너그러운 주인이자 용의주도한 동맹자로서 오디세우스 일행이 작별을 고할 때도 타박하지 않는다(6장 참조). 이어 만나게 되는 인물이 나우시카다.

오디세우스가 손수 만든 뗏목을 타고 칼립소의 섬을 떠날 때에도 포세이돈은 성난 눈으로 예의주시하고 있었다. 포세이돈은 어마어마한 강풍을 날려 주인공을 초주검 상태로 만든다. 오디세우스는 파이아케스 사람들이 사는 신비한 섬에 표착한다. 기진맥진한 오디세우스는 올리브나무를 찾아 그 밑에서 잠이 든다. 한편 아테나 여신은 이 섬 공주의 침실을 찾아가 꿈에서 공주에게 모종의 암시를 준다. '내일 아침 일어나면 멋진 옷들을 깨끗이 빨아두라'는 것이었다. 결혼할 날이 멀지 않으니 미리 준비해두라는 암시 같기도 하다.

이런 암시를 받은 나우시카 공주는 다음 날 아침 시녀들을 데리고 강가로 가서 옷을 빤다. 정오가 되어 빨래가 끝나자 나우시카는 멋진 옷들을 강 둔덕에 널어놓고는 공놀이를 했다. 그런데 일행 중 한 명이 공을 덤불 쪽으로 던지는 바람에 오디세우스가 잠에서 깬다. 머리는 엉망이고 허연 소금이 덕지덕지 말라붙은 건장한 사내가 벌거벗은 채 수풀에서 기어 나온다. 다행인 것은 나뭇가지 하나가 사타구니를 가려주고 있다는 것이다. 처녀들은 비명을 지르며 달아나지만 나우시카만은 아테나 여신이 불어넣어준 용기에 힘입어 그 자리에 버티고 서 있다. 오디세우스는 애원의 표시로 그녀의 무릎을 붙잡을까 고민하다가 그만둔다. 가녀린 소녀가 오히려 겁을 먹을 수도 있기 때문이다. 오디세우스는 거리를 유지한 채 "당신 같은 여자를 신부로 데려가는 남자는 세상에서 제일 운 좋은 친구일 것"이라며 달콤한 말로 알랑거린다.

나우시카는 오디세우스에게 연민을 느끼고 도와주기로 한다. 오디세우스는 강물에 들어가 목욕을 하고 몸에 기름을 바른 뒤 나우시카가 건네준 옷가지를 걸친다. 여기서 다시 아테나 여신이 재주를 발휘한다. 명품에 화룡점정을 하는 장인처럼 오디세우스의 모습을 놀라울 정도로 멋지게 만들어놓는 것이다. '저런 남자가 내 낭군이라면 얼마나 좋을까' 하고 나우시카는 속으로 생각한다. 정말 감동적인 장면이다. 하지만 오디세우스는 나우시카와 결혼할 생각은 없다. 심지어 한 순간도 매력을 느끼지는 않는다. 하지만 둘 사이에는 서로의 처지를 알아보는 미묘한 공감 같은 게 있다. 젊은 처녀와 산전수전 다 겪은 건장한 전사 사이에 은은한 유쾌함이 흐른다. 나우시카는 오디세우스에게 부모인 국왕 부부를 만나보자고 권한다. 국왕 부부(역시 만만찮은 인물들이다)는 결국 그를 배에 태워 이타카로 데려다 주게 된다. 이 장면에서 나우시카는 슬그머니 자취를 감춘다. 다만 오디세우스가 저녁을 먹으러 가기 위해 목욕탕에서 나와 옷을 입는 순간 기둥 뒤에서 나와 당당하게 말한다. "고향에 가서도 나를 잊지 말아요. 내가 살려준 거예요." 그러자 오디세우스는 "당신을 내 평생 기억하겠소, 그리고 여신처럼 떠받들 것이오"라고 말한다.

하지만 이 작품에서 진정한 영혼의 결합으로서 가장 훌륭한 부부 관계로 그려지는 것은 역시 오디세우스와 페넬로페 커플이다. 문학사에서 이처럼 매력적이고 평등한 남녀관계도 흔치 않을 것이다. 페넬로페는 마침내 장기간 행방불명이었던 남편의 모습을 알아보고, 둘은 같이 침실로 향한다. 이것이 『오디세이』의 끝은 아니지만 호메로스의 작품에서 가장 감동적인 장면 가운데 하나인 것은 분명하다. 부부가 침대에서 나눈 얘기를 들어보자.

> 두 사람은 달콤한 사랑을 실컷 즐기고 나서 각자가 겪었던
> 일을 들려줌으로써 이야기로 서로 상대방을 즐겁게 해주었다.
> 여인들 중에서도 고귀한 페넬로페는 자기에게 구혼하며
> 소 떼와 힘센 작은 가축들을 죽이고 술통에서 포도주를
> 마구 퍼내던, 파멸을 가져다주는 구혼자들의 무리들을 보면서
> 자기가 홀에서 견뎌야 했던 일들을 빠짐없이 이야기했다.
> 제우스의 후손인 오디세우스는 자신이 인간들에게 가져다준
> 온갖 고통과 자신이 겪어야 했던 고난을 빠짐없이 이야기했다.
> 그녀는 듣고 좋아했고, 이야기가 다 끝날 때까지
> 그녀의 눈꺼풀 위로 잠이 내려앉지 않았다.
>
> 『오디세이』 23권 342-353행

부부는 서로의 이야기를 들으며 즐거워한다. 아내는 고향에서, 남편은 이국땅에서 겪었던 온갖 고초가 동등하게 서술된다.

이제 사랑은 완성됐고 고난은 보상을 받았다. 『오디세이』는 동화처럼 해피엔딩으로 끝난다. 반면에 『일리아드』는 좀 더 어둡고 복잡하다. 사랑 얘기가 가득하지만 상실로 말미암아 깊은 상처가 나는 사랑이다. 단순한 그림이 아니다. 『일리아드』에서 우리는 상실을 예상하게 되는 대목을 많이 접한다. 등장인물들은 아직 그런 사정을 모르고 있기 때문에 그 상실은 우리를 더더욱 가슴 아프게 한다. 『일리아드』 3권에서 헬레네는 트로이 성벽 위에 프리아모스 왕 옆에 서서 그리스군 장군들을 하나씩 가리키며 설명을 해준다. 그녀는 모든 지도급 인사들을 꼽아냈지만 두 오빠 카스토르와 폴리데우케스의 모습은 끝내 찾지 못한다.

> "아마도
> 오라비들은 아름다운 라케다이몬에서부터 따라오지 않았거나,
> 아니면 바다를 여행하는 함선들을 타고 이리 따라오긴 했으나
> 사람들이 나를 조롱하고 욕할까 두려워서
> 전사들의 전투에 뛰어들고 싶지 않았나 봐요."
> 그녀는 이렇게 말했다. 그러나 이 두 사람은 생명을 낳아주는 대지가
> 그들의 사랑하는 고향 땅 라케다이몬에 오래전부터 꼭 붙들고 있었다.
>
> 『일리아드』 3권 283-290행

영국 소설가 새커리의 『허영의 시장Vanity Fair』(1848) 32장 끝부분의 워털루 전쟁 직후 상황을 묘사한 참담한 장면과 비슷하다. "어둠이 들판과 도시에 내려앉았다. 아멜리아는 애인 조지를 위해 기도하고 있었다. 그러나 그 무렵 조지는 얼굴을 땅에 박고 엎드린 채로 죽었다. 탄환

이 심장을 관통한 것이다."

트로이의 왕자 헥토르와 그 아내 안드로마케의 사랑은 『일리아드』의 정서적 핵심을 이룬다. 그 덕분에 사내들 치고받고 싸우는 이야기가 전쟁담 이상의 깊이를 갖게 된다. 나 개인적으로는 『일리아드』 6권은 눈물 없이는 읽을 수 없다고 생각한다. 안드로마케가 어린 아들 아스티아낙스를 데리고 나와 트로이의 성문에서 남편을 만나는 장면이 나온다. 그녀는 헥토르에게 성벽 주변에서 방어에 치중하고 위험을 무릅쓰고 멀리 나가지 말라고 애원한다. 그러면서 과거의 아픈 기억도 얘기해준다. 그녀의 아버지와 형제들도 쳐들어온 아킬레우스에게 살해당한 것이다. 어머니는 노예로 끌려갔다가 몸값을 치르고 풀려났는데 다시 활의 여신 아르테미스가 쏜 화살에 맞아 죽었다. 안드로마케는 이렇게 말한다(이 대목부터 부부의 운명은 벌써 엇갈리기 시작한다).

> "그러니 헥토르여! 당신이야말로 내게는 아버지요 존경스런
> 어머니며 오라비이기도 해요. 나의 꽃다운 낭군이여,
> 젊고 따뜻하고 강인한 사람!"
>
> 『일리아드』 6권 509-510행

그래도 나가 싸워야 한다고 헥토르는 말한다. 그러면서 오빠들이 죽고 어머니 아버지마저 돌아가신 일은 참으로 가슴 아프지만 "당신이 당할 고통에 비하면 내게는 아무것도 아니"라고 말한다.

"청동 갑옷을 입은 아르고스인(그리스인) 가운데 누군가 눈물을 흘리는

당신을 끌고 가며 당신에게서 자유의 날을 빼앗을 때
당신이 당하게 될 고통만큼 내 마음을 아프게 하지는 않소.
그리하여 당신은 아르고스에 살면서 다른 여인의 명령에 따라
베를 짜고, 마음이 내키지 않더라도 멧세이스나 휘페레이아 샘에서
물을 길어 나를 것이며, 심한 강압이 그대를 억누를 것이오.
그때는 당신이 눈물을 흘리는 것을 보고 누군가 말하겠지요.
"저 여자가 헥토르의 아내야. 사람들이 트로이를 둘러싸고 싸울 때
그는 말을 길들이는 트로이인들 중에서 으뜸가는 전사였었지."
누군가 이렇게 말할 것이고, 그러면 당신은 굴종의 날에서
당신을 구해줄 남편이 없음을 새삼스레 슬퍼하게 될 것이오.
안 되지, 안 돼…….
당신이 끌려가며 울부짖는 소리를 듣기 전에
쌓아올린 흙더미가 죽은 나를 덮어주었으면!"

『일리아드』 6권 539-555행

더더욱 가슴 아픈 것은 호메로스의 청중들은 뻔히 알고 있는 상황에서 헥토르의 말이 곧 닥칠 일을 정확히 예언하기 때문이다. 헥토르는 너무 일찍 죽는 바람에 아내를 지켜주지 못한다. 트로이는 이내 멸망한다. 이후 안드로마케에게 닥친 일에 대해서는 에우리피데스의 『트로이의 여인들』에 자세히 나온다. 특히 아기 아스티아낙스는 끔찍한 죽음을 맞는다. 아스티아낙스라는 이름이 '도시의 왕'이라는 뜻인 것은 잔인한 아이러니다(5장 참조).

이제 헥토르는 허리 숙여 아들에게 입을 맞춘다. 아이는 투구의 말총

장식을 보고 겁에 질려 울음을 터뜨린다. 이런 모습을 보면서 부부는 웃음을 터뜨린다. 헥토르는 투구를 벗고 아이를 번쩍 안아 올린다. (전쟁터로 나가는 군인들은 이런 이별을 얼마나 많이 했을까? 그러다가 전쟁을 끝내고 집에 돌아와 보면 아이들은 아버지를 알아보지 못할 만큼 훌쩍 커 있을 것이다.) 아이의 눈물 사이로 부모의 웃음이 빛난다. 나중에 헥토르의 어머니 헤카베는 아들이 전사했다는 소식을 듣는다.

> 이렇게 헤카베는 울면서 말했다. 하지만 헥토르의 아내는 아직
> 아무것도 모르고 있었으니 믿음직한 사자(使者)가 와서
> 그녀의 남편이 성문 밖에 있다는 사실을 알려주지 않았기 때문이다.
> 그래서 그녀는 지붕 높은 집의 안방에서 두 겹으로 된
> 자줏빛 천을 짜며 여러 가지 꽃무늬를 수놓고 있었다.
> 그런 다음 그녀는 머리를 곱게 땋은 집 안의 하녀들을 불러
> 헥토르가 싸움터에서 돌아오면 더운물에 목욕할 수 있게
> 불 위에 큰 세발솥을 얹어놓도록 일렀다.
> 불쌍타! 목욕과는 멀리 떨어진 곳에서 빛나는 눈의 아테나가
> 아킬레우스의 손으로 그를 이미 제압했다는 것도 모르고 있었으니!
>
> 『일리아드』 22권 514-524행

아멜리아가 모르는 상황에서 가슴에 총탄을 맞아 숨진 조지의 상황이 똑같이 벌어지고 있는 것이다.

안드로마케와 헥토르의 사랑은 가정적이고 온화하다. 반면에 아킬레우스와 파트로클로스의 사랑은 격정적이고 극단적이다. 독자들은 둘

의 관계를 실제로 같이 있는 모습을 통해서가 아니라(아킬레우스는 스토리가 한참 진행된 뒤까지도 등장하지 않는다) 주로 파트로클로스 사망 이후에 아킬레우스가 극단적인 상실감을 느끼는 모습을 통해 엿볼 수 있다.

지금부터 논하는 부분은 상당히 위험한 지점이다. 후대 그리스인들은 아킬레우스와 파트로클로스가 서로 사랑했고, 실제로 연인이었다는데 대해 아무 불편을 못 느끼는 것처럼 보이지만 오늘날의 일반적인 기준에 따르면 용인될 수 있는 관계가 아니다. 칸 영화제 기자회견에 갔을 때가 생각난다. 아킬레우스와 헥토르의 대결을 그린 영화 〈트로이Troy〉(2004년 작. 브래드 피트가 아킬레우스 역으로 열연했다—옮긴이)가 상연됐는데 『파이낸셜 타임스Financial Times』 기자(놀랍게도 고전학자였다)가 벌떡 일어나더니 제작진에게 "왜 아킬레우스와 파트로클로스의 관계를 그린 대목에 동성애에 대한 묘사가 하나도 없느냐"고 따져 물었다. 그러자 시나리오 작가와 감독은 탁자를 쾅 치면서 이렇게 말했다. "그런 대사가 있으면 가져와 보세요! 호메로스 원작에서 두 사람이 동성애 관계라고 한 대사가 있느냔 말이오!"

내 느낌으로는 파트로클로스와 아킬레우스는 깊이 사랑하는 사이다. 그런 관계가 아니라면 원작 내용은 말이 안 된다. 아킬레우스와 파트로클로스 사이에 오가는 감정의 강렬함은 누구나 느낄 수 있다. 『일리아드』 16권 서두에서 파트로클로스가 그리스군이 트로이군에게 유린당하는 것을 보고 가슴 아파하자 아킬레우스는 한없이 부드러운 말로 달랜다(그는 평소에는 퉁명스러운 인물이다). "왜 눈물을 흘리고 그래, 파트로클로스. 엄마 치마 붙잡고 안아달라는 계집아이 같네."

물론 아킬레우스의 사랑이 끔찍한 분노와 비통함으로 폭발하는 것은 파트로클로스가 죽고 나서다. 그는 땅바닥에 몸을 내던지고 오물과 흙먼지를 파서 몸에 뒤집어쓴다. 친구인 안틸로코스는 파트로클로스의 전사 소식을 전하면서 아킬레우스의 두 손목을 부여잡는다. 광란에 빠진 아킬레우스가 막무가내로 자신을 죽일지 모른다고 생각했기 때문이다. 그의 비통의 절규는 어찌나 극심했던지 깊은 바다에 사는 어머니 테티스 여신도 그 소리를 들을 정도다. 다음 날 아침까지도 아킬레우스는 울면서 파트로클로스의 시신을 끌어안고 있다. 그가 광란의 도살극을 벌이는 것은 복수인 동시에 상실의 고통을 무마시키려는 그로테스크한 시도다. 『일리아드』 23권에서 아킬레우스는 스카만드로스 강을 트로이 전사들의 피로 물들이고 헥토르를 죽인 다음 해변으로 내려가 벌렁 드러누워 휴식을 취한다. 이때 파트로클로스의 혼령이 나타나 친구에게 "때가 되면 같이 묻어달라"고 호소한다. 두 사람의 서로에 대한 애정이 얼마나 지극한지를 잘 보여주는 대목이다. 아킬레우스는 이렇게 답한다.

> "친애하는 벗이여! 무엇 때문에 그대는 이리 와서
> 그런 일들을 일일이 내게 부탁하는가? 내 진정
> 모든 것을 이룰 것이며, 그대가 지시하는 대로 따를 것이네.
> 하지만 좀 더 가까이 다가서게! 잠시나마
> 서로 얼싸안고 실컷 울어 마음이나 달래보게."
> 이렇게 말하고 아킬레우스는 두 팔을 내밀었으나
> 그를 잡지 못했다. 혼백이 희미하게 비명을 지르며
> 연기처럼 땅속으로 사라졌기 때문이다.

『일리아드』 23권 114-118행

†

그리스의 동성애

벤저민 조우잇(1817~1893. 영국의 고전학자. 플라톤과 아리스토텔레스 번역으로 유명하다—옮긴이): …… 도덕과 예술과 사회질서의 이상이 위대한 철학자들이 활동하던 시기의 그리스만큼 조화롭게 구현된 곳은 없었습니다.

존 러스킨(1819~1900. 영국의 예술평론가, 사회사상가—옮긴이): 남색은 빼고요.

조우잇: 남색은 빼고.

— 톰 스토파드(1937~. 영국의 극작가—옮긴이)의
『사랑의 발명The Invention of Love』(1997) 중에서.

그리스의 동성애는 오랜 세월 논쟁거리였다. 빅토리아 시대의 전통적인 사고방식으로 보면 그리스에서 남성들 간의 성관계가 일반적이었다는, 심지어 장려되고 찬미되기까지 했다는 사실은 이상적인 사회로 극찬을 받던 그리스의 유일한 오점이었다. 오늘날에도 고대의 성 행태에 대한 연구들이 논란을 부추기고 있다. 특히 "성적 행동은 타고난 천성이어서 시대와 사회의 차이를 막론하고 불변하는 것이다"('본질주의자' 들의 주장이다), "아니다, 성적 행동은 특정한 문화적 상황에 따라 변하는 것이다"('구성주의자' 들의 주장) 등등 이론이 분분하다.

최소한 분명한 것은 아테네에서는(그리스 사회는 지역에 따라 관습이 많이 달랐다) 젊은이들이 약간 나이 많은 남자들의 열렬한 구애를 받은 것이 역사적 사실이다. 청년들은 체육관에서 운동을 했기 때문에 나이 든 남자들은 애인들의 싱싱한 육체가 꿈틀거리고 근육이 불거지는 모습을 감상할 기회가 많았다. 얼마 후 청년은 나이 든 구애자에게 호의를 베풀 것이다. 같이 나들이를 하는 것일 수도 있고, 말상대를 해주는 것일 수도 있고 성관계일 수도 있다. 한편 스파르타에서는 (다른 예를 들자면) 나이 든 장교와 어린 장교 사이의 밀접한 관계를 통해 군사 훈련과 교육을 강화했다. 테베와 엘리스에는 '연인 부대' 라는 것이 있었다. 운동 경기 우승자들로 이루어진 이 부대는 신성(神聖)부대라고도 했는데 사랑하는 자(에라스타이erastai)와 사랑 받는 자(에로메노이eromenoi)로만 구성된 정예 부대였다. 여성들 사이에도 연애 관계가 있었다. 사포의 시를 보면 분명히 알 수 있다. 사포의 시에서 화자는 어린 소녀에 대한 강한 욕망을 내비치기도 한다.

'그리스의 동성애' 를 동성애로, 현대의 우리가 생각하는 바와 같은 의미의 동성애로 볼 수 있느냐 하는 문제를 제기하는 사람들도 있다. 나이가 많은 에라스타이가 어린 에로메노이에게 구애를 한다는 점에서(반대의 경우는 거의 없다) 패턴 자체는 다소 특이하다. 현대 동성애 논란에서 이는 분명 문제가 된다. 그리스 동성애를 현대 동성애의 선구로 볼 수 있는가? 그리스인들이 소년에 대한 사랑을 공공연히 찬미하는 관행 역시 우리로서는 선뜻 받아들이기 어렵다. 이는 일종의 남색이 아닐까?

영국 고전학자 케네스 도버가 쓴 『그리스의 동성애Greek Homosexuality』(1978)는 고대 동성애에 관한 기념비적인 연구다. 프랑스 철학자 미셸 푸코는 주저 『성의 역사History of Sexuality』에서 도버의 주장을 전폭적으로 수용했을 정도로 도버의 저서는 역사학자와 사회학자 들에게 엄청난 영향을 미쳤다. 도버는 그리스의 동성애를 적극적인 파트너와 수동적인 파트너, 사랑하는 자와 사랑 받는 자, 삽입하는 자와 삽입 당하는 자의 위계 관계 차원에서 폭넓게 살펴봤다. 삽입을 당한다는 것은 모욕을 당하는 것이라고 그는 주장했다. 하지만 이런 식의 해석에 모든 학자들이 동의하는 것은 아니다. 대표적인 경우가 제임스 데이빗슨이다. 그는 2007년 작 『그리스인과 그리스인의 사랑The Greeks and Greek Love』에서 그리스 동성애에 대해 좀 더 치밀한 그림을 그려내려고 했다. 그러면서 성적 행동의 양상이나 누가 누구에게 무엇을 하느냐는 측면보다는 사랑과 애정과 헌신의 깊이에 초점을 맞췄다. 데이빗슨은 이런 해석을 확대해서 크레타 섬의 동성 결혼 의식을 예로 들어 살펴보고, 독자들에게 플라톤의 『향연Symposium』에 생생하게 묘사된 파우사니아스와 아가톤의 관계와 같은 장기적 헌신 관계가 존재했다는 것을 강조했다. 그는 아테네인들이 18세 미만 소년들과의 성관계까지 용인하지는 않았을 것이라는 주장도 내놓았다.

나는 파트로클로스의 소멸이 우리와 그리스 세계의 관계 맺음의 본질을 상징하는 것 같다는 생각을 지울 수 없다. 우리는 그것을 포착하려고 애쓰지만 그것은 한자리에 가만있지 않고 흔들리다가 사라져버린다. 핀 같은 것으로 콕 찍어서 고정시키거나 온전히 이해할 수 있는 대상이 아닌 것이다. 사포의 시 가운데 다수는 사랑에 관한 것이다. 그러나 그 사랑은 부재(不在)로서의 사랑, 상실로서의 사랑, 사랑하는 대상을 갈망하지만 결코 완전히 이룰 수 없는 어떤 상태로서의 사랑이다. 다음의 단편을 보자.

달콤한 사과가 저 높은 가지 끝에서 붉게 익어간다
높은 가지 끝에 달린 사과, 사과 따는 사람들은 그것을 잊었다
아니, 잊은 것이 아니라 그저 손에 닿지 않았을 뿐.

고전학자이자 시인인 스탠리 롬바도의 번역문이다. 이 시에서 사포는 어린 소녀를 저 맛좋은, 하지만 손에 넣을 수 없는 과일에 비유하고 있다고 볼 수 있다.

롬바도가 번역한 사포의 시는 오늘날 우리가 알고 있는 그녀의 파편으로 남은 작품들의 가녀린 특성을 아름답게 전해준다. 사포의 시를 읽다 보면 대부분 작은 파편으로 남은 것이라는 사실을 새삼 깨닫게 된다. 고대에 이미 사포는 엄청난 다작이면서도 수준 높은 시인으로 유명했다. 헬레니즘 시기(보통 BC 330년 알렉산더 대왕의 페르시아 제국 정복에서 BC 30년 로마의 이집트 합병까지 300년간을 일컫는다—옮긴이) 이집트 알렉산드리아의 대형 도서관에는 사포의 시를 적은 두루마리 9개가 온전하게 보관돼 있었던 것으로 추정된다. 하지만 지금 우리가 가지고 있는 것은 그 정도에 턱없이 못 미친다. 온전하게 또는 거의 온전하게 전하는 시는 한두 편밖에 안 된다. 우리가 확보하고 있는 것은 몇 행 내지는 반 행 또는 단어 하나만 남은 경우가 대부분이다. 이런 단편들은 손상된 파피루스 파편에서 어렵게 채집한 것이거나 다른 작가들의 작품에 인용된 부분들이다. 문체를 논한 책에 인용된 경우들도 있고, 문법, 어원, 철자법 관련 고대 입문서에 간단한 예시로 들어 있는 경우도 있다. 이 책 113, 114쪽에서 소개한 아프로디테 여신을 불러내는 기도를 담은 시는 1930년대에 고대에 쓰레기장이었던 곳에서 깨진 도자기 조각에 휘갈겨

쓴 상태로 발견됐다. 발굴자들은 이것이 사포의 작품이라는 것을 금세 알아봤다. 동일한 시 중에서 더 짧은 나머지 부분이 이미 알려져 있는 상태였기 때문이다.

어쨌거나 이런 작은 단편들은 그 나름의 독특한 울림과 경이로움이 있다. "나는 갈망하고 열망하네", "그대는 내 속을 까맣게 태우고", "차마 그런 눈으로" 같은 여리디 여린 구절들은 상상력의 연쇄반응을 불러일으킨다. 그리고 적어도 내게는 어떤 상실감, 결코 충족될 수 없는 완성을 추구하려는 욕망 같은 것을 느끼게 한다.

사포의 시 가운데 가장 유명한 작품을 롬바도의 번역으로 한 편 더 살펴보자. 이 작품이 비교적 완성된 형태로 우리에게 전해진 것은 로마시대 그리스 출신 문학평론가 롱기누스가 저서 『숭고에 관하여 **On the Sublime**』에 훌륭한 시로 인용했기 때문이다.

> 저 사람을 봐요, 꼭 신(神) 같네요.
> 그대 맞은편에 앉은 저 남자,
> 그 사람 누군진 잘 몰라도
> 당신 목소리에 귀 기울이고 있네요.
> 다정하고 달콤한 목소리,
> 그대의 거부할 수 없는 웃음
> 그리고, 네,
> 그 웃음이 내 마음을 설레게 해요.
> 그대를 보는 순간
> 난 무슨 말을 해야 할지 아무 생각 안 나고

목소리는 갈라지죠.
살갗 아래 열은 불길이 이는 듯해요.
눈은 멀고
귀는 먹먹하고
식은땀이 온 몸에 흘러내리죠.
부들부들 떨려요
풀보다 더 창백해지죠.
내 몰골을 보세요,
죽은 혼령이 따로 없네요.
그래도 참아야 해요, 왜냐면 불쌍한……

여기서 화자는 자리에 앉아 연인이 다른 남자와 이야기를 나누고 있는 모습을 바라보고 있다. 외모가 신처럼 잘생긴 남자라고 했지만 연인과 다정하게 얘기하는 사이라는 점에서 어마어마한 행운아라는 소리 같기도 하다. 사포는 문제의 소녀를 원하지만 가질 수 없다……. 볼 수는 있지만 화자가 다가갈 수 없는, 손에 닿지 않는 존재다. 저 높은 꼭대기 가지 끝에 달린 사과처럼.

사랑과 욕망에 대해 논한 그리스어 텍스트 가운데 가장 유명한 것은 아마도 플라톤의 대화편『향연』일 것이다. 아름다운 필치로 감동적인, 때로는 우스꽝스러운 장면을 연출하는 작품이다. 무대는 비극 작가 아가톤의 아테네 집에서 열린 저녁 파티 자리다. 홍청망청 곤드레가 되는 대신 손님들은 의사 에릭시마코스의 제안에 따라 각자 에로스 신을 찬양하는 주장을 제시한다. 파이드로스는 에로스는 비겁자들조차 강하게 만들어주는 존재라고 말한다. 그래서 연인들이야말로 최고의 전사가 된다. 에릭시마코스는 에로스는 모든 것 속에 존재한다고 말한다. 에로스는 육신과 건강을 주재하는 힘이고, 음악의 화성과 리듬까지도 주재한다. 희극 작가인 아리스토파네스는 딸꾹질이 멈추자 모든 인간은 반쪽짜리 존재라고 하는 특이한 생각을 피력한다. 우리는 과거에 "나머지 반쪽"으로부터 떨어져 나온 존재라는 것이다. 따라서 아주 운 좋게 "그 다른 반쪽"을 찾는다면 "둘이 서로에 대해 느끼는 애정과 따스함과 사랑은 필설로 다할 수 없을 정도다. 단 한 순간도 서로 떨어져 있으려 하지 않는다는 말은 과장이 아니다." 한편 아가톤에 따르면 에로스 신이 우리를 살짝 만지기만 해도 우리는 시인이 된다. "에로스는 온화함을 나누어주고 난폭함을 없애준다. 그는 한량없는 선의를 베풀고 악의는 전혀 없다. 그는 상냥하고 정중하다. 현명한 인간들은 그를 찬미하고, 신들은 그를 떠받들며, 없으면 갈망하게 되고 있으면 더욱 소중히 하게 되는 존재다."

끝으로 소크라테스의 발언이 나온다. 그는 에로스는 결핍된 무엇에 대한 욕망이라고 주장한다. 예를 들어 당신이 키가 크다고 치면 키 큰 것에 대한 욕망을 갖지는 않을 것이다. 에로스는 소유하지 않은 것이다. 어떤 대상을 사랑하는 자와 그 사랑의 대상 사이에 존재하는 자장(磁場) 같은 것이다. 소크라테스는 디오티마라고 하는 여사제로부터 들었다는 이야기를 소개한다. 디오티마는 다방면에 밝은 여자로 특히 사랑 문제에 일가견이 있다. 소크라테스에 따르면, 디오티마는 에로스는 매력이나 선 같은 어떤 특성을 간절히 원하기 때문에 신으로 지칭하는 것은 부적절하다고 주장했다. 왜냐하면 신은 완전히 선하거나 완전히 매력적인 존재여야 하기 때문이다. 그런데 에로스는 신과 인간 사이에 일종의 중재자로서 존재한다. 소크라테스에 따르면 디오티마는 사랑하는 자가 처음에 사랑하는 대상의 물리적인 매력에 집중하는 양상을 묘사한다. 그러다가 결국에 가서 사랑하는 자는 특수한 사례의 아름다움만이 아니라 아름다움 일반, 아름다움 그 자체, 즉 아름다움의 이데아(형상)에 대해(8장 참조) 생각하게 된다. "그는 미 그 자체만을 생각한다. 미 자체는 변함이 없는 것이고 영원한 것이다. 따라서 그는 모든 다른 아름다운 대상들은 그런 미 자체를 어떤 식으로든 나눠가진 존재라는 사실을 깨닫게 될 것이다."

디오티마의 설명은 다음과 같이 이어진다.

"…… (진정한 에로스는) 우리가 이 세계의 아름다운 사물들에서 시작해서 차츰 높은 단계로 올라가는 것을 도와줍니다. 그리하여 결국에는 저편에 있는 아름다움을 바라보기 시작하는 단계로 올라서게 되고, 그렇게 됐다면 거의 목표점에 다다른 것이라고 할 수 있습니다. 사랑[에로스]의 여정을 따라 제대로 길을 찾아가는 올바른 방법은 이 세계에 존재하는 아름다운 사물들로부터 시작해서 지고의 아름다움을 목표로 삼아 한 단계씩 끊임없이 올라가는 것입니다. 말하자면 하나의 아름다운 육체를 사랑하는 것에서 시작해서 두 개의 아름다운 육체로, 여기서 다시 사람들의 활동의 아름다움으로, 그리고 다시 지적인 추구의 아름다움으로, 이어 다시 최종적인 지적 추구로 올라가야 합니다. 최종적인 지적 추구란 바로 저편에 있는 아름다움의 탐구에 다름 아닙니다. 그렇게 해서 마침내 진정한 아름다움을 인식하게 되는 것이지요."

『향연』 211 b-c

영역: 로빈 워터필드

에로스와 지적 깨달음이 얽히고설키는 과정을 이렇듯 설득력 있고 감동적으로 묘사한 구절은 달리 없을 것이다. 에로스는 우리가 무지로부터 지혜로 올라가는 길을 도와주는 힘이라고 하는 관념이 특히 눈에 띈다. 그런 사랑과 지혜는 서로 떼놓을 수 없는 관계로 맞물려 있다. 그러나 사랑, 즉 에로스는 어떤 결핍 상태, 무엇을 소유하고 있지 않은 상태이기도 하다. 에로스에는 영원히 어떤 상실 같은 것이 스며 있다. 우리가 사랑하는 대상을 결코 완전히 소유하지 못하는 것과 마찬가지로 우리는 영원히 이데아(형상)의 영역에 온전히 거주할 수 없다.

이데아론은 우리가 '고대 그리스'라고 부르는 대상에 다가가려고 할 때 느끼는 어떤 한계 같은 것을 연상시킨다. 우리는 끊임없이 그것을 소유하려고 시도한다. 그러나 그것을 파악하려는 욕망이 아무리 경이롭고 우리를 풍성하게 만들고 깨달음을 얻게 한다고 해도 결코 완전히 파악할 수는 없다. 사포의 주인공이 사랑하는 이에게 다가갈 수 없는 것처럼 그것은 영구히 우리의 손길이 닿지 않는 곳에 존재하기 때문이다. 그것은 파트로클로스의 혼령처럼 우리가 손길을 내미는 순간 슬그머니 사라져버린다.

그리스와 에게 해
암피폴리스
칼키디케
올림포스 산
에게 해
코르키라
테살리아
아르테미시온
에우보이아 섬
말리아코스 만
테르모필레
칼키스
에레트리아
헬리콘 산
보이오티아
아울리스
델포이
테베
테스피아이
마라톤
플라타이아
아티카
이타카 섬
아테네
살라미스 해협
코린토스
미케네
아르고스
올림피아
아르카디아
이오니아 해
펠로폰네소스 반도
라케다이몬
메세니아
필로스
스파르타
지 중 해

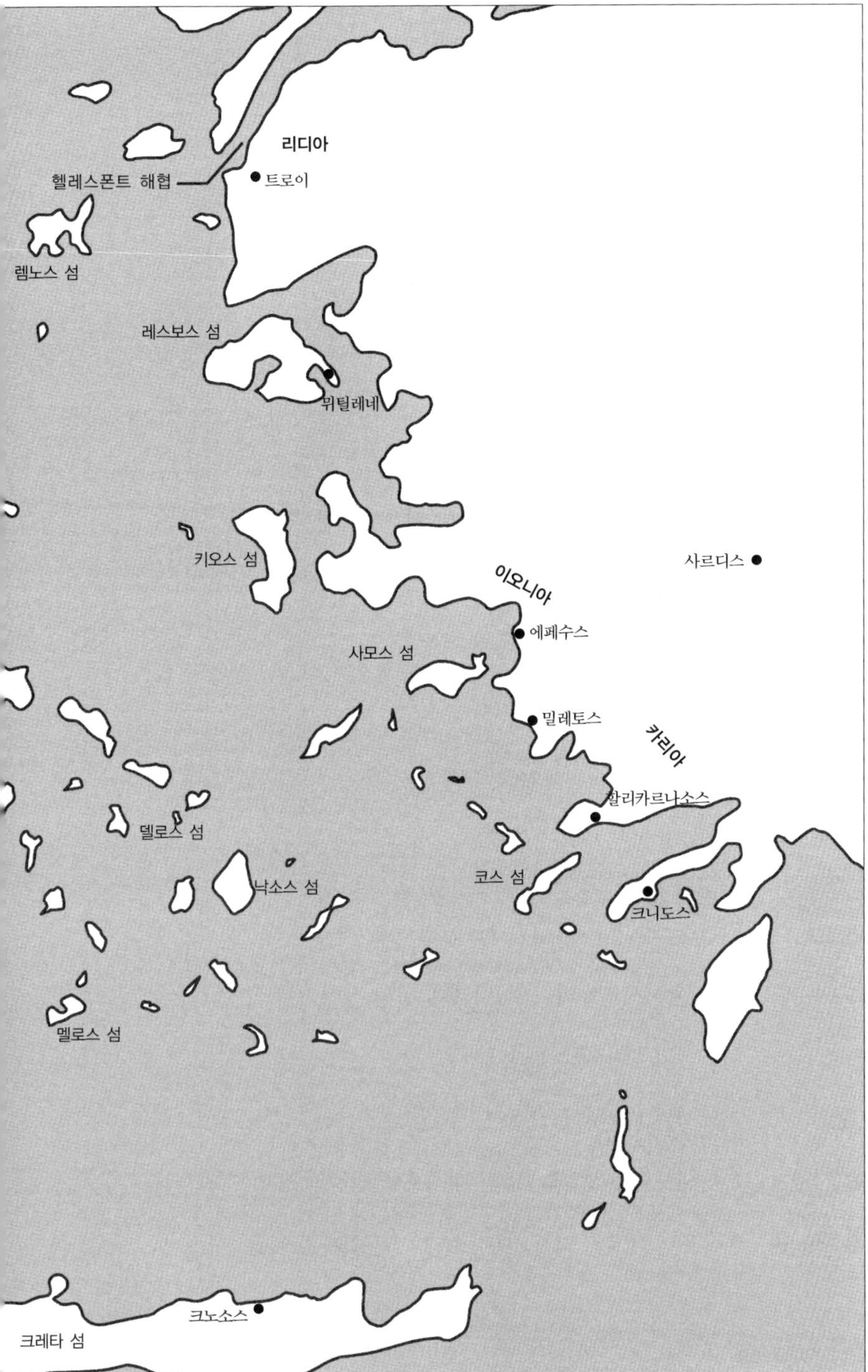
리디아
트로이
헬레스폰트 해협
렘노스 섬
레스보스 섬
뮈틸레네
키오스 섬
사르디스
이오니아
에페수스
사모스 섬
밀레토스
카리아
할리카르나소스
델로스 섬
낙소스 섬
코스 섬
크니도스
멜로스 섬
크노소스
크레타 섬

고대 그리스 연표

BC 776년	올림픽 개최
750년경	그리스 알파벳 등장
700년경	호메로스의 서사시 문자로 정착? 헤시오도스, 『노동과 나날』, 『신통기』 창작
7세기 후반	시인 사포 활동
620년경	드라콘, 아테네에서 성문법 제정
600년	밀레토스 태생 철학자 탈레스 활동
594년	솔론, 드라콘의 성문법 혁파 정치 개혁
557년	페르시아 키루스 대왕 등극
546년경	키루스, 리디아 왕국의 크로이소스 왕 격파
545~510년	참주 페이시스트라토스, 아테네 정권 장악
530년	페르시아 캄비세스 대왕 등극
521년	페르시아 다리우스 대왕 등극
508 / 7년	아테네, 클레이스테네스의 개혁으로 민주정 도입
499~494년	이오니아(지금의 터키 서부) 소재 그리스계 도시들, 페르시

아 지배에 맞서 봉기

490년 페르시아 전쟁 : 마라톤 전투

486년 페르시아 크세르크세스 대왕 등극

480년 테르모필레 전투, 살라미스 해전

479년 플라타이이아 전투

478년 아테네, 델로스 동맹 결성

462년 에피알테스와 페리클레스, 아테네 민주주의 개혁

458년 아이스킬로스의 비극 『오레스테이아』 초연

454년 델로스 동맹 금고, 델로스 섬에서 아테네로 이전

447년 파르테논 신전 착공(BC 432년 완공)

441년? 소포클레스, 비극 『안티고네』 완성

431년 펠로폰네소스 전쟁(BC 404년까지 계속)
에우리피데스의 비극 『메데이아』 초연

425년경 헤로도토스, 『역사』 완성

423년 아리스토파네스의 희극 『구름』 초연

415년 아테네, 시칠리아 섬 원정
에우리피데스의 비극 『트로이의 여인들』 초연

411년 아테네, 민주정 체제 전복되고 쿠데타로 '400인 체제' 가 들어섬

410년 아테네, 민주정 회복

406년 에우리피데스의 비극 『바카이』 초연

404년	아테네, 펠로폰네소스 전쟁에서 최종 패배, 민주정 다시 전복되고 '30인 참주' 체제가 들어섬
403년	아테네, 민주정 회복
401년	소포클레스의 비극 『콜로노스의 오이디푸스(Oedipus at Colonus)』(『오이디푸스 왕』의 속편), 작가 사후 초연
400년	투키디데스 사망, 『펠로폰네소스 전쟁사』는 미완성으로 끝남
399년	소크라테스 사망
BC 4세기 초	플라톤, 대화편 『소크라테스의 변명』, 『파이돈』, 『향연』, 『국가』 등 완성
385년경	플라톤 철학 학교 아카데메이아 건립
359년	마케도니아 왕 필리포스 2세(알렉산더 대왕의 아버지) 등극
338년	카이로네이아 전투 이 전투의 승리로 마케도니아의 필리포스 2세가 그리스 세계 전체의 지배자가 됨
336년	알렉산더 대왕(필리포스 2세의 아들) 등극
335년경	아리스토텔레스, 철학 학교 리케이온 설립
323년	알렉산더 대왕 사망
322년	그리스계 도시들, 마케도니아에 완전 정복됨 아테네 민주정치 종언 아리스토텔레스 사망

등장인물 소개

(m) 표시는 신화(mythical) 또는 문학작품에 등장하는 인물이다.

• ㄱ

가니메데스 : (m) 제우스가 납치한 트로이의 미소년. 신들이 연회를 할 때 술 따르는 일을 시켰다.

고르고 : BC 5세기 스파르타의 왕비. 남편이 레오니다스 왕이다.

고르곤 세 자매 : (m) 괴물 세 자매. 이중 메두사를 바라보는 사람은 마법에 걸려 돌로 변하게 된다.

고르귀티온 : (m) 테우크로스가 쏜 화살에 맞아 죽는 트로이인으로 『일리아드』 8권에서 죽어가는 모습이 고개 숙인 양귀비에 비유된다.

글라우케 : (m) 이아손이 메데이아를 내친 후 두 번째 아내가 된 코린토스의 공주.

글라우코스 : (m) 바다의 신으로 플라톤의 『국가』에 언급돼 있다.

글라우콘 : 플라톤의 형, 소크라테스의 친구. 플라톤의 『국가』에서 소크라테스의 대담자 가운데 한 명으로 나온다.

기게스 : BC 8세기 말 7세기 초 리디아 왕국의 왕. 원래 시종이었으나 칸다울레스 왕을 쫓아내고 즉위한다.

• ㄴ

나우시카 : (m) 『오디세이』에서 파이아키아 왕 알키노오스와 왕비 아레테의 딸로 나온다.

네레우스 : (m) 신. 호메로스는 '바다의 노인' 이라고 칭했다.

네스토르 : (m) 필로스의 왕. 안틸로코스의 아버지다.

• ㄷ

다나에 : (m) 아르고스의 공주로 제우스와 사이에 영웅 페르세우스를 낳았다.

다리우스 : 귀족 출신으로 유혈 투쟁을 통해 페르시아의 왕이 되었다. 재위 BC 522~486년.

데마라토스 : 스파르타의 왕으로 페르시아 쪽에 선 인물. 헤로도토스의 『역사』에는 크세르크세스 대왕의 조언자로 나온다.

데메테르 : (m) 여신.

데모도코스 : (m) 『오디세이』에 알키노오스 왕의 궁정에서 활동한 음유시인으로 나온다.

데모케데스 : 헤로도토스의 『역사』에 BC 6세기 사모스 섬의 폭군 폴리크라테스에게 고용된 의사로 나온다.

데모크리토스 : BC 5세기에 활동한 사상가. 원자론을 주장했다.

돌론 : (m) 『일리아드』에서 오디세우스와 디오메데스가 잡아 죽인 트로이의 간첩.

드라콘 : 전설에 따르면 BC 621년(또는 620년) 아테네 최초로 성문법을 만든 인물이다.

디오네 : (m) 여신. 『일리아드』에서 아프로디테의 어머니로 나온다.

디오니소스 : (m) 신.

디오메데스 : (m) 『일리아드』에서 그리스군 사령관으로 나온다. 티데우스의 아들.

디오티마 : (m) 플라톤의 『향연』에서 만티네이아의 여사제(무녀)로 나온

다. 소크라테스는 그녀로부터 에로스에 관한 이론을 배웠다고 주장한다.

디카이오폴리스 : (m) 아리스토파네스의 희극 『아카르나이 사람들』의 주인공.

• ㄹ

라에르테스 : (m) 『오디세이』에서 오디세우스의 아버지로 나온다.

라이스트리고네스 : (m) 『오디세이』에 나오는 식인 종족. 오디세우스가 이끄는 배들을 모두 잡아먹지만 오디세우스가 탄 배만 간신히 살아난다.

라이오스 : (m) 이오카스테의 남편으로 오이디푸스의 아버지다.

라케시스 : (m) 운명의 세 여신 가운데 한 명.

레다 : (m) 헬레네와 클리템네스트라의 어머니.

레아 : (m) 티탄 신족의 여신. 크로노스의 여동생이자 아내로 제우스, 헤라, 포세이돈, 하데스, 헤스티아, 데메테르 신을 낳았다.

레오니다스 : 스파르타의 왕. BC 480년 테르모필레 전투에서 군사 300명을 이끌고 페르시아군과 싸웠다. 부인이 고르고다.

레우키포스 : BC 5세기의 사상가. 원자설을 주장했다.

리시아스 : 케팔로스의 아들. 플라톤의 『국가』에 아버지와 함께 등장한다.

리카온 : (m) 프리아모스 왕의 아들로 『일리아드』 20권에서 아킬레우스에게 죽는 것으로 나온다.

리쿠르고스 : (m?) 스파르타인의 전설에 따르면 스파르타의 체제를 처음 확립한 인물이라고 한다.

• ㅁ

마르도니우스 : 페르시아 크세르크세스 대왕의 사촌. BC 479년 플라타이아 전투에서 페르시아군 사령관으로 싸우다 전사했다.

마카온 : 『일리아드』에 나오는 그리스의 명의. 포달레이리오스의 형이며, 의술의 신 아스클레피오스의 아들이다.

메넬라오스 : (m) 스파르타의 왕. 아가멤논의 동생이자 헬레네의 남편이다.

메데이아 : (m) 콜키스의 왕 아이에테스의 딸. 이아손이 황금 양털을 손에 넣는 것을 돕는다. 나중에는 남편에 대한 보복으로 자기가 낳은 자식들을 모두 죽인다. 에우리피데스의 희곡에서 주인공으로 나온다.

메두사 : (m) 고르곤 괴물 세 자매 가운데 한 명.

메로페 : (m) 코린토스의 왕 폴리보스의 부인. 그녀의 궁궐에서 오이디푸스는 어린 시절을 양아들로 보냈다.

• ㅂ

브라시다스 : 펠로폰네소스 전쟁 초기 스파르타의 군 사령관.

브리세이스 : (m) 『일리아드』에서 아킬레우스의 포로로 잡힌 트로이 여성.

비톤 : 아르고스의 유명한 운동선수. 헤로도토스의 『역사』에서 솔론은 세상에서 두 번째로 행복한 사람으로 비톤 형제(형은 클레오비스)를 꼽았다.

• ㅅ

사르페돈 : (m) 『일리아드』에 나오는 제우스의 아들. 리키아인들을 이끌고 트로이 편에 서서 싸웠다.

사포 : BC 7세기 후반 레스보스 섬에서 태어난 여성 서정시인. (예술을 관장하는 뮤즈 여신 9명에 다음간다는 뜻에서) '열 번째 뮤즈'라는 극찬을 받았다.

세멜레 : (m) 테베의 왕 카드모스의 딸. 제우스와 사이에 디오니소스 신을 낳았다.

소크라테스 : 아테네의 철학자. BC 469~399년. 저술을 남기지 않았지만 플라톤의 작품들을 통해 불멸의 사상가로 남아 있다.

소포클레스 : 아테네의 극작가로 123편의 희곡을 썼다. 『안티고네』, 『오이디푸스 왕』, 『콜로노스의 오이디푸스』, 『필로크테테스(Philoctetes)』 등 7편만이 온전히 전한다. BC 495년경~406년.

솔론 : BC 6세기에 활동한 아테네의 정치인, 개혁가, 시인.

스카만드로스 강 : 『일리아드』에 나오는 트로이 성 인근의 강으로 나중에 아킬레우스와 싸운다.

스킬라 : (m) 선원들을 잡아먹는 머리 여섯 달린 여자 바다 괴물. 같은 족속인 카리브디스의 맞은편 동굴에 산다.

스트레프시아데스 : (m) 아리스토파네스의 희극 『구름』의 주인공.

• ㅇ

아가멤논 : (m) 아르고스의 왕. 클리템네스트라의 남편이며 트로이 전쟁 그리스 연합군 총사령관이다.

아가베 : (m) 테베의 왕 펜테우스의 어머니. 제우스 신과 관계해 디오니소스를 낳은 세멜레와는 자매 사이이다.

아가톤 : BC 5세기에 활동한 비극 작가로 작품은 단편으로만 남아 있다. 플라톤의 『향연』에서는 그의 집에서 잔치가 열리고 등장인물들이 에로스를 찬양하는 발언을 하는 것으로 나온다.

아낙사고라스 : BC 5세기에 활동한 사상가, 페리클레스의 후원자.

아낙시만드로스 : BC 6세기에 활동한 밀레토스 출신의 사상가. 『사물의 본질에 관하여』를 썼고, 천체의 운동에 대한 기계론적 모델을 수립했다.

아낙시메네스 : BC 6세기에 활동한 밀레토스 출신의 사상가. 공기를 우주의 근원을 이루는 물질이라고 봤다.

아레스 : (m) 신.

아레테 : (m) 『오디세이』에서 파이아키아 왕국의 왕비로 나온다. 알키노오스 왕의 아내이자 나우시카 공주의 어머니다.

아르고스 : (m) 『오디세이』에 나오는 오디세우스의 개.

아르길레오니스 : 펠로폰네소스 전쟁 초기에 활약한 스파르타 장군 브라시다스의 어머니. 아들에게 "방패를 들고 돌아오든지 방패에 실려 돌아와라"라고 했다고 한다.

아르키다모스 : 스파르타의 왕. 재위 BC 469년경~427년. 펠로폰네소스 전쟁 1기를 아르키다모스 전쟁이라고도 하는데 이는 그가 아테네를 자주 공격해서 생긴 명칭이다.

아르테미시아 : BC 5세기 초 할리카르나소스(지금의 터키 보드룸)의 여왕. 헤로도토스의 『역사』에는 페르시아 크세르크세스 대왕에게 전술을 조언하는 동맹자로 나온다.

아리스타고라스 : 밀레토스의 참주. BC 505년경~496년. 헤로도토스에 따르면 이오니아 반란을 주도했다고 한다.

아리스토게이톤 : BC 514년 연인인 하르모디오스와 함께 아테네의 참주인 히피아스의 동생을 살해했다.

아리스토데모스 : 테르모필레 전투에서 살아남은 두 스파르타 병사 가운데 한 사람(BC 480년).

아리스토텔레스 : 철학자, 과학자, 문학평론가, 정치이론가, 알렉산더 대왕의 스승. BC 384~322년.

아리스토파네스 : 아테네의 희극 작가. BC 445년경~386년. 많은 작품 가운데 『구름』, 『아카르나이 사람들』, 『개구리(Frogs)』, 『리시스트라타』 등 11편만이 전한다.

아리온 : 헤로도토스의 『역사』에서 BC 7세기 코린토스의 참주 페리안드로스의 궁정에서 활동한 음유시인으로 나온다.

아스클레피오스 : (m) 의술의 신. 켄타우로스인 케이론에게 의술을 배운 것으로 유명하다.

아스티아게스 : BC 7세기 말 메디아 왕국의 왕. 페르시아 키루스 대왕의 외할아버지다.

아스티아낙스 : (m) 트로이의 왕자 헥토르와 안드로마케의 아들.

아스파시아 : 페리클레스의 정부(情婦).

아이기스토스 : (m) 클리템네스트라의 정부(情夫). 클리템네스트라의 남편인 아가멤논의 사촌으로 아가멤논을 살해한다.

아이스키네스 : BC 4세기에 활동한 아테네의 웅변가. 데모스테네스의 라이벌이었다.

아이스킬로스 : 비극 작가. BC 525년경~455년. 90편이 넘는 희곡을 썼지만 온전히 남아 있는 것은 비극 3부작 『오레스테이아』〔『아가멤논』, 『코이포로이(제주를 바치는 여인들)』, 『에우메니데스』〕와 『페르시아인들』, 『테베를 공격하는 일곱 명의 장군들(Seven against Thebes)』 등 7편밖에 없다.

아이아스(작은 아이아스) : (m) 오일레우스의 아들로 『일리아드』에서는 그리스군 사령관으로 나온다.

아이아스(큰 아이아스) : (m) 텔라몬의 아들로 『일리아드』에서는 그리스군 사령관으로 나온다.

아이올로스 : (m) 호메로스의 서사시 『오디세이』에서 바람의 신으로 나온다.

아킬레우스 : (m) 호메로스의 서사시 『일리아드』의 주인공. 펠레우스 왕과 테티스 여신의 아들로 뮈르미돈족 사령관으로 그리스 연합군에 참여한다.

아테나 : (m) 여신.

아토사 : 페르시아 다리우스 대왕의 부인으로 키루스 대왕의 딸이다.

아트로포스 : 운명의 세 여신 가운데 한 명이다.

아폴론 : (m) 신.

아프로디테 : (m) 여신.

안드로마케 : (m) 헥토르의 아내이며 아스티아낙스의 어머니.

안티고네 : (m) 테베의 왕 오이디푸스와 왕비 이오카스테의 딸. 크레온의 조카이며 하이몬의 약혼녀로 소포클레스의 비극 『안티고네』의 주인공이다.

안틸로코스 : (m) 『일리아드』에서 네스토르의 아들이자 아킬레우스의 친구로 나온다.

알렉산더(알렉산드로스) 대왕 : 마케도니아의 왕. BC 356~323년. 역사상 가장 성공적인 군 사령관 가운데 한 명이다. 페르시아 제국과 이집트, 멀리 인도 펀자브 지방까지 정복했다.

알렉산드로스 왕 : 마케도니아의 왕. BC 498~454년.

알크메네 : (m) 헤라클레스의 어머니.

알키노오스 : (m) 『오디세이』에서 파이아케스 사람들의 왕으로 나온다. 아레테의 남편이자 나우시카의 아버지다.

에로스 : (m) 신.

에릭시마코스 : BC 5세기 아테네의 의사. 플라톤의 『향연』에도 나온다.

에우독소스 : BC 4세기에 활동한 수학자, 천문학자. 행성의 '역행 운동'을 설명하는 이론을 제시했다.

에우리비아데스 : 스파르타의 제독. 그리스 연합 함대 사령관으로 아르테미시온과 살라미스 해전을 지휘했다.

에우리스테오스 : (m) 헤라클레스에게 힘든 과제를 부과한 아르고스의 왕.

에우리클레이아 : (m) 『오디세이』에서 오디세우스의 유모로 나온다.

에우리퓔로스 : (m) 『일리아드』에 나오는 파트로클로스의 친구.

에우리피데스 : 비극 작가. BC 480년대~407년. 90편의 희곡을 썼으나 20편만 전한다. 대표작은 『바카이』, 『트로이의 여인들』, 『메데이아』, 『히폴리토스(Hippolytus)』, 『아울리스의 이피게니아(Iphigenia at Aulis)』, 『타

우리스의 이피게니아(Iphigenia at Tauris)』, 『헤라클레스』, 『이온(Ion)』 등이다.

에우마이오스 : (m) 『오디세이』에 나오는 이타카의 돼지치기.

에우메니데스 : (m) '자비의 여신'. 아이스킬로스의 『오레스테이아』에서 복수의 여신들이 변신한 모습을 일컫는 말이다.

에테오클레스 : (m) 테베의 왕자로 오이디푸스의 아들. 안티고네, 폴리네이케스와는 동기간이다.

에피알테스 : 테르모필레 전투에서 그리스군을 배신한 말리아코스 사람. 페르시아군을 스파르타군 배후로 안내했다.

엘렉트라 : (m) 아가멤논과 클리템네스트라의 딸, 오레스테스의 누나. 소포클레스와 에우리피데스의 희곡에서 주인공으로 나온다.

엠페도클레스 : BC 5세기의 사상가. 만물이 흙, 공기, 불, 물로 돼 있다는 4원소 설을 주장했다.

오디세우스 : (m) 라에르테스의 아들. 페넬로페의 남편이며 이타카의 왕이다. 『일리아드』에서는 그리스 연합군에 참여한 이타카 사령관으로, 『오디세이』에서는 주인공으로 나온다.

오이디푸스 : (m) 라이오스와 이오카스테의 아들. 후일 이오카스테의 남편이 된다. 소포클레스의 희곡 두 편에서 주인공으로 등장한다.

옴팔레 : (m) 리디아의 여왕. 헤라클레스는 여장을 하고 옴팔레를 3년 동안 모셨다.

이리스 : (m) 여신.

이아손 : (m) 영웅. 이올코스의 왕 아이손의 아들. 아르고호(號) 승무원들을 이끌고 흑해 연안 콜키스로 황금 양털을 찾아 나선다.

이오카스테 : (m) 오이디푸스의 아내이자 어머니. 오이디푸스와 사이에 안티고네와 이스메네 자매, 에테오클레스와 폴리네이케스 형제를 낳았다.

이피게네이아 : (m) 아가멤논과 클리템네스트라의 딸. 아버지 아가멤논 왕은 그리스 연합군의 순조로운 항해를 위해 그녀를 제물로 바친다. 에우리피데스의 희곡 두 편에서 주인공으로 나온다.

• **ㅈ**

제논 : BC 5세기 초의 사상가. '제논의 역설' 로 유명하다.

제우스 : (m) 신.

제피로스 : (m) 서풍(西風)의 신.

조피로스 : 헤로도토스의 『역사』에서 속임수로 바빌론을 함락시킨 것으로 나오는 페르시아의 장군.

• **ㅋ**

카론 : (m) 죽은 자의 영혼을 스틱스 강 건너 하계로 데려다주는 뱃사공.

카리브디스 : (m) 『오디세이』에 나오는 바다 괴물로 거대한 소용돌이 모습이다.

카산드라 : (m) 트로이의 공주. 프리아모스 왕과 헤카베 왕비의 딸이다.

카스토르 : (m) 폴리데우케스의 쌍둥이 형제로 헬레네와 클리템네스트라의 오빠다.

카이레폰 : 소크라테스의 친구로 델포이 신탁소에 가서 "소크라테스보다 더 현명한 사람이 있느냐" 는 질문을 던졌다.

칸다울레스 : BC 8세기 리디아 왕국의 왕.

칼립소 : (m) 『오디세이』에 나오는 님프(요정).

캄비세스 : 페르시아의 왕(BC 530년 즉위). 키루스 대왕의 아들이다.

케르베로스 : (m) 하계의 문을 지키는 머리 셋 달린 개.

케팔로스 : 아테네의 부자로 플라톤의 『국가』는 그의 저택을 무대로 하고 있다.

크레온 : (m) 매제인 오이디푸스가 테베를 떠난 뒤 테베의 왕이 되었다. 안티고네의 외삼촌이다.

크로노스 : (m) 티탄 신족의 신. 레아의 남편이자 오빠이며, 제우스, 헤라, 포세이돈, 하데스, 헤스티아, 데메테르 신의 아버지다.

크로이소스 : 리디아 왕국의 전설적인 갑부 왕. BC 545년 욱일승천의 페르시아에 왕국을 빼앗긴다.

크리톤 : 소크라테스의 친구로 소크라테스가 처형당하는 자리에 함께 했다.

크리티아스 : 플라톤의 삼촌. BC 404년 아테네를 장악한 30인 참주 가운데 한 명이다.

크산티페 : 소크라테스의 부인.

크세노파네스 : BC 6세기에 활동한 시인, 자연철학자. 이오니아 콜로폰 출신이다. 호메로스와 헤시오도스가 신들을 결함이 있는 인간처럼 묘사했다고 비판한 것으로 유명하다.

크세노폰 : 아테네의 작가. BC 430년경~355년. 역사서와 전기물이 유명하다.

크세르크세스 : 페르시아 제국의 왕. 재위 BC 486~465년. 다리우스와 아토사의 아들이다.

클레오메네스 : 스파르타의 왕. 재위 BC 520년경~490년. 레오니다스 왕의 부인인 고르고가 딸이다.

클레오비스 : 헤로도토스의 『역사』에서 솔론이 그의 동생 비톤과 함께 세상에 두 번째로 행복한 사람으로 꼽은 아르고스의 유명한 운동선수.

클레이스테네스 : BC 508년(또는 507년)에 광범위한 개혁을 통해 아테네에 민주주의를 처음 도입한 인물로 평가된다.

클로토 : (m) 운명의 세 여신 가운데 한 명.

클리템네스트라 : (m) 아가멤논 왕의 부인으로 헬레네와는 자매 사이다.

키네스카 : 스파르타 여성으로 전차 경주 팀을 훈련시켜 BC 396년과 392년에 올림픽에서 우승했다.

키루스 : 페르시아 제국을 세운 대왕. 재위 BC 557~530년.

키르케 : (m) 『오디세이』에 나오는 마녀.

킬론 : 아테네의 귀족으로 BC 7세기에 쿠데타를 일으켜 참주가 되려 했다.

• ㅌ

탈레스 : BC 6세기에 활동한 밀레토스 출신의 학자. 과학적 사고를 처음 시작한 그리스 철학자로 평가된다.

테르시테스 : (m) 『일리아드』 2권에서 왕들에게 불평을 늘어놓다가 오디세우스에게 제압당하는 병사.

테미스토클레스 : 아테네의 정치가, 장군. BC 524년경~459년. 헤로도토스는 그가 아테네 해군을 창설했다고 기록했다. 아테네인들에 의해 도편추방을 당하고 나중에 궐석재판에서 사형 선고를 받는다.

테이레시아스 : (m) 맹인 예언자. 남자로 태어났지만 여자로도 살아봤다. 『오디세이』에서 하계에 내려간 오디세우스는 그의 혼령을 만나 고향으로 돌아가는 길을 묻는다. 테베를 배경으로 한 『오이디푸스 왕』, 『바카이』 같은 비극에도 등장한다.

테티스 : (m) 대양 깊은 곳에 사는 바다의 여신.

텔레마코스 : (m) 『오디세이』에서 오디세우스와 페넬로페의 아들로 나온다.

텔로스 : 솔론이 (헤로도토스의 『역사』에서) 세상에서 가장 운 좋은 사람으로 꼽은 아테네 사람.

투키디데스 : BC 450년대 말~400년경. 아테네의 장군 출신으로 『펠로폰네소스 전쟁사』를 썼다. 필자의 급작스러운 죽음으로 미완성으로 끝난 이 책은 후대 학자들에 의해 8권으로 편집됐다. 투키디데스는 BC 424년 브라시다스 장군이 이끄는 스파르타군에 맞서 싸웠으나 아테네 식민지 암피폴리스를 빼앗기고 아테네에서 추방당했다.

트라시마코스 : 소피스트. 플라톤의 『국가』에 등장인물로 나온다.

티탄 신족(神族) : (m) 올림포스 신들 이전 세대의 신들로 크로노스와 레아가 대표적이다.

• **ㅍ**

파르메니데스 : BC 5세기 초의 사상가. 이탈리아 남부에서 활동했다.

파리스 : (m) 프리아모스와 헤카베의 아들로 트로이의 왕자. 메넬라오스의 부인인 헬레네를 납치해 트로이 전쟁을 촉발했다.

파이돈 : 소크라테스의 친구. 플라톤의 대화편에서 소크라테스가 죽는 상황을 설명하는 역으로 나온다.

파이드로스 : 소크라테스의 추종자. BC 450년경 출생. 플라톤의 대화편에 그의 이름이 나온다.

파이디미아 : 페르시아 귀족 오타네스의 딸. 페르시아 캄비세스 대왕의 후계자라고 주장한 스메르디스가 가짜임을 밝혀낸다.

파트로클로스 : (m) 메노이티오스의 아들. 『일리아드』에서 아킬레우스의 절친한 친구이다. 헥토르에게 죽었다.

판다로스 : (m) 『일리아드』에서 트로이의 궁수로 나온다. 4권에서 판다로스 때문에 트로이와 그리스의 휴전이 깨진다.

판도라 : (m) 헤시오도스의 『노동과 나날』에 나오는 인류 최초의 여성. 제우스가 준 단지 뚜껑을 열어 온갖 고통과 악을 세상에 풀어놓는다. 그러나 희망만은 튀어나오기 전에 뚜껑이 닫혀서 단지 속에 남게 됐다.

판티테스 : 테르모필레 전투에서 살아남은 스파르타 병사 두 명 가운데 한 명.

페넬로페 : (m) 오디세우스의 아내.

페레키데스 : BC 6세기 중엽 그리스어로 산문을 쓴 최초의 작가로 유명하다.

페르세우스 : (m) 다나에와 제우스의 아들. 고르곤 메두사를 죽였다.

페르세포네 : (m) 여신.

페리클레스 : 아테네의 장군, 정치가. BC 495년경~429년. 투키디데스의 『펠로폰네소스 전쟁사』에는 그가 아테네 전몰장병을 애도하는 유명한 연설을 한 것으로 나온다.

페이시스트라토스 : 아테네의 참주. 재위 BC 546년경~527년. 히피아스와 히파르코스의 아버지다.

펜테우스 : (m) 테베의 왕, 아가베의 아들, 세멜레의 조카, 디오니소스 신의 사촌이다. 에우리피데스의 『바카이』에서 주요 인물로 나온다.

포달레이리오스 : (m) 『일리아드』에 나오는 그리스의 명의. 마카온의 동생이며, 의술의 신 아스클레피오스의 아들이다.

포세이돈 : (m) 신.

포이닉스 : (m) 『일리아드』에서 아킬레우스의 후원자이자 동료로 나온다.

폴레마르코스 : 케팔로스의 아들로 플라톤의 『국가』에 등장한다.

폴리네이케스 : (m) 테베의 왕자. 오이디푸스의 아들이며 안티고네, 에테오클레스와는 동기간이다.

폴리데우케스 : (m) 카스토르의 쌍둥이 형제로 헬레네와 클리템네스트라의 오빠다.

폴리보스 : (m) 코린토스의 왕. 오이디푸스를 양자로 키웠다.

폴리크라테스 : 사모스의 참주. 재위 BC 535~522년.

폴리페모스 : (m) 『오디세이』에 나오는 키클롭스. 포세이돈 신의 아들이다.

프락시텔레스 : 아테네의 유명한 조각가로 BC 375년경~330년에 활동했다.

프로메테우스 : (m) 신들한테서 불을 훔쳐 인간에게 준 티탄족.

프로타고라스 : BC 490년경~420년. 소피스트 중에서 가장 유명한 인물이다. "인간이 만물의 척도"라며 상대주의를 주장했다.

프리네 : 아테네의 유명한 고급 콜걸.

프리아모스 : (m) 트로이의 왕. 헤카베의 남편이자 헥토르와 카산드라의 아버지다.

플라톤 : 철학자. BC 429년경~347년. 대부분 대화 형식으로 많은 저술을 남겼다. 『소크라테스의 변명』, 『파이돈』, 『국가』, 『향연』, 『파이드로스』 등이 특히 유명하다.

플루타르코스 : AD 1~2세기에 활동한 그리스 전기 작가.

피타고라스 : BC 6세기에 활동한 사모스 섬 출신의 종교 지도자, 수학자.

피티아 : 델포이에 있는 아폴론 신전의 여사제. 신이 내리는 예언을 전하는 무녀다.

핀다로스 : 시인. BC 522년경~443년. 찬가와 승리의 노래를 많이 지었다.

필리포스 2세(마케도니아의 필리포스) : BC 382~336년. 마케도니아의 왕으로 정복전쟁에 능했다. BC 338년 카이로네이아 전투에서 아테네와 테베 연합군을 물리치고 그리스 세계의 지배자가 되었다. 알렉산더 대왕의 아버지다.

필리피데스 : 페르시아 전쟁 당시 아테네군 전령. BC 490년 마라톤 전투 현장에서 아테네까지 42킬로미터를 단숨에 달려가 승전보를 전했다. 이 일이 근대 올림픽 마라톤 경기의 연원이 됐다.

• ㅎ

하데스 : (m) 신.

하르모디오스 : BC 514년 연인인 아리스토게이톤과 함께 아테네의 참주인 히피아스의 동생을 살해했다.

하이몬 : (m) 테베의 왕자로 크레온의 아들이며 안티고네의 약혼자.

헤라 : (m) 여신.

헤라클레스 : (m) 영웅. 제우스와 알크메네의 아들. 12가지 불가능한 노역을 해결한 것으로 유명하다.

헤라클레이토스 : BC 5세기 초의 사상가. 우주는 끊임없이 변화한다는 이론을 주장했다.

헤로도토스 : 할리카르나소스 출신으로 페르시아 전쟁을 기록한 『역사』를 썼다. 『역사』는 후대 학자들에 의해 9권으로 편집된다. BC 480~425년.

헤르메스 : (m) 신.

헤르메이아스 : BC 4세기 아타르네우스의 지배자로 철학자 아리스토텔레스를 후원했다.

헤베 : (m) 여신.

헤스티아 : (m) 여신.

헤카베 : (m) 트로이의 왕비. 프리아모스 왕의 부인이자 헥토르의 어머니다.

헤파이스토스 : (m) 신.

헥토르 : (m) 트로이의 왕자이자 전사. 프리아모스와 헤카베의 아들이며, 안드로마케의 남편이고 아스티아낙스의 아버지다.

헬레네 : (m) 제우스와 레다의 딸. 스파르타 메넬라오스 왕의 부인. 트로이 왕자 파리스가 헬레네를 납치함으로써 트로이 전쟁이 촉발됐다.

헬리오스 : (m) 태양신.

호메로스(호머) : 시인. 키오스 출생으로 알려져 있다. BC 8세기 말에 활동했을 것으로 추정된다. 『일리아드』와 『오디세이』는 그가 썼다는 게 통설이다.

히드라 : (m) 머리가 여럿 달린 뱀 모양의 괴물.

히아킨토스 : (m) 아폴론 신이 사랑한 인간 청년. 아폴론이 던진 원반에 잘못 맞아 죽었다. 이때 히아킨토스가 흘린 핏방울에서 히아신스가 피어났다고 한다.

히파르코스 : 아테네의 참주였던 페이시스트라토스의 아들로 히피아스의 동생. BC 514년 연인 사이인 하르모디오스와 아리스토게이톤에게 살해당했다.

히포크라테스 : 코스 섬에서 태어나 BC 5세기 후반에 활동한 명의. 후대에 편찬된 의학서 『히포크라테스 전집』은 그의 저술로 알려져 있다.

히피아스 : 페이시스트라토스의 아들로 히파르코스의 형. BC 527~510년 아테네의 참주였다.

그리스의 신 알아보기

파르테논 신전에 새겨진 올림포스 12신

제우스 : 신들의 왕이다. 레아와 크로노스의 아들. 아버지 크로노스를 쫓아냈다. 신들의 아버지이자 구름을 불러 모으는 신이다. 정의의 수호자이며, 주인과 손님 관계를 보호하는 신이다. 천둥번개를 동반하는 모습으로 나타나기도 한다.

헤라 : 크로노스와 레아의 딸이며 제우스의 부인이다. 여왕 같고 고귀하며 "황소처럼 큰 눈을 하고" 있다. 결혼의 수호신. 특히 후대 미술 작품에서는 종종 공작을 데리고 등장한다.

포세이돈 : 제우스 신의 동생(또는 형)이다. 지진의 신으로 '대지를 뒤흔드는 자' 로 일컬어지기도 한다. 바다의 신이며 말(馬)의 신이기도 하다. 삼지창을 든 모습으로 유명하다.

아테나 : 제우스의 머리에서 태어났다. 전쟁의 여신이다. 영웅을 돕고, 머리가 좋고 교활하며, 재간이 많다. 투구를 쓰고 창을 든 모습으로 많이 알려져 있다. 지혜의 상징인 올빼미가 그녀 어깨에 앉아 있는 그림도 많다.

아레스 : 제우스와 헤라의 아들. 전쟁의 신이다. 파괴적이고, 만족을 모르며, 무시무시하다. 완전 무장을 한 모습이 유명하다.

아르테미스 : 제우스와 레토의 딸. 처녀신으로 사냥의 신이다. 출산을 비롯한 여성의 통과의례를 관장한다. 여성에게 갑작스러운 죽음을 가져다 주기도 한다. 짧은 튜닉 차림에 활과 화살을 들고 나타난다.

아폴론 : 아르테미스의 쌍둥이 오빠. 치유의 신이며, 예언, 음악, 시문학의 신이다. 전염병을 보내기도 하고 막아주기도 한다. 활과 화살을 들거나 리라(고대 그리스의 작은 현악기)를 든 모습으로 나타나기도 한다.

아프로디테 : 크로노스 신이 아버지 우라노스 신을 거세하고 그 남근을 바다에 던졌을 때 일어난 바다 거품에서 태어났다고 하기도 하고, 제우스와 바다의 정령 디오네의 딸이라고도 한다. 치명적인 매력의 소유자로 남자관계가 복잡하다. 성애(性愛)의 여신. 장난이 심한 어린 동반자 에로스와 함께하는 경우가 많다.

데메테르 : 농업과 곡식의 여신. 옥수수, 열매 맺음, 농업, 문명의 신이기도 하다. 옥수수 이삭을 들고 있는 모습으로도 많이 나온다.

헤파이스토스 : 헤라 여신이 아버지 없이 혼자 낳은 아들이다. 불의 신이며 위대한 장인이다. 아프로디테의 남편이지만 걸핏하면 부인에게 오쟁이 지는 서글픈 남편이기도 하다. 대장간 화로에서 일하는 모습으로 많이 묘사된다.

디오니소스 : 제우스와 세멜레의 아들이다. '두 번 태어난 이' 라는 별명이 있다(세멜레가 제우스에게 본모습을 보여 달라고 하는 바람에 제우스의 번개에 타 죽자 헤르메스가 그녀의 뱃속에 있던 아이를 꺼내 제우스의 허벅지에 집어넣었고, 이후 아버지의 허벅지에서 태어났기 때문이다). 포도주와 도취의 신이다. 무시무시하면서도 달콤한 양면적인 모습을 하고 있다. 도취한 모습에 포도나무와 사티로스 무리가 뒤따르는 장면으로 묘사되기도 한다.

헤르메스 : 제우스와 마이아의 아들. 제우스의 사자(使者)이며, 여행자의 안내자로 창의력과 재간이 뛰어나다. 가축의 보호자이며 행운과 다산을 가져다주는 신이다. 날개 달린 샌들이나 여행용 모자와 외투를 걸친 모습으로 자주 묘사된다.

하데스 : 크로노스와 레아의 아들. 제우스가 하늘을, 포세이돈이 지상을 관장한다면 하데스는 제3의 영역, 즉 하계(저승)를 관할한다. 죽음을 상징하는 무시무시한 존재다.

페르세포네 : 데메테르 여신의 딸이자 하데스의 부인. 하데스에게 납치된 뒤 1년 중 4개월은 하계에서 남편과 지내고(이때가 겨울이다), 나머지 8개월은 어머니 데메테르와 함께 지낸다(이 기간은 여름이다).

헤스티아 : 크로노스와 레아의 딸. 화로를 보호하는 여신이다.

헤베 : 헤라와 제우스의 딸. 젊음의 여신이며 신들에게 넥타르를 따라주는 일도 한다.

이리스 : 무지개의 여신. 신들의 뜻을 인간에게 전하는 사자 역할을 한다. '폭풍의 발' 이라는 별명도 있다.

에로스 : 신들 중에서 가장 오래된 축에 속한다. 때로 아이나 청소년 모습을 하고 아프로디테 여신을 따라다니는 것으로 묘사된다. 욕망의 신이다.

운명의 세 여신The three Fates : 인간의 운명을 실 잣듯이 만들어낸다. 클로토(생명의 실을 잣는 이), 라케시스(생명의 실을 배분하는 이), 아트로포스(생명의 실을 끊어버리는 냉혹한 이)를 일컫는다.

우미(優美)의 3여신The three Graces : 우아함과 아름다움의 여신으로 아글라이아(빛남), 에우프로시네(기쁨), 탈라이아(꽃이 만발함)를 일컫는다.

뮤즈 : 예술과 창의력의 여신으로 9명이다.

칼리오페(서사시를 주관함)
클리오(역사)
에우테르페(플루트 연주)
테르프시코레(춤)
에라토(서정시)
멜포메네(비극)
탈리아(희극)
폴림니아(찬가와 팬터마임)
우라니아(천문학)

그리스어에서 파생된 영어 표현 알아보기

Spartan

(스파르타 사람처럼) 엄격하고 간소한

예문 : "여보, 미니멀리즘이 딱 당신 스타일인 건 알겠는데, 마루판까지 뜯어 버리면 좀 썰렁하지(a little Spartan) 않을까?"

Spartan은 단순·엄격하고 안락함이 없는 상태를 말한다. 그런 생활이 우리가 아는 스파르타인들의 삶이라고 할 수 있다. 스파르타는 그리스의 군사 강국이었지만 BC 5세기 말 아테네를 방문했던 사람들의 입이 떡 벌어지게 만든 것과 같은 인상적인 건축물은 전혀 없었다. 스파르타에 성벽이나 요새가 없었다는 사실도 유명하다. 이는 일종의 과시행위였다. 자신들은 용감한 전사인 만큼 계집애처럼 장벽을 치고 그 뒤에 숨어 방어나 하는 스타일이 아니라는 것을 보여준다는 의미였다. 하지만 Spartan에는 엄격한 규율을 지킨다는 의미도 있다. 스파르타 소년들은 7살이 되면 집을 떠나 병영에 입소했다. 그들에게는 군사 훈련이 기다리고 있었다. 소녀들에게도 교육과 훈련을 시킨 것은 고대 그리스 전체를 놓고 봐도 특이한 일이다. 그래야 훌륭한 전사가 될 아들을 낳을 수 있다는 논리에서였다. BC 480년 테르모필레 전투에서 용맹한 스파르타군이 수적으로 압도적 우위인 페르시아군을 저지한 것도 이런 배경에서 가능한 일이었다. 스파르타군 300명은 죽을힘을 다해 싸우다가 사흘째 되던 날 전원 전사한다(이런저런 사정으로 당시 전투 현장을 잠시 떠나 있던 두 명만 살아남았다). 헌신과 용맹, 옥쇄를 불사하는 충성심이 스파르타의 미덕이었다.

Laconic

(라코니아 사람처럼) 말수가 적은

예문 : "아들아, 십 대들은 원래 툴툴거린다는 건 나도 안다. 근데, 그렇게 '응, 아니' 식으로 툭툭 던지는 건(laconic monosyllables) 좀 피해주면 고맙겠다."

라코니아는 펠로폰네소스 반도 남동부 지역으로 스파르타의 본향이었다. 그래서 laconic도 스파르타적인 특성을 지칭한다. 엄격하고, 불필요한 말 안 하고, 위트 있으면서도 짧게 말하는 스타일을 일컫는다. 아테네인들이 좋아했던 청산유수 같은 수사(연설을 통해 중지를 모으는 민주주의 체제에는 당연히 어울렸다)는 스파르타인들에게는 맞지 않았다. 스파르타인들은 단도직입적인 스타일이었다. 이런 스타일 차이를 말해주는 우스운(내가 볼 땐 우습다) 이야기가 헤로도토스의 『역사』 3권에 나온다. 폭군 폴리크라테스에게 추방된 사모스 섬 사람들이 스파르타를 찾아가 도움을 청했다. 그들은 도와달라는 이유를 열정적으로 장황하게 늘어놓았다. 그러자 스파르타 사람들은 그들이 한 얘기의 앞부분은 잊어버렸고, 뒷부분은 무슨 말인지 모르겠다고 답했다. 그러자 사모스 섬 사람들은 잠시 자리를 떠나 머리를 맞대고 어떻게 하면 스파르타식으로 간단하게 설명할 수 있을까를 논의했다. 그러고는 다시 돌아와 이렇게 말했다(역시 모호한 표현이다). "이 자루에 곡물이 필요합니다." 스파르타인들의 반응은 "이 자루에" 라는 말은 사족이라는 것이었다.

헤로도토스보다 500년쯤 뒤에 활동한 플루타르코스는 『스파르타 명언집』에 스파르타의 격언 같은 것들을 많이 수집했다(편찬자가 플루타르코스인지 확실치는 않다). 대부분 가짜가 분명하지만 내용은 그럴듯하다. 간단하면서도 화끈한 molon labe(몰론 라베)라는 말도 이 명언집에 들어 있다. 이 말은 스파르타 왕 레오니다스가 테르모필레 전투 때 페르시아의 크세르크세스 대왕이 무기를 내려놓고 항복하라고 하자 대꾸로 한 말이라고 한다. 뜻은 "와서 가져가"다. 플루타르코스가 전한 많은 스파르타 격언과 마찬가지로 이 말도 영화 〈300〉에 대사로 인용됐다(5장 참조). 페르시아 사절이 "스파르타인들이여, 무기를 내려놓아라"라고 소리친다. 그러자 레오니다스 왕은 "페르시아인들이여, 와서 가져가라!"라고 응수한다. molon labe는 오늘날에도 그리스 육군 1군단의 모토로 쓰이고 있다.

Sybaritic

(시바리스 사람처럼) 호화스러운

예문 : "실크 시트에 거품 목욕……. 그저 호화판(sybaritic)이라고 보는 사람도 있겠지만 내가 보기에는 고급 콜걸 방 같다."

Sybaris(시바리스 / 현재 명칭은 시바리)는 이탈리아 남부에 있는 그리스계 식민도시였다. BC 720년경 건립된 이 도시는 농산물이 풍부한 데다 원주민인 에트루리아인들과의 교역이 활발해서 곧 번창했고, 고대에 이미 호화·사치와 퇴폐의 대명사가 되었다. 시바리스 주민들은 고급 의상을 걸친 것으로 유명했다. 그러나 좋은 시절이 계속되지는 못했다. BC 510년경 시바리스는 이탈리아 남부의 또 다른 그리스계 식민도시 크로톤의 공격을 받아 황폐화됐다.

Aegis

이지스

예문 : "걱정 마, 헨리. 동물병원은 전국당나귀보호연맹의 감독을 받게(under the aegis of) 돼 있어. 연맹 기준은 철저하니까 괜찮아."

신적 권능의 상징인 aegis(아이기스/이지스는 영어식 발음)는 솔직히 말해서 아무리 생각해도 요상하다. 권위 있는 옥스퍼드고전학사전(Oxford Classical Dictionary)에 나오는 소개를 인용하는 것이 좋겠다. 사전은 aegis를 "만능 가슴받이로 가장자리를 따라 눈금이 잇따라 새겨져 있고, 주변에는 뱀 머리 장식이 여럿 달렸으며, 한가운데에는 대개 고르고네이온이 새겨져 있다."라고 설명해놓았다.(gorgoneion은 뱀 형상의 괴물 세 자매 고르곤 가운데 메두사를 일컫는 고전학 전문용어다.) 옥스퍼드 사전 소개에 따르면 aegis는 장식용 술이 달린 경우도 있다고 한다. 제우스나 헤파이스토스가 걸치고 있는 경우도 있지만 대개는 아테나 여신이 가지고 다니는 것으로 나온다(판타지 소설 같은 데에서는 이지스가 '마법의 방패'로 많이 나온다. 이지스함은 적의 공격을 이지스처럼 완전히 차단하는 배라는 뜻으로 붙인 이름이다-옮긴이). 영웅 페르세우스가 목을 벤 메두사의 머리는 아테나 여신 손에 들어갔다. 그런데 그러지 않아도 멋진 아테나 여신이 왜 가슴받이를 장식용으로 걸치고 싶어하는지 나로서는 이해가 안 간다. aegis가 가죽 주머니 같은 모양으로 묘사된 경우도 있다.

Thespian

(비극) 배우

예문 : "브렌다는 배우로서(as a thespian) 정말 재능이 탁월해. 브렌다가 레이디 브래크넬 역을 열연하는 걸 봐야 하는데……."

Thespis / 테스피스(BC 6세기에 활동한 그리스의 비극 시인—옮긴이)는 아리스토텔레스에 따르면 그리스 연극을 '발명한' 인물이다. 그는 그 전까지만 해도 합창단 일색이던 연극에 독백과 대화를 도입했다. 그 시기를 정확히 말하기는 어렵다. 아마도 BC 6세기의 삼사분기쯤 될 것이다. Thespian을 도시 Thespiae(테스피아이)의 주민을 뜻하는 Thespians와 혼동하면 안 된다. 테스피아이는 BC 480년 테르모필레 전투에 파병해 스파르타 편에서 싸운 극소수 도시 가운데 하나다.

Stygian

어두운, 침침한

예문 : "여보, 불 하나 더 켜줄래? 너무 침침해서(in this Stygian gloom) 글씨가 안 보이네."

Stygian은 Styx의 형용사형으로 스틱스는 저승을 흐르는 강(또는 그 강의 여신)으로 죽은 자의 영혼은 이 강을 건너야 하계로 들어갈 수 있다. 으스스한 곳이다. 스틱스 강을 나룻배로 건네주는 뱃사공이 카론이었다. 카론은 딱 두 번 산 사람도 건네주었는데 그것이 바로 오르페우스와 헤라클레스다. 오르페우스는 그 황홀한 노랫소리에 홀려서, 헤라클레스는 그의 부탁을 들어주지 않았다가 무슨 일을 당할까 두려워서 배에 태워준 것이다. 고대 그리스에서 장사 지낼 때 죽은 사람 입에 오볼로스라고 하는 은화 한 닢을 물려주는 것은 카론에게 주는 뱃삯이었다고 한다.

Herculean

(헤라클레스처럼) 큰 힘이나 노력을 요하는

예문 : "뮤리엘, 욕실과 주방을 깨끗이 청소하렴. 아마 엄청나게 힘들 거야(a labour of Herculean proportions)."

헤라클레스는 영어로 Hercules라고 표기한다. 그리스어 Heracles를 로마화시킨 것이다. 헤라클레스는 영웅 중에서도 최고의 영웅이며, 인간으로서는 극히 드물게 신의 반열에 올랐다. 아르고스 왕 에우리스테오스가 그에게 부과한 노역은 모두 12가지였다. 이런 과제를 후딱 해치운다면 정말 대단한 일이다.

헤라클레스는 우선 네메아의 사자와 9개의 머리를 가진 레르나의 히드라를 죽이고, 에리만토스 산의 멧돼지와 케리네이아의 잡기 힘든 사슴을 산 채로 잡고, 스팀팔리아 늪지의 식인 괴물 새들을 죽여야 했다. 이어 엘리스 왕 아우게이아스의 외양간을 단 하루 만에 청소하고, 크레타 섬을 공포에 떨게 한 미친 소를 잡고, 트라키아의 디오메데스 왕의 식인 암말들을 일망타진하고, 아마존 여왕 히폴리토스의 허리띠를 훔쳐오고, 몸이 3개인 거인 게리온의 소떼를 잡고, 헤스페리데스가 세상 끝에서 지키고 있는 황금사과를 따오고, 하계의 문을 지키는 머리 셋 달린 개 케르베로스를 잡아와야 했다.

헤라클레스는 본의 아니게 광란 상태에서 살인극을 저질렀다. 12가지 노역은 아내 메가라와 아이들을 죽인 것을 속죄하는 차원에서 한 일이다. 여신 헤라는 헤라클레스를 미워한 나머지 그를 광란 상태로 몰아넣었다. 헤라클레스는 여자 친구인 이올레의 아버지와 형제들을 죽이기도 한다. 이런 죄를 씻기 위해 헤라클레스는 신들의 처분에 따라 리디아 여왕 옴팔레를 3년간 모셨다. 희한한 것은 여장을 하고 길쌈 등 여자가 하는 일을 해야 했다는 점이다. 헤라클레스가 일하는 장면은 대영박물관 지하실에 소장돼 있는 타운리 로마 골동품 컬렉션(Townley Collection of Roman antiquities) 로마 시대 우물 덮개에 생생하게 묘사돼 있다.

Tantalising

애 태우는, 감질나게 하는

예문 : "조금 전에 프랭크가 집에서 만든 살구 아이스크림을 봤는데, 정말 먹고 싶어 죽겠더라(just caught a tantalising glimpse of)."

최초의 인간 가운데 하나인 Tantalos(탄탈로스)에서 유래한 말이다. 탄탈로스는 신들의 초대로 올림포스 산에서 저녁을 먹는 자리에서 아들인 펠롭스를 죽여서 요리로 내놓을 생각을 했다. 먹어서는 안 될 음식을 신들이 아는지 시험해볼 요량이었다. 그런데 얼마 전 하데스에게 딸을 납치당해 슬픔에 빠져 있던 여신 데메테르만이 그것을 모르고 어깨살을 먹었다. 나중에 신들은 펠롭스를 조립해 되살려냈다. 다만 데메테르가 먹은 어깨 부분은 상아로 만들어주었다.

이 일로 해서 탄탈로스는 하계에서 영원한 형벌을 받게 된다. 목까지 차는 물속에 서 있는 것인데 물을 마시려고 하면 물은 다른 곳으로 흘러가 버린다. 또 머리 바로 위에 과일들이 매달려 있지만 잡으려 하면 바람이 흔들어서 잡을 수 없다. '애타게 하다', '감질나게 하다' 라는 뜻은 여기서 유래했다.

한편 탄탈로스는 마개가 있는 유리 술병을 꼽아놓은 스탠드를 말하기도 한다. 열쇠가 없으면 열 수가 없기 때문에 병에 든 술은 그림의 떡이다.

Sisyphean

끝없이 (헛)고생하는

예문 : "저 놈의 잔디는 매주 깎아야 하니, 정말 힘들어(a Sisyphean task)."

시시포스(Sisyphus)는 초기 인류 가운데 하나로 신들을 골려주는 것으로 유명했다. 일부 버전에 따르면 시시포스는 죽음의 신을 꽁꽁 묶어놓아 아무도(특히 본인) 죽지 못하게 했다. 나중에 신들이 아레스를 보내 죽음의 신을 풀어주게 했다. 아레스는 죽음의 신을 풀어준 다음 곧바로 시시포스에게 보냈다. 그러나 시시포스는 아내에게 자신이 죽어도 절대 장례식을 치르지 말라고 일러두었다. 그런 다음 하계에 도착해서는 하데스에게 "아내가 장례를 제대로 치르지 못했으니 혼을 내줘야 한다"며 잠시 이승으로 돌아가게 해달라고 졸랐다. 물론 이승으로 돌아온 시시포스는 납작 엎드려 행복하게 살다가 아주 늙어서 사망했다. 하지만 다시 하계에 와서는 영원한 형벌을 받게 된다. 거대한 바위를 밀어서 언덕 위에 올려놓는 것인데 바위는 꼭대기에 올려놓으면 다시 굴러 떨어지곤 했기 때문에 시시포스는 영원히 그 일을 되풀이해야 했다.

Colossal

거대한, 엄청난, 어마어마한

예문 : "마이너스 통장을 너무 많이 당겨 썼어(I'm heading for a colossal overdraft). 오늘 술은 네가 사라."

로도스의 거상(巨像. Colossus of Rhodes)에서 나온 말이다. 로도스 섬에 있던 거대한 청동 조각상은 고대 세계 7대 불가사의 중 하나이다. BC 305년 로도스 섬은 마케도니아 왕 데메트리오스 폴리오르케테스의 공격을 받았지만 1년간의 공세를 견디고 적을 물리쳤다. 데메트리오스는 각종 공격 장비를 섬에 버려두고 철수했다. 그러자 로도스 섬 사람들은 노획 장비를 팔아 번 돈으로 섬의 수호신인 태양신 헬리오스를 기리는 높이 33미터짜리 거상을 만들었다. 동상 제작은 유명한 조각가 린도스의 카레스(Chares of Lindos)가 맡았다. 후대 그림에서는 동상이 로도스 항구 입구에 두 다리를 벌리고 선 것으로 묘사됐지만 인근 절벽에 서 있었을 개연성이 높다. 그런데 이 동상은 56년밖에 서 있지 못했다. BC 226년 지진이 일어나 무릎 부분에서 무너져 내렸기 때문이다. 무너진 뒤에도 거상은 관광객들의 눈길을 끌었다. 로마 작가 플리니우스는 엄지 손가락만 해도 두 팔로 끌어안기 어려울 만큼 크다고 적었다. 다른 손가락들도 어지간한 조각상보다는 컸다.

AD 7세기 로도스 섬을 점령한 아랍인들은 동상을 고철로 팔아버렸다. 로도스의 거상 외에 고대에 세계의 불가사의로 꼽힌 것은 이집트 기자의 대(大)피라미드, 알렉산드리아의 등대, 바빌론의 공중정원, 에페수스의 아르테미스 신전, 할리카르나소스에 있는 마우솔로스의 영묘(靈廟), 올림피아의 제우스 신상(神像) 등이다. 뉴욕에 있는 자유의 여신상은 로도스의 거상에서 영감을 받아 만든 것이다.

Oedipus complex

오이디푸스 콤플렉스

예문 : "그 도끼 내려놔, 벤지. 오이디푸스 콤플렉스(Oedipus complex)를 풀고 싶으면 저리 뛰어가서 엄마를 찾아보지그래."

오이디푸스 콤플렉스는 오스트리아 정신분석학자 프로이트가 제기한 유명한 개념이다. 소년들은 의식의 심층에서 아버지를 죽이고 어머니와 동침하고 싶어 한다는 이론이다. 오이디푸스 콤플렉스라는 명칭은 소포클레스의 비극 『오이디푸스 왕』에서 따왔다. 이 작품에서 주인공 오이디푸스는 아버지를 죽이고 어머니와 동침한다. 물론 본인은 그런 줄 전혀 모르는 상태에서 끔찍한 우연이 꼬이고 겹치면서 그렇게 된 일이다. 충동에 따라 저지른 일이 전혀 아니다. 물론 프로이트가 보기에 오이디푸스의 "운명이 우리를 좌지우지하는 것은 그것이 우리의 운명이기 때문이다. 신탁은 우리가 태어나기 전에 이미 우리에게 오이디푸스에게 내린 것과 똑같은 저주를 내렸다. 우리가 어머니에게 처음으로 성적 충동을 느끼고, 아버지에 대해서는 처음으로 증오와 함께 살인 충동을 느끼는 것은 우리의 운명일 것이다. 우리의 꿈은 그 비밀을 확인시켜준다." 오이디푸스 콤플렉스의 여성판이 엘렉트라 콤플렉스(Electra complex)다. 엘렉트라는 클리템네스트라와 아가멤논의 딸이다. 엘렉트라는 아이스킬로스, 소포클레스, 에우리피데스의 희곡에서 아버지를 죽인 어머니를 죽여 복수하려는 남동생 오레스테스를 묵인하는 것으로 나온다. 에우리피데스 버전에서는 한 걸음 나아가 주저하는 남동생의 손을 붙잡아 칼을 휘두르게 하는 것으로 나온다.

Draconian

(드라콘처럼 법 집행이) 가혹한, 혹독한

예문 : "근데, 공공장소에서 담배 피웠다고 공개 태형에 처하는 건 좀 가혹하다(draconian)고 생각지 않으세요?"

드라콘은 아테네의 법률가로 BC 621년(또는 620년) 최초의 아테네 성문법을 만들었다고 전한다. 아테네라는 도시국가의 법률이 문자로 쓰여서 대중에게 공개된 것은 그때가 처음이다. 이 법전이 어떤 내용을 담고 있는지는 증거 부족으로 잘 알 수 없다. 하지만 전해오는 바에 따르면 사안의 경중을 막론하고 거의 모든 위법 행위에 대해 사형에 처했다고 한다. BC 4세기에 한 아테네인은 "드라콘은 법률을 잉크가 아닌 피로 썼다"고 비꼬았다. Draconian은 영어에서 항상 부정적인 의미로 쓰인다. 그러나 다시 생각하면 한 국가의 법률을 처음으로 공표한 것이고, 따라서 그것은 어떤 의미에서 개혁 조치라고도 말할 수 있겠다. 드라콘의 법전은 얼마 지나지 않아 BC 594년(또는 593년) 솔론에 의해 혁파된다. 솔론은 살인죄 관련 규정을 제외하고 거의 모든 조항을 무효화했다. 영어에 Draco(드레이코)라는 남자이름이 없는 것은 충분히 이해가 간다. 예외가 있다면 J. K. 롤링의 『해리 포터』에 나오는 악동 드레이코 말포이(Draco Malfoy) 정도일 것이다. 캐릭터 이름을 이렇게 지은 것도 롤링이 엑서터 대학에서 고전학과 프랑스어문학을 전공했다는 점을 생각하면 놀랄 일은 아니다. 특히 해리 포터가 다니는 마법학교 교장 덤블도어는 엑서터 대학 고전학 석좌교수로 수염이 근사한 피터 와이즈먼을 모델로 했다는 소문도 있다.

Procrustean

억지로 획일화하는

예문 : "영국의 부동산중개업소를 모두 악마의 자식이라고 하는 건 너무 일방적이지(Procrustean) 않나요?"

과장된 표현으로 '개별적인 차이는 고려하지 않고 막무가내로 일반화하는' 이라는 뜻이다. 그리스 신화에 나오는 도적 프로크루스테스(Procrustes)에서 파생된 형용사로, 프로크루스테스는 엘레우시스에서 아테네로 가는 도로 일대에 출몰했다. 그는 통행자를 납치해 침대에 강제로 뉜 다음 침대 길이보다 작으면 침대에 맞게 잡아 늘리고, 침대보다 크면 다리를 잘라냈다고 한다. 끔찍하다.

Ostracise

추방하다

예문 : "이봐, 그런 바지 차림으로 돌아다니다가는 골프 클럽에서 쫓겨날 거야(completely ostracised)."

도편추방제(Ostracism)는 클레이스테네스가 BC 508년(또는 507년) 민주주의 개혁을 통해 도입한 제도로, 민회에서 특정 시민을 기피인물로 지목해 과반수 표가 나오면 10년 동안 국외로 추방하는 제도였다. 문제의 인물 이름은 그리스어로 ostrakon(오스트라콘)이라고 하는 질그릇 조각에다가 써냈다. 아테네의 한 우물에서는 오스트라콘이 200개가량 무더기로 출토됐는데 거기에는 극히 일부지만 테미스토클레스의 이름도 있었다. 반대파의 축출 공작 대상이 됐던 것 같다.

Odeon

오데온

예문 : "오데온(Odeon)에서 뭐해? 〈300〉 하면 정말 좋겠는데. 근육질의 스파르타 병사들이 가죽 팬티 입고 나오는 거 정말 멋져."

오데온은 영국의 유명한 영화관 체인으로 아크로폴리스 경사면에 있는 유명한 음악당 오데이온(odeion)에서 따온 이름이다(다른 그리스 도시에도 오데이온이 있었다). 아테네의 오데이온은 살라미스 해전 때 탈취한 페르시아 전함 돛대로 기둥을 세운 사각형 건물이었다. 디오니소스 축제 때 성인 남성과 소년의 합창 경연이 오데이온에서 열렸고, 비극 본 공연 시사회도 거기서 열렸다. 물론 그때는 팝콘은 팔지 않았다.

Sphinx

스핑크스

예문 : "낸시, 그렇게 스핑크스(Sphinx)처럼 굴지 말고 그냥 탁 말해. 수수께끼처럼 중얼거리는 거 정말 지겹다."

스핑크스는 사자 몸통에 인간(때로는 여자)의 머리를 한 괴물이다. 테베 사람들은 스핑크스에게 시달리다가 나중에 오이디푸스가 스핑크스의 수수께끼를 풂으로써 위협에서 해방됐다. 아침에는 네 발, 낮에는 두 발, 저녁에는 세 발로 걷는 것이 무엇이냐? 답은 사람이었다. 어려서는 두 손 두 발로 기고, 늙어서는 지팡이에 의지해 다리가 세 개가 되는 셈이기 때문이다. 오이디푸스가 스핑크스에게 답을 하는 장면을 그린 19세기 프랑스 화가 앵그르의 걸작은 파리 루브르 박물관에 있다.

Hoi polloi

(부정적인 의미의) 일반 대중

예문 : "아이비는 일요일엔 쇼핑 나갈 맛이 안 난다네. 시내가 온통 어중이떠중이 천지라서(too full of hoi polloi) 그렇대."

Hoi polloi는 '다수(many)' 라는 뜻의 그리스어로 '보통 사람들' 을 뜻한다. 영어에서는 대중을 깔보는 뉘앙스가 깔려 있다. 'the hoi polloi' 라고 쓰는 것은 엄격히 말해서 잘못된 표현이다. hoi가 정관사 the에 해당하기 때문에 'the the many' 라고 하는 격이기 때문이다.

Halcyon days

평온한 시절

예문 : "그때 그 평온했던 여름휴가(the halcyon days of our summer holiday) 생각하면 정말 눈물 날 정도로 그립지."

halcyon(할키온)은 그리스어로 물총새다. 아리스토텔레스에 따르면 "이 새는 동지 때 알을 깐다. 이 시기의 날씨가 바람도 없고 화창하다고 해서 동지 전 7일과 동지 후 7일을 합쳐 '할키온의 날들(Halcyon days)' 이라고 부른다." 그럴듯한 얘기지만 아리스토텔레스 본인도 사실로 믿지는 않았다.

Sword of Damocles

다모클레스의 칼

예문 : "이런 파격적인 승진을 하다니 정말 기분 짱이네. 하지만 머리 위에 다모클레스의 칼(Sword of Damocles)이 매달려 있는 것 같아서 영 불안해."

다모클레스는 BC 4세기 시라쿠사 참주인 디오니시오스 2세의 신하로 아첨에 능했다. 디오니시오스는 그에게 하루만 자리를 바꿔보자고 했다. 왕 노릇을 하게 된 다모클레스는 시종들의 극진한 모심을 받았다. 주변에 대기한 매혹적인 섹시녀들은 포도 껍질을 까서 입에 넣어주는 등 온갖 서비스를 다 했다. 그러다 문득 위를 올려다봤더니 실 한 올에 시퍼런 칼이 대롱대롱 매달려 있었다. 권력의 자리가 얼마나 위태로운 것인지를 말해주는 얘기다.

Gordian knot

고르디우스의 매듭

예문 : "프레드는 왜, 무엇을 위해서 등등을 따지고 토론하는 데 지쳤다. 그래서 이젠 고르디우스의 매듭(the Gordian knot)을 끊고 부하들에게 그냥 명령을 할 생각이라고 한다."

지금의 터키에 있던 프리기아에는 한때 정식 왕이 없었다. 어느 날 신탁소에서 소가 끄는 수레를 몰고 들어오는 사람이 그들의 지배자가 될 것이라는 신탁이 내려왔다. 수레를 몰고 들어온 인물은 아흐미다스였다. 그는 감사의 표시로 수레를 신전에 봉헌하고, 복잡하게 매듭을 지어 기둥에 묶어놓았다. 이후 다시 신탁이 내려오기를 이 매듭을 푸는 사람이 아시아 전체의 지배자가 될 것이라고 했다. BC 333년 수레가 있던 고르디온 시를 지나던 알렉산더 대왕은 매듭을 풀려고 애를 썼다. 아무리 해도 안 되자 알렉산더는 칼을 빼들고 단칼에 매듭을 잘라버렸다고 한다.

Titanic

(티탄 신족처럼) 거대한

예문 : "바지가 작아서 내 엉덩이가 큰 정도가 아니라 거대한 기분이네(it looks titanic)."

티탄 신족(Titans)은 올림포스 12신 이전 세대의 신들로 제우스의 부모인 크로노스와 레아 등등을 말한다. 그런데 두 세대 간에 전쟁이 벌어졌고, 제우스와 그 형제인 하데스, 포세이돈 등등이 승리를 거뒀다. 티탄 신족으로서는 처음 맛본 전투였다. 패배한 티탄 신족은 타르타로스 맨 아래 지하에 갇히고 말았다. 이런 사정을 생각한다면 타이타닉호처럼 Titan에서 배 이름을 따는 것은 삼가야 할 것 같다.(호화 여객선 타이타닉호는 1914년 첫 항해에서 빙산과 충돌해 침몰했다. ―옮긴이)

Achilles' heel

아킬레스건(腱)

예문 : "나의 아킬레스건(My Achilles' heel)은 수학은 젬병이고 방향감각도 깡통이라는 것이다."

트로이 전쟁 최고의 전사인 아킬레우스(Achilles)는 어렸을 때 어머니인 테티스 여신이 스틱스 강물에 담가 불사신으로 만들었다. 그런데 어머니가 잡고 있던 발꿈치만은 물에 젖지 않아서 그 부분이 유일한 약점이 되었다. 결국 아킬레우스는 아폴론 신의 도움을 받은 트로이의 왕자 파리스가 쏜 화살에 발꿈치를 맞아 죽는다.

Platonic

플라토닉한 (관계의)

예문 : "수지와 데이비드는 순전히 플라토닉한(Platonic) 관계라는 걸 알게 될 거야."

소크라테스가 청년들에 대해 가졌던 성적인 것과는 무관한 정신적인 사랑을 말한다. 플라톤에 따르면 알키비아데스는 어느 날 밤 소크라테스와 외투 를 같이 덮고 잤는데 형이나 아버지와 같이 자는 기분이었다고 한다. 소크라테스는 성관계에는 관심이 없었던 것이다. 이런 관계는 지식에 대한 추구를 은유하는 것이라고 볼 수 있다. 사랑을 추구하는 것이 중요하지 성관계가 목표는 아니라는 것이다.

Cynical

냉소적인, 시니컬한

예문 : "너희들 그렇게 시니컬하게(Cynical) 불평만 해대는 데 질렸다. 좀 기분 좋게 살자들!"

Cynical이라는 말은 BC 4세기에 나타난 철학 학파 내지는 금욕적인 생활방식을 추구한 무리인 키니코스학파(Cynics)에서 파생된 형용사다. 나무통 속에서 살았다는 디오게네스가 키니코스학파의 대표적인 인물이다. cynic이라는 말은 그리스어 '개(犬)' 에서 유래했고〔그래서 키니코스학파를 한국어로는 보통 견유학파(犬儒學派)라고 번역한다－옮긴이〕, 따라서 cynicism(냉소주의)은 원래는 '개 같다' 는 뜻이다. 견유학파가 남긴 저술은 모두 사라졌지만 그들은 최대한 자연과 하나 되는 삶을 살려고 했던 것으로 보인다. 그들은 동물을 불안과 공포가 없는 삶을 사는 대표적인 존재로 보았고, 야망이나 권력, 물질적 소유, 심지어 교육조차 멀리했다.

디오게네스는 자연과 하나가 되는 삶을 살았는데 한번은 백주대낮에 거리에서 자위를 한 것으로도 유명하다. 이렇게 보면 냉소적이라는 의미의 'cynical'은 고대 견유학파의 원뜻과는 다소 거리가 있다.

Stoical

고통이나 즐거움에 영향을 받지 않는, 무감각한

예문 : "마사는 집이 불타고 실업자 신세가 된 이후 그야말로 무감각해졌다(stoical)."

금욕을 중시하는 스토아학파(Stoicism)는 BC 4세기 키티온의 제논(Zeno of Citium)이 창설한 이후 서양 철학에서 중요한 학파가 되었다. 이 학파는 경험주의와 유물론적 경향이 강했다. 윤리 영역에서는 격정으로부터 해방되어 인간 본성(이성과 불가분의 관계에 있다)과 하나가 되는 삶을 살고자 한 것이 특징이다. 미덕은 행복의 충분조건이라고 스토아학파는 주장한다.

Sceptical

회의적인

예문 : "정부는 런던이 2012년 올림픽 준비를 잘할 것이라고 주장하지만 솔직히 말해서 난 회의적이다(sceptical)."

'회의주의자(Sceptic)'는 BC 1세기에 만물을 구성하는 어떠한 원칙도 있을 수 없고 일체의 판단은 중지해야 한다고 주장한 학파를 일컫는 말이었다. 이들은 특히 유물론적 성향의 스토아학파와 열띤 논쟁을 벌였다. 회의주의(Scepticism)의 한 분파는 플라톤이 세운 철학 학교 아카데메이아(Academy)에서 출발했다. 아카데메이아는 아테네의 영웅 아카데모스(Academus)에게 헌정된 숲에 자리를 잡았기 때문에 붙은 이름이다. academic(학문적인)과 Academy(아카데미) 같은 영어 단어는 여기서 유래했다.

Epicurean

향락적인

예문 : "호레이스, 자네 그 향락적인 생활습관(your epicurean habits)을 좀 고쳐야 돼. 안 그러면 심장병이 악화될 거야."

에피쿠로스(Epicurus)는 사모스 섬 출신의 사상가로 BC 4세기 말 아테네에 철학 학교를 세웠다. 학교는 그의 집에 딸린 정원에 세웠다고 해서 '정원' 이라고 불렀다. 에피쿠로스학파는 물리적 세계의 현상은 자연적인 원인으로 설명할 수 있으며, 내세 같은 것은 없다고 주장했다. 또 신은 존재하기는 하지만 인간의 삶에 관여하지 않는다, 따라서 삶은 쾌락을 추구하는 것이 최고다라고 주장했다. 그러나 여기서 쾌락이라고 할 때는 거위 간이나 샴페인을 즐기는 것과 같은 향락주의를 말하는 것은 아니다. 오히려 불안을 없애고, 욕구를 멀리하라는 취지다. 그런 욕구가 충족되지 않으면 결국 고통이 생기기 때문이다. 따라서 에피쿠로스학파의 쾌락주의는 사실은 금욕주의에 가까웠다.

Arcadian

목가적인

예문 : "정원이 정말 전원 같네요, 베티. 정말 목가적이에요(positively Arcadian)."

아르카디아(Arcadia)는 펠로폰네소스 반도 중부의 험하고 바위가 많은 지역으로 전설에 따르면 염소 모습을 한 판(Pan) 신(神)의 고향이라고 한다. BC 1세기 로마 작가 베르길리우스가 전원시집 『목가(牧歌, Eclogues)』의 무대를 아르카디아로 설정한 덕분에 르네상스 시기 유럽에서는 아르카디아가 평화로운 전원에서 농염한 요정과 목동들이 장난치는 세계의 대명사가 되었다. 17세기 초 프랑스 화가 푸생이 그린 〈아르카디아의 목자들(The Arcadian Shepherds)〉은 후일 교황 클레멘트 9세가 되는 인문주의 학자인 줄리오 로스필리오시 추기경이 제작을 의뢰한 것으로 '늘 죽음을 생각하라' 는 경고로 유명한 작품이 되었다. 이 그림은 아르카디아의 전원을 배경으로 돌로 된 무덤에 새겨진 '아르카디아에도 나는 있다(Et in Arcadia ego)' 라는 글귀를 양치기들과 요정이 둘러서서 호기심 어린 눈으로 살펴보는 장면을 묘사하고 있다. 그림은 제목이 같은 두 점이 있는데 구성이 약간 다르다. 하나는 파리 루브르 박물관에, 다른 하나는 영국 더비셔의 채츠워스 하우스에 소장돼 있다. 문구는 글자 그대로 하면 '나는 아르카디아에도 있다' 는 뜻이지만 푸생은 '나' 를 죽음을 의미하는 것으로 해석한다. 영국 소설가 에블린 워는 『다시 찾은 브라이즈헤드(Brideshead Revisited)』(1945)에서 옥스퍼드 대학에서 보낸 화자의 꿈같고 목가적인 젊은 시절을 서술하면서 'Et in Arcadia ego' 를 1부 제목으로 썼다.

Dog days

한여름

예문 : "이런 한여름에는(in these dog days) 맥이 빠져서 아무것도 할 수가 없네. 그냥 정원에서 뒹굴뒹굴해야지."

하늘에서 가장 밝은 별인 천랑성(dog star), 즉 시리우스는 원래 크레타의 미노스 왕이 신화에 나오는 아테네 공주 프로크리스에게 준 마법의 개 라일라프스였다. 프로크리스는 위대한 사냥꾼 케팔로스의 부인이었는데 새벽의 여신은 케팔로스를 사랑했다.

천체에서 시리우스는 오리온좌에 속하는 별로 오리온은 케팔로스와 관계가 있다. 시리우스는 한여름(dog days)에 나타나는 별로 질병과 전염병의 전조다. 『일리아드』에서 아킬레우스는 헥토르를 쫓아 트로이 성 주변을 돌다가 결국 그를 죽이게 되는데 이 장면에서 멀리 평원에서 번쩍이는 아킬레우스의 갑옷이 천랑성에 비유된다. 죽음이 멀지 않았다는 은유다.

Golden age

황금시대(황금기, 전성기)

예문 : "엘리자베스 여왕이 옥좌에 있을 때 우리 영국인들은 스페인 무적함대를 물리쳤지. 난 그때가 황금시대(a golden age)였다고 봐."

황금시대(인류가 타락하기 이전의 더할 나위 없이 행복했던 시기. 그 이후 인류는 서서히 타락한다는 관념이 깔려 있다)는 서구 문화에서 지금까지도 영향력을 발휘하고 있는 관념 가운데 하나다. 황금시대라는 개념이 처음 등장하는 것은 헤시오도스의 『노동과 나날』이다. 헤시오도스는 제우스 이전 신인 크로노스와 레아 시대에 등장한 지구 최초의 인간들은 완벽하게 행복했으며 질병 같은 것도 몰랐다고 적고 있다. 대지는 그들에게 풍족한 먹을거리를 저절로 만들어주었다. 그들은 금으로 만들어진 종족이었다. 그러다가 세월이 흘러 황금족은 사라지고 은으로 된 두 번째 종족이 등장했다. 은족은 황금족보다 훨씬 열등했으며 신들을 공경하지도 않았다. 다시 세월이 흘러 은족이 사라지고 청동족이 등장했다. 청동족은 폭력적이고 호전적이었다. 이후 네 번째 종족인 영웅족이 나타났다. 영웅족이 활동하던 시대가 바로 황금 양털을 찾아 나서고 트로이 전쟁을 하던 시대다. 이어 마지막으로 우리 시대가 등장했다. 철의 시대의 인간은 끝없이 수고하고 비참함을 견뎌야 하는 존재가 됐다.

Olympic Games

올림픽 경기

예문 : "이번 올림픽(Olympic Games)은 런던에는 정말 경사가 될 거라는 말을 자주 듣는다. 훌리건들이 망치지 않기만을 바랄 뿐이다."

올림픽은 그리스 세계 전체를 망라하는 축제의 하나였다. 전성기에는 그리스 세계 전역에서 선수들이 참가했다. 첫 대회는 BC 776년에 열렸는데 이후 AD 4세기까지 지속됐다. 올림픽은 펠롭스가 피사 왕 오이노마오스를 전차 경주에서 꺾은 일을 기념하기 위해 시작됐다. 펠롭스(상아 어깨를 한 탄탈로스의 아들. tantalising 항목 참조)는 경주 때 날개 달린 말을 여러 필 사용하고(출발부터 부정하게 유리한 입장에 선 셈이다), 오이노마오스 왕의 전차 바퀴 쐐기를 빼놓기도 했다. 그 바람에 전차는 중간에 망가지고 오이노마오스 왕은 사망했다. 견유학파 사람이라면 올림픽은 시작부터 그랬고, 계속 그런 식이었다고 꼬집었을 것이다. 스포츠맨십과는 상당한 거리가 있었던 것이다. 현대 올림픽과 마찬가지로 고대 그리스 올림픽도 4년마다 열렸다. 종목으로는 육상 단거리 경주와 5종 경기, 레슬링, 경마, 전차 경주, 중무장 보병 경기 등이 있었다. 싱크로나이즈드 스위밍(수중발레) 경기를 했다는 기록은 없다.

그리스 10대 격언

1.

Meden agan(메덴 아간)

: 도를 넘지 말라.

델포이의 아폴론 신전에 새겨져 있던 구절이라고 한다. 아마도 권력이나 행운 등을 지나치게 과시해 남의 이목을 끌지 말라는 뜻이었을 것이다. 헤로도토스의 『역사』에는 '메덴 아간' 의 정신이 담겨 있다. 그의 세계관에 따르면 힘이 너무 센 자는 결국 망하게 돼 있다. 페르시아의 크세르크세스 대왕을 보자. 그는 건설 중인 배다리가 폭풍우로 수몰되자 화가 치민 나머지 헬레스폰트 해협 바닷물에 매질을 했는데, 결국에는 아들과 신하들에게 암살당한다. 리디아 왕국의 크로이소스 왕은 세계 최고의 행운아를 자처하다가 결국 페르시아인들에게 나라를 빼앗기고 만다.

요즘에는 원뜻과 좀 다르게 크림이나 담배, 술 같은 것을 먹을 때 과하게 하지는 않는다는 의미로, 변명조로 쓰는 말이 됐다. 예를 들어 모델 재스민 기네스는 『가디언』지와의 인터뷰에서 이런 말을 했다. "술도 마시고 담배도 펴요. 하지만 과하게 하지는 않습니다. 그리스식 절제를 신봉하거든요. 무엇이든 조금씩 하는 건 좋지요."

2.

Gnothi seauton(그노티 세아우톤)

: 너 자신을 알라.

역시 델포이의 아폴론 신전에 새겨져 있는 구절이다. 방문객이 신전 안에 있는 성소로 들어가 신탁을 받기 전에 보게끔 경고 내지는 명령조로 기둥에 적어놓은 문구다. 라틴어 번역문은 tecum nosce(테쿰 노스케)인데 영화 〈매트릭스〉를 보면 이 말이 예언자 오라클의 주방 문 위에 적혀 있다.

3.

Pathei mathos(파테이 마토스)

: 고난을 통해 지혜에 이른다.

아이스킬로스의 3부작 비극 『오레스테이아』의 1부 『아가멤논』 서두에 나오는 촌철살인의 경구다. 『오레스테이아』 전체 주제를 한 마디로 요약한 말, 즉 피의 복수를 꾀하는 음습한 욕망으로부터 서서히 각성에 이르는 과정이라고 해석하는 사람도 있다(좀 단순한 해석이 아닌가 싶다). 어쨌든 분명한 것은 '파테이 마토스'는 나이가 들수록 깊은 의미로 다가온다는 것이다. 나쁜 일이 닥쳤을 때 나직이 읊조리면 마음의 평정을 유지하는 데 도움이 된다.

4.

Ktema es aei(크테마 에스 아에이)

: 영원한 재산〔고전적인 가치가 있는 예술(문학) 작품을 주로 가리키는 말이다-옮긴이〕

투키디데스의 『펠로폰네소스 전쟁사』에 나오는 구절이다. 투키디데스는 자기 책은 흥미를 위한 것이 아니며 영원한 가치를 갖는 작품(다소 유치하고 신기한 모험담이 수없이 등장하는 헤로도토스의 『역사』와는 다르다)이 될 것이라고 말한다. 나는 이 구절이 값비싼 물건을 사는 행위를 정당화할 때 아주 요긴하다고 본다. "물론 화가 크리스 오필리의 판화나 1950년대식 칵테일드레스, 화가이자 소설가인 윈덤 루이스에 관한 초대형 책 같은 것은 사 둘 만한 가치가 있지요. '크테마 에스 아에이' 이니까요."

5.

Polla ta deina(폴라 타 데이나)

: 글자 그대로 '경이로운 것이 많다'는 말이다.

소포클레스의 비극 『안티고네』에 나오는 유명한 코러스의 첫 대목으로 인간의 능수능란함과 창의력을 두고 하는 말이다(2장 참조). 약간 냉소적으로 놀라움을 표시할 때 쓰면 딱 좋은 표현이다. 영어 관용구 'wonders will never cease(놀랄 일이 끝이 없네)'의 그리스 버전이라고 할 수 있다. 예를 들면 다음과 같다. "에릭이 빨래를 다 해놨네. 폴라 타 데이나!"

6.

The unexamined life is not worth living.

: 반성하지 않는 삶은 살 가치가 없다.

플라톤의 『소크라테스의 변명』에서 소크라테스가 한 말이다.

7.

Crito, we owe a cock to Asclepius; please pay it and don' t forget it.

: 크리톤, 우리는 아스클레피오스께 닭 한 마리 빚이 있네. 빚을 갚아 주게, 잊지 말고.

『소크라테스의 변명』에서 소크라테스가 한 말이다. 이 말이 소크라테스의 마지막 말이었다. 그런데 이 말이 유명해진 이유는 사실 '도대체 이게 무슨 의미일까?' 하는 궁금증을 자아내기 때문이다. 지금까지 소크라테스가 무슨 뜻으로 이 말을 했는지 아무도 정확히 알아내지 못했다. 닭은 의술의 신 아스클레피오스에게 치료에 대한 감사의 뜻으로, 또는 누구를 치료해달라고 부탁하면서 드리는 예물이다. 이 대화편 앞부분에서는 플라톤이 아픈 것으로 나온다. 따라서 좀 이상하긴 해도 플라톤을 두고 하는 말일 수 있다. 어쩌면 소크라테스가 죽음은 삶에 대한 치료라는 의미를 암시한 말일 수도 있다.

8.

Call no man happy until he is dead.

: 죽기 전까지는 누구도 진정으로 행복한 사람이라고 말할 수 없다.

헤로도토스의 『역사』에 인용된 솔론의 말이다.
죽은 자만이 행복하다는 뜻은 아니다. 그보다는 사람이 살아 있는 동안에는 무슨 일이 일어날지 모른다, 한 치 앞을 알 수 없다는 얘기다. 리디아의 크로이소스 왕이 그리스의 입법가 솔론에게 자신이야말로 세상 최고의 행운아가 아니겠느냐고 하자 솔론이 답으로 한 말이다. 인간의 전 생애를 돌아볼 수 있게 될 때까지는 과연 운이 좋았는지 나빴는지 판단할 수 없다는 의미다. 공교롭게도 크로이소스는 솔론과 대화를 나눈 지 얼마 되지 않아 왕국을 페르시아인들에게 빼앗기고 말았다. 소포클레스의 『오이디푸스 왕』 끝부분도 이 비슷한 정서를 표현하고 있다.

9.

I would rather stand three times in the battle line than give birth once.

: 나 같으면 애를 하나 낳느니 최전선에 세 번 나가겠다.

에우리피데스의 『메데이아』에서 메데이아가 한 말이다. 옳소! 자매님. 그런데 이 자매님은 극 후반에 가면 자기 자식들을 다 죽인다. 그러니 페미니즘의 원조 격인 발언이지만 전적으로 신뢰할 수는 없겠다.

10.

Famous men have the whole earth as their memorial.

: 영웅들은 온 땅덩어리가 기념물이다.

투키디데스의 『펠로폰네소스 전쟁사』에 나오는 페리클레스의 유명한 전몰장병 추도 연설 중에서 아테네 전사자들에 관한 언급이다. 눈물이 핑 돌게 만드는 이 구절 영어 번역문이 에든버러 전쟁기념관에 새겨져 있는데 고든 브라운 총리는 어린 시절 이 말에 깊은 감명을 받았다(5장 참조).

그리스 알파벳

영어식 표기	소문자	대문자
alpha 알파	α	A
beta 베타	β	B
gamma 감마	γ	Γ
delta 델타	δ	Δ
epsilon 엡실론	ε	E
zeta 제타	ζ	Z
eta 에타	η	H
theta 세타	θ	Θ
iota 요타	ι	I
kappa 카파	κ	K
lambda 람다	λ	Λ
mu 뮤	μ	M

영어식 표기	소문자	대문자
nu 뉴	ν	Ν
xi 크사이	ξ	Ξ
omicron 오미크론	ο	Ο
pi 파이	π	Π
rho 로	ρ	Ρ
sigma 시그마	σ	Σ
tau 타우	τ	Τ
upsilon 웝실론	υ	Υ
phi 화이	φ	Φ
chi 카이	χ	Χ
psi 프사이	ψ	Ψ
omega 오메가	ω	Ω

더 읽으면 좋을 책

이 책을 쓰면서 읽었던 참고문헌 가운데 독자들에게 요긴할 만한 것들을 소개한다.

전체적인 소개서

The Oxford Classical Dictionary, edited by Simon Hornblower and Antony Spawforth (Oxford, Oxford University Press, third edition 1996)는 이 책에서 다룬 개별 주제들에 대해 간결 명쾌한 길잡이가 된다. *Ancient Greek Literature*, by Tim Whitmarsh (Cambridge, Polity Press, 2004)는 고대 그리스 문학에 대한 흥미진진한 개관을 담고 있다. *Classics: A Very Short Introduction*, by Mary Beard and John Henderson (Oxford, Oxford University Press, 1995)은 '고전이란 무언인가' 를 흥미롭고도 간결하게 소개한다. *Fifty Key Classical Authors*, by Alison Sharrock and Rhiannon Ash (London, Routledge, 2001)는 개별 작가들에 대한 간명한 소개와 참고문헌을 담고 있다. *The Oxford Book of Classical Verse in Translation*, edited by Adrian Poole and Jeremy Maule (Oxford, Oxford University Press, 1995)은 그리스 시·희곡 선집으로 토머스 하디에서부터 알프레드 하우스만까지 유명 시인들의 번역문을 실었다. 1925년 처음 출간된 멋진 에세이 'On Not Knowing Greek' 를 비롯해 조지 엘리엇 등의 작가에 관한 버지니아 울프의 고전적 에세이는 페이퍼백으로 나온 *The Common Reader Volume One* (London, Vintage, 2003)에 모두 실려 있다. *The Cambridge Illustrated History of Ancient Greece*, edited by Paul Cartledge (Cambridge, Cambridge University Press, revised edition 2002)는 그리스 역사와 문화에 대한 개관으로 완벽하

다. 관련 사진들이 이해를 돕는다. *The Short Oxford History of Europe: Classical Greece*, edited by Robin Osborne (Oxford, Oxford University Press, 2000)도 역사적 개관으로 훌륭하다. 일급 학자들의 논문을 실었다.

호메로스 / 필멸의 인간과 불멸의 신

내가 제일 좋아하는 호메로스 번역본은 Robert Fagles의 *Iliad* (Harmondsworth, Penguin, 1991)와 *Odyssey*(Harmondsworth, Penguin, 1997)다. 둘 다 Bernard Knox의 훌륭한 소개글이 달려 있다. 1611년 George Chapman의 *Illiad* 번역본은 페이퍼백(Ware, Wordsworth Editions, 2000)으로 구해 볼 수 있다. 여기에도 Jan Parker의 흥미로운 소개글이 달려 있다. *The Cambridge Companion to Homer*, edited by Robert Fowler (Cambridge, Cambridge University Press, 2004)에 실린 글들은 하나같이 큰 도움이 된다. 호메로스 번역으로 유명한 고전학자이자 시인 Stanley Lombardo가 시 전문지 *Jacket*과 한 인터뷰(http://jacketmagazine.com/21/leddy-lomb-iv.html)도 읽어보기를 권한다. *Homer on Life and Death*, by Jasper Griffin (Oxford, Clarendon Press, 1980)도 고전이다. 헤시오도스의 『신통기』와 『노동과 나날』은 M.L. West 번역본(Oxford, Oxford University Press, 1988)을 추천한다. 소포클레스의 『안티고네』, 『오이디푸스 왕』, 『콜로노스의 오이디푸스』는 Robert Fagles가 번역한 *The Three Theban Plays* (Harmondsworth, Penguin, 1984)를 추천한다. 역시 Bernard Knox가 좋은 소개글을 보탰다.

인간은 정치적 동물이다

헤로도토스와 투키디데스에 관해서는 앞에 소개한 책들을 보라.

고대 아테네의 생활상이 궁금하다면 *Courtesans and Fishcakes*, by James Davidson (London, HarperCollins, 1997)를 보라. 내용이 풍부하고 문체도 빼어나다. *The Cambridge Illustrated History of Ancient Greece*와 *The Short Oxford History of Europe: Classical Greece*에 실린 아테네 생활상 부분도 유용하다. 아이스킬로스의 『오레스테이아』는 Richmond Lattimore가 번역한 *Oresteia* (Chicago, University of Chicago Press, 1954)를 추천한다. 아리스

토텔레스의 『동물에 관한 탐구』는 3권으로 된 그리스어-영어 대역판(Loeb edition) *Historia Animalium* (Cambridge, Harvard University Press, 1965, 1970, 1991)이 좋다. 파르테논 신전 안내서로는 *The Parthenon*, by Mary Beard (London, Profile, 2002)이 좋다. Tim Whitmarsh의 *Ancient Greek Literature*도 대단히 유용하다.

판도라의 딸들

아이스킬로스의 『오레스테이아』와 에우리피데스의 『바카이』에 대해서는 앞에 소개한 책들을 보라.

『메데이아』는 Philip Vellacott가 번역한 *Medea/Hecabe/Electra/Heracles* (Harmondsworth, Penguin, 1963)가 좋다. 『안티고네』는 앞에 소개한 *The Three Theban Plays*에 들어 있다. Samuel Butler의 『오디세이의 여성 저자에 관하여*The Authoress of the Odyssey*』 (Bristol, Bristol Phoenix, 2003)에는 Tim Whitmarsh의 훌륭한 소개글이 붙어 있다. 사포의 시에 대해서는 Stanley Lombardo가 번역한 *Sappho: Poems and Fragments* (Indianapolis, Hackett Publishing Company, 2002)를 강력 추천한다. Pamela Gordon의 서문이 특히 흥미롭다. 젠더(성) 연구는 요즘 고전학에서 크게 각광 받는 분야다. Cartledge의 *The Greeks: A Portrait of Self and Others*가 입문서로는 좋다. *Women in the Classical World*, edited by Elaine Fantham et al (Oxford, Oxford University Press, 1994)도 읽어볼 만하다. James Davidson의 *Courtesans and Fishcakes*도 빼놓을 수 없다. 스파르타 여성에 대해서는 *The Spartans: An Epic History*, by Paul Cartledge (London, Pan, 2003)를 보라.

전쟁과 역사

호메로스에 대해서는 앞에 소개한 책들을 보라.

헤로도토스의 『역사』는 Robin Waterfield가 번역한 *Herodotus: The Histories* (Oxford, Oxford University Press, 1998)를 보라. 특히 Caroline Dewald의 주석과 서론을 꼭 보시기 바란다. 헤로도토스적인 위트와 흥미로운 일화가 넘친다. 투키디데스의 『펠로폰네소스 전쟁사』는 Rex Warner가 번역한 *The*

History of the Peloponnesian War (London, Penguin, revised edition 1972)가 좋다. 에우리피데스의 『트로이의 여인들』은 Philip Vellacott가 번역한 *The Bacchae and Other Plays* (Harmondsworth, Penguin, 1973)에 들어 있다. *Persian Fire*, by Tom Holland (London, Abacus, 2006)는 페르시아 전쟁을 이야기식으로 흥미진진하게 소개한다. *The Spartans: An Epic History*는 당대 최고의 고대사 전문가인 저자의 긴박감 넘치는 필치가 돋보인다.

경계를 넘어서

호메로스와 헤로도토스에 대해서는 앞에 소개한 책들을 보라.
The Greeks: A Portrait of Self and Others, by Paul Cartledge (Oxford, Oxford Unversity Press, revised edition 2002)는 꼭 읽어봐야 할 책이다. *Inventing The Barbarian*, by Edith Hall (Oxford, Clarendon, 1989)은 기념비적인 저서다. 아이스킬로스의 『페르시아인들』을 중심으로 그리스인들이 외국인을 어떻게 바라보았는지를 해부한다. Tim Whitmarsh의 *Ancient Greek Literature*는 이 주제와 관련해서도 아주 유용하다.

신들의 황혼

그리스 과학에 대한 탁월한 연구서로는 G.E.R. Lloyd의 책들을 꼽을 수 있다. 특히 *Early Greek Science: Thales to Aristotle* (London, Chatto and Windus, 1970)은 걸작이다. 우리 책은 이 책에서 많은 도움을 받았다. Lloyd의 *The Revolutions of Wisdom* (Berkeley, University of California Press, 1987)은 고전이다. Lloyd는 히포크라테스 선집 페이퍼백 *Hippocratic Writings* (Harmondsworth, Penguin, 1983)에 흥미로운 소개글을 쓰기도 했다. 아리스토텔레스의 『동물에 관한 탐구』에 대해서는 앞에 소개한 내용을 보라. *Aristotle: A Very Short Introduction*, by Jonathan Barnes (Oxford, Oxford University Press, 2000)은 아리스토텔레스 입문서로 탁월하다. Barnes는 *The Cambridge Companion to Aristotle* (Cambridge, Cambridge University Press, 1995)의 편찬도 맡았다. 그가 쓴 *The Pre-Socratic Philosophers* (London, Routledge, 1982)는 고전이다. Vivian Nutton의 *Ancient Medicine*

(New York, Routledge, 2004)도 매우 유용한 책이다.

소크라테스의 죽음과 철학의 탄생

플라톤의 『국가』는 Robin Waterfield가 번역한 *Republic* (Oxford, Oxford University Press, 1994)을 추천한다. *The Last Days of Socrates*, translated by Hugh Tredennick and Harold Tarrant (London, Penguin, 2003)는 『파이돈』과 『소크라테스의 변명』을 포함해 소크라테스의 죽음과 관련이 있는 대화편을 모아 번역한 책이다. *An Introduction to Plato's Republic*, by Julia Annas (Oxford, Clarendon Press, 1981)은 『국가』에 대한 좋은 입문서이며 그 자체로 고전이다. 명쾌하고 아름다운 문체와 웃음을 자아내는 묘사가 압권이다. 역시 Annas가 쓴 *Plato: A Very Short Introduction* (Oxford, Oxford University Press, 2003)은 플라톤 전반에 관한 입문서로 매우 흥미롭다. *Plato's Republic: A Biography*, by Simon Blackburn (London, Atlantic Books, 2006)는 플라톤이 후대에 미친 영향을 살펴본다. *Plato's Progeny: How Plato and Socrates Still Captivate the Modern Mind*, by Melissa Lane (London, Duckworth, 2001)도 비슷한 주제다. *The Death of Socrates: Hero, Villain, Chatterbox, Saint*, by Emily Wilson (London, Profile Books, 2007)는 아테네인들이 왜 소크라테스를 죽였는지에 대해 흥미롭고도 날카로운 통찰을 제시한다. 소크라테스의 죽음에 관한 본서의 설명은 이 책에 많이 의존했다.

사랑과 상실

호메로스와 사포에 대해서는 앞에 소개한 책들을 보라. 『향연』은 Robin Waterfield가 번역한 *The Symposium* (Oxford, Clarendon Press, 1994)을 추천한다. Page duBois의 *Sappho Is Burning* (Chicago, University of Chicago Press, 1995)은 사포의 시와 단편을 다룬 책으로는 흥미만점이다. *The Greeks and Greek Love: A Radical Reappraisal of Homosexuality in Ancient Greece*, by James Davidson (London, Weidenfeld and Nicolson, 2007)는 필독서다. 한번 잡으면 놓을 수 없는 책이다.

| 찾아보기 |

• ㄹ

• ㅁ

• ㅂ

• ㅅ

• ㅇ

• ㅈ